Krishna Das

Mit den Augen der Liebe

# Krishna Das

# Mit den Augen der Liebe

Aus dem Englischen von Nayoma de Haën

Titel der Originalausgabe:
»Chants of a Lifetime«
Copyright © 2010 by Krishna Das
Original English Language Publication 2010 by
Hay House, Inc. California, USA
Deutsche Ausgabe: © KOHA-Verlag GmbH Burgrain
1. Auflage Juni 2010
Lektorat: Birgit-Inga Weber
Bilder/ Fotos Innenteil: Wenn nicht anders bezeichnet vom Autor.
Cover design: Lisa Sprissler
Foto Krishna Das: Rameshwar Das
Foto Rückseite Cover: Krishna Das
Gesamtherstellung: Karin Schnellbach
Druck: CPI Moravia
ISBN: 978-3-86728-135-5

# INHALT

Vorwort   11

Einleitung   13

## TEIL I: DIE REISE NACH INDIEN   **19**

Daheim   21

Erster Kontakt   23

Ein Traum wird wahr   30

Die Reise zur Liebe   35

Mit den Augen der Liebe   45

Die Medizin des NAMENS   57

Das Herz der Praxis: Tue es einfach   64

Allmählich, aber unausweichlich   74

Lila   80

Glücksgefühle und Buddha-Natur   91

Die Früchte der Anhaftung sind Tränen   101

Die vielen Stimmungen der Liebe   114

Amerika   121

## TEIL II: ALLES NACH HAUSE ZURÜCKBRINGEN   **129**

Sex, Drugs and Grace   131

Mein Film über »Mich«   142

Beziehungen   149

Mutter Puja   157

Metta – die Praxis der Herzensgüte   165

Tür zum Glauben   171

In den Fußspuren der Liebe: Dada   184

Liebe – diene – erinnere                                    192
Dienst und Hanuman                                          202
Die Früchte des Chantens                                    210
Ich singe für mein Leben                                    219
In den Fußspuren der Liebe: Ma und Baba Tewari              230
Samen pflanzen                                              245

Danksagung                                                  252
Glossar                                                     255
Empfehlenswerte Literatur                                   262
Texte der CD *Chants of a Lifetime*                         265
Kommentare zu *Chants of a Lifetime*                        269
Über den Autor                                              271

Sri Neem Karoli Baba – Ozean des Mitgefühls, Hort der Gnade
*(Mit freundlicher Genehmigung von Balaram Das)*

*Dieses Buch ist eine Herzensgabe
an meinen Guru Neem Karoli Baba,
die EINE LIEBE, die im Herzen aller Wesen lebt.*

*An Sri Siddhi Ma,
die VOLLE MONDIN DER HINGABE,
die hell die dunkle Nacht meiner Seele durchleuchtet.*

*Und an Ram Dass, meinen großen Guru-Bruder,
durch den ich Maharaj-ji zum ersten Mal begegnet bin.
In Sri Rams eigenen Worten:
»Niemals kann ich zurückzahlen, was ich diesem Affen schulde!«*

*An all die alten Devotees, von denen ich so viel über Liebe gelernt habe.
An alle Heiligen und Weisen aller spiritueller Traditionen.*

*An alle Pilger auf dem Pfad der Liebe.*

*An Kainchi, mein Zuhause in den Bergen.*

Sri Siddhi Ma – DIE VOLLE MONDIN DER REINEN HINGABE
*(Mit freundlicher Genehmigung von Jaya Prasada)*

9

Guru und Schüler, 1971
*(Mit freundlicher Genehmigung von Chaitanya)*

# VORWORT

Nachdem ich fast drei Jahre lang in der Gegenwart meines Gurus Neem Karoli Baba in Indien gelebt hatte, forderte er mich auf, nach Amerika zurückzukehren. Ich saß vor ihm, ohne zu ahnen, dass ich ihn zum letzten Mal sehen würde, und war starr vor Schreck. Als ich die Staaten verlassen hatte, um nach Indien zu fahren, hatte ich alles weggegeben, sogar meine Jeans. Ich dachte, ich würde für immer in Indien bleiben. Jetzt wurde ich zurückgeschickt. »Wohin soll ich? Was soll ich machen?«, überlegte ich in Panik. Ich wollte ihn nicht fragen, was ich dort tun sollte, aber plötzlich stieß ich gequält hervor: »Maharaj-ji! Wie kann ich dir dienen, wenn ich in Amerika bin?«

Maharaj-ji sah mich mit gespielter Entrüstung an: »Was? Wenn du fragst, wie du dienen sollst, ist es kein Dienst. Tu, was du willst!«

Das brachte mein Denken vollends durcheinander.

Maharaj-ji lachte und sagte: »Also, wie wirst du mir dienen?«

Mein Kopf war leer.

Es war Zeit für mich, zu gehen. Ich erhob mich und ging über den Hof. Ich schaute zu ihm zurück. Während ich mich verneigte, hörte ich innerlich meine Stimme aus tiefstem Herzen sagen:

*»Ich werde in Amerika für dich singen.«*

11

# EINLEITUNG

Als ich meinem Guru Neem Karoli Baba (auch bekannt als Maharaj-ji) begegnete, traf ich auf eine Liebe, die weder Anfang noch Ende kannte. Es war vollkommen neu für mich, als wäre ich nach einem langen Schlaf erwacht. Ich musste für diese Liebe nichts tun. Sie strahlte immer, ob ich mich ihr zuwandte oder nicht. Wenn meine eigenen negativen Sachen dafür sorgten, dass ich dichtmachte, und ich die Liebe nicht mehr spürte, konnten ein Wort, ein Blick, eine Geste von ihm wieder alles Licht in mir anzünden ... und ich war zu Hause. Dies geschah immer und immer wieder, Tag für Tag, während der ganzen Zeit, in der ich in seiner Nähe war.

Nach gut zweieinhalb Jahren, die ich bei ihm in Indien verbracht hatte, schickte mich Maharaj-ji zurück in die Staaten. Dann geschah etwas Unerwartetes: Er starb. Ich konnte es nicht fassen. So war das nicht geplant gewesen. Es war ein absoluter Schock für mich. Körperlich in seiner Nähe zu verweilen – das war das Einzige gewesen, das für mich je »funktioniert« hatte; das Einzige, was mein Herz aus seiner Traurigkeit befreien konnte. Nun war ich allein. Ich würde nie wieder bei ihm sein können. Ich brach vollkommen zusammen, zutiefst überzeugt, dass ich meine einzige Chance zum Glücklichsein verloren hatte. Ich starb innerlich ab und lebte in der Überzeugung, dass ich nie wieder solche Liebe erleben würde. Die Schatten in meinem Herzen, die in der hellen Mittagssonne seiner Liebe unsichtbar gewesen waren, brachen erneut hervor und trieben mich mehr und

13

mehr in Niedergeschlagenheit und Depression, an viele dunkle Orte im Innen und im Außen.

Zwanzig Jahre lang war ich unfähig, mit echter Hingabe für ihn zu singen. Wenn ich sang – meistens mit westlichen Devotees, die ich aus Indien kannte –, war es, als streute ich Salz in die Wunde. Ich vermisste Maharaj-ji und die Nähe zu ihm, aber meine Tränen waren keine Tränen der Liebe, sondern des Selbstmitleids und der Frustration.

Es war, als hätte ich in einem Zug gesessen, der eines Tages an einem Bahnhof hielt: Aus dem Fenster schauend, sah ich Maharaj-ji dort sitzen. Ich rannte aus dem Zug und ließ alle meine Sachen darin zurück. Als er seinen Körper verließ, schien mich das wieder in den gleichen Zug versetzt zu haben: Meine ganze Traurigkeit, meine Sehnsucht, meine Verwirrung, alle meine widersprüchlichen Wünsche, mein Selbsthass, die Schatten in meinem Herzen – alles, was ich im Zug zurückgelassen hatte, während ich bei ihm weilte, war wieder da. Der einzige Unterschied war seine Präsenz; doch meine Verbindung zu dieser Präsenz war unter all meinen Problemen begraben und ich rang darum, sie wiederzufinden. Es war, als wäre mein Zug in einen langen, dunklen Tunnel der Selbstzerstörung und Verzweiflung eingefahren. All diesen Dingen musste ich mich stellen, um mich wieder mit ihm zu verbinden.

Im Frühjahr 1973 hatte Maharaj-ji mich mit den Worten »Du bist da noch etwas verhaftet« zurück nach Amerika geschickt. Ich wusste, dass es stimmte. Ich war an einen Punkt gekommen, wo ich nichts mehr aufnehmen konnte, und ich trug viele unerlöste Verlangen in mir, die mich in unterschiedliche Richtungen zerrten.

Viele Jahre vergingen. 1994 wurde mir eines Tages plötzlich zutiefst klar: Der einzige Weg, wie ich die Dunkelheit in meinem Herzen auflösen konnte, bestand darin, mit Menschen zu chanten – mit Menschen, die mich nicht aus den alten Tagen in Indien kannten. Ich wollte wieder in jener Präsenz, in jener Liebe sein, und ich erkannte, dass es die verschlossenen Bereiche meines Herzens waren, die mich davon abhielten. Es war ein sehr bedeutender Augenblick für mich, und ich konnte diese Erkenntnis nicht mehr leugnen. Ich war am Ertrinken, und dies war die einzige Rettungsleine, die mir zugeworfen wurde. Ich wusste, ich würde keine andere kriegen. Ich wusste absolut zweifelsfrei: Wenn ich nicht chante, finde ich diesen Zustand der Liebe nie wieder. Ich wusste, dass dieser Zustand in mir war, doch ich konnte mir nicht mehr durch Maharaj-jis körperliche Präsenz helfen lassen, ihn zu erreichen. Sein Körper war nicht mehr da. Ich musste es in mir selbst finden, und das Einzige, das mich öffnen konnte, war das Chanten.

Ich musste mich zwingen, etwas dafür zu tun. Also rief ich das Jivamukti Yoga Center in New York City an und stellte mich als einen Devotee von Neem Karoli Baba vor. Ich erzählte, dass ich in Indien für ihn gesungen hätte, und fragte, ob ich bei ihnen im Zentrum ein paar Chants anleiten könnte. An jedem Montag versammelten sich dort 10 bis 15 Leute, um aus heiligen Büchern vorzulesen und spirituelle Themen zu diskutieren.

Am nächsten Montag fuhr ich hin und lernte David Life und Sharon Gannon kennen, die Mitbegründer des Zentrums. Sie ließen mich zur Eröffnung des Abends eine halbe Stunde lang singen. Nach dem Satsang meinten sie, ich könne kommen, wann immer ich wolle. Wenn ich also montags in New York war, ging ich hin und sang.

Nach ein paar Monaten stellte ich einmal bei meiner Ankunft fest, dass Sharon und David nach Indien gefahren waren. Ich sang ungefähr zwei Stunden lang. Das praktizierte ich so bis zu ihrer Rückkehr. Als ich dann das nächste Mal zum Zentrum kam, lagen ihre Kissen vorne im Raum neben dem meinen. Wir redeten ein wenig, dann begann ich zu singen. Und ich sang immer weiter. Endlich wurde mir klar, dass ich schon einiges länger gesungen hatte als vorgesehen. Ich öffnete die Augen und blickte hinüber zu den beiden. Sie sahen einander an, lächelten und zuckten ein wenig die Schultern, als wollten sie mit einer Geste signalisieren: »Mach nur weiter!«

Seitdem mache ich weiter.

Chanten in Montreal, 2009
*(Mit freundlicher Genehmigung von Liam Maloney)*

### *Auf dem Weg zum Herzen aus Gold*

Ich habe mein Leben suchend verbracht. Schon bevor ich wusste, wonach ich suchte, leitete mich alles, was mir widerfuhr, in die Gegenwart der Liebe, sei es die körperliche Präsenz meines Gurus oder die Präsenz der Liebe tief in meinem Herzen. Wie auch immer mein Leben von außen aussehen mag – im Inneren ist es ein beständiger Prozess der Hinwendung zu jener Präsenz, ein beständiger Versuch, der Liebe von Angesicht zu Angesicht gegenüberzustehen.

> *In dem Augenblick, da ich meine erste Liebesgeschichte hörte,*
> *begann ich, nach dir zu suchen, nicht wissend,*
> *wie blind dies war.*
>
> *Liebende begegnen sich nicht endlich irgendwo.*
> *Sie sind schon immer ineinander.*
>
> Rumi[1]

---

[1] Aus Coleman Barks: *Rumi – The Book of Love. Poems of Ecstasy and Longing,* veröffentlicht bei HarperOne. (Zitate wie dieses wurden nach dem englischen Wortlaut ins Deutsche übersetzt; dies gilt mangels einer eindeutig identifizierbaren Quelle auch für solche Texte bzw. Äußerungen, für die ein deutschsprachiger Ursprung zu vermuten ist. [Anm. d. Übers.])

Es heißt, das Herz sei wie ein Spiegel, der unser tiefstes Sein reflektiert. Ist der Spiegel mit Staub bedeckt, kann er kein klares Bild wiedergeben. Der Spiegel unseres Herzens ist mit dem Staub unseres »Krimskrams« bedeckt: selbstsüchtigen Wünschen, Ärger, Gier, Scham, Angst und Anhaftung. Wenn wir all das loslassen, kann unsere innere Schönheit zu strahlen anfangen.

Je mehr ich chante und auf meinem Weg vielen Suchenden aus vielen Ländern und Kulturen begegne, desto mehr verwandele ich mich selbst. Dieses Buch soll dazu dienen, jenen Teil meines Weges mitzuteilen, der sich um das Chanten dreht. Ich hoffe, meine Ansichten über das Leben, meine Erfahrungen und einige der Dinge, die ich lernte, während ich darauf wartete, dass sich die Tür meines Herzens öffnete, können allen helfen, die ebenfalls versuchen, jene Tür zu öffnen.

Das Chanten allein ist nicht mein Weg. Es ist meine wichtigste Übung, aber mein Weg besteht aus meinem ganzen Leben, mit allem, was dazugehört.

Ich hatte das Glück, mehrere Jahre in der Gegenwart meines Gurus leben zu dürfen, und ich bin vielen Heiligen, Yogis, Lamas und Lehrern verschiedener spiritueller Traditionen begegnet. Ohne den Segen dieser wundervollen Lehrer und ohne meine Erfahrungen mit ihnen wäre ich nicht fähig gewesen, durch die Dunkelheit und Verzweiflung zu gehen, die oft mein Leben erfüllt haben, und endlich zu lernen, gut zu mir selbst zu sein.

Wenn wir stundenlang Kirtan singen – in Indien nennt man es das »Singen des HEILIGEN NAMENS« –, lassen wir alle unsere »Geschichten« los und geben uns immer wieder dem Augenblick hin. Chanten ist eine Art Vertiefung des Augenblicks, Vertiefung unserer Verbindung mit uns selbst, der Welt um uns und den anderen Wesen. Kirtana, die Sanskrit-Gesänge, bestehen aus einfachen, sich ständig wiederholenden Worten, die seit Jahrhunderten als NAMEN GOTTES gelten und Gott in seinen verschiedenen Aspekten anrufen. Sie kommen von tief in uns; deshalb haben sie die Kraft, uns zurück nach innen zu ziehen. Wenn wir tief genug gehen, kommen wir an dem gleichen Ort an, in unserem tiefsten Sein.

Ich verwende in diesem Buch einige Sanskrit- und Hindi-Begriffe, die sich in den allgemeinen Wortschatz eingeschlichen haben, zum Beispiel »Yoga«, »Karma« und »Guru«. Zu anderen gebe ich kurze Erklärungen; sie sind auch im Glossar zu finden. Ich habe meine Geschichte in zwei Teile aufgeteilt: Teil I – Die Reise nach Indien – erzählt von meinem Erwachen, vom Anfang der Suche nach meinem tiefsten Sein und wie ich es im Außen in meinem Guru fand. Teil II – Alles nach Hause bringen – handelt davon, diese Liebe in mir selbst zu finden. Die Trennlinie verläuft nicht so streng; vielmehr werden die Themen umschrieben, um die es auf diesen Seiten geht: dass wir auf dem spirituellen Weg von der Suche nach der Erfüllung unserer Wünsche im Außen langsam zur Entdeckung der inneren Schönheit und der schon immer vorhandenen Verbindung gelangen.

Vielleicht wird meine Geschichte in Ihrem Herzen eine Resonanz finden, denn auch wenn wir alle unterschiedliche Wege gehen und ein anderes Leben führen, streben wir doch nach dem gleichen Ziel: unserem *EINEN* HERZEN AUS GOLD.

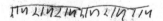

# TEIL I

# DIE REISE NACH INDIEN

Mein erstes Foto von Maharaj-ji
*(Mit freundlicher Genehmigung von S. Bhakta)*

# DAHEIM

Chanten bringt mich in den inneren Raum jener Liebe, die für mich mein Guru ist, Neem Karoli Baba. Äußerlich war er ein kleiner, meistens in eine Decke gehüllter alter Mann, in dessen Gegenwart ich bedingungslose Liebe erfuhr. In ihm gab (und gibt) es nichts, was nicht Liebe wäre. Ich muss über meinen Guru reden, weil alles, was ich an echten, dauerhaften Werten besitze, aus meiner Beziehung zu ihm stammt. Ich will ihn niemandem andrehen. Es gibt keine Gruppe, der Sie beitreten sollen – wir sind alle bereits beigetreten: Man nennt sie »Menschheit«. Maharaj-ji, der über alle sektiererischen Vorstellungen erhaben war, sagte immer wieder, wir seien alle Teil einer Familie und das gleiche Blut rinne durch unsere Adern.

»Guru« ist für die meisten Menschen aus dem Westen ein schwer zu begreifendes Konzept, aber ganz einfach gesagt entfernt ein Guru die Dunkelheit aus unserem Sein. Für mich ist der Guru Liebe – jener Zustand, in den ich gehe, wenn ich chante. Dieser Zustand kann alles Mögliche genannt werden: Gott, Seele, Präsenz, Leere, Bewusstsein. Das bedeutet für mich »Guru«.

Der Guru ist die lebendige Präsenz in unseren eigenen Herzen. Diese Präsenz und Liebe kann sich in unserem Leben auf unterschiedliche Weise äußern, und wenn sie sich zeigt, ist das sehr eindrucksvoll, denn einen Augenblick lang erahnen wir unsere eigene Schönheit. Wir sehen uns selbst mit den Augen der Liebe. Wann immer Maharaj-ji mich ansah, musste ich den Blick senken: Ich konnte so viel Liebe nicht aushalten. Jetzt suche ich überall nach seinen Augen. Für mich lebt er – auch nachdem er seinen Körper verlassen hat – als die liebende, unendlich weite, alles umfassende Präsenz, in der alles existiert. Er ist der alles umspannende Himmel, der die Erde, die Sterne, die Wolken und die Umweltverschmutzung umfasst. Für mich gibt es nichts, was außerhalb von Maharaj-ji wäre.

Sie können diese Präsenz auch »Gott« nennen, aber ich kann mit diesem Wort nicht viel anfangen. Es macht mich verspannt. Ich bin im Westen aufgewachsen, wo »Gott« immer etwas war, das außerhalb von mir existierte, weit weg und streng. In Hindi und Sanskrit gibt es eine Millionen NAMEN GOTTES, und sie alle bedeuten »Gott«. Aber sie sind weicher, sanfter, sie stehen für verschiedene Qualitäten der Liebe und geben unseren Herzen Raum, zu umarmen und auf vielfache Weise angenommen zu werden.

Doch es geht mir hier nicht um Konzepte von Gott, sondern um den Weg der Liebe; es geht darum, verbunden zu sein, die Präsenz zu spüren und in dieser Liebe zu sein. Das ist es, wofür ich singe. Und das ist immer verfügbar, denn es ist nicht außen, sondern innen. Ich muss mich also nur daran erinnern, danach Ausschau zu halten, und mich hineinbegeben.

# Erster Kontakt

Viele von uns, die in den 1960ern erwachsen wurden, wollten die Welt verändern, aber das war nicht so einfach, wie wir es uns vorgestellt hatten. Wir merkten, dass wir zuerst uns selbst ändern mussten. Bevor ich nach Indien ging, war der Vietnamkrieg im Gange, und mein Leben hätte ganz anders verlaufen können. Nachdem ich das zweite Mal das College abgebrochen hatte, wurde ich eingezogen. Ich war bei einem Psychiater in Behandlung, weil ich depressiv war, und nahm immer wieder Antidepressiva. Der Psychiater gab mir einen Schrieb mit, den ich mit zur Einberufungsbehörde nehmen sollte. Ich nahm an, dass sie mich nicht wollen würden; trotzdem wurde ich zur Musterung beordert, um mich prüfen zu lassen. Man musste zuerst in einen Becher pinkeln und dann einen Hörtest bestehen. Ich saß dem Prüfer gegenüber, er reichte mir einen Kopfhörer und erklärte: »Wenn du ein Geräusch wahrnimmst, hebe die Hand an das Ohr, wo du es hörst. Senke die Hand, wenn das Geräusch aufhört. Mach das immer, wenn du etwas hörst.«

Ich setzte den Kopfhörer auf und schloss die Augen. Fast sofort vernahm ich in meinem linken Ohr ein Geräusch und hob die Hand ans Ohr. Es endete und ich senkte die Hand. Dann hörte ich etwas in meinem rechten Ohr. Ich berührte es. Noch bevor das Geräusch endete, hörte ich wieder etwas in meinem linken Ohr und berührte also auch dieses. Ich hörte immer weiter Geräusche und musste meine Hände ziemlich schnell auf- und abbewegen. Ich kam kaum mit. Schließlich blinzelte ich zu dem Prüfer hinüber. Er saß da und

23

starrte mich an. Er hatte mit dem Test noch gar nicht begonnen! Er sah meine Papiere durch, fand das Schreiben des Psychiaters – und das war's. Man wollte mich nicht.

Die Botschaft war klar: »Wir erlauben dir nicht, jemanden zu töten – du bist verrückt!«

Ich weiß nicht, ob ich wirklich verrückt war, aber ich hatte in meinem Leben immer nach einem Ausweg aus der aktuellen Situation gesucht. Meine erste eindrucksvolle Erfahrung eines Auswegs erlebte ich im Sommer vor meinem Abschlussjahr an der Highschool, als ich mit einem Freund zusammen Peyote nahm. Als die Droge zu wirken begann, schaute ich mich um und dachte: »Oh, mein Gott. Jetzt verstehe ich alles. So ist es wirklich.« Alles war mir ganz klar. Ich erkannte, dass mein verschlossener, harter, missmutiger, neurotischer, depressiver Zustand völlig unnötig und falsch war. Ich war von Seligkeit erfüllt. Natürlich fuhr ich auch freihändig und mit dem Kopf in den Wolken durch die Gegend und wäre beinahe im Teich neben der Bibliothek gelandet. Am Ende des Trips verlöschte das Licht leider wieder, aber ich hatte etwas gesehen, das ich nie wieder vergessen konnte. Das Problem war nur: Wie käme ich dahin zurück?

Am Anfang meines zweiten Jahres im College verschaffte ich mir zehn Trips sehr reinen LSDs. Ich teilte mir die ersten 1000 Mikrogramm mit einem Freund, die nächsten neun Trips nahm ich allein. Als die Chemikalie zu wirken begann, schleuderte sie mich in die Welt des »Spiels«. Ich war wieder wie ein Kind, völlig sorgenfrei. Die Last meiner Persönlichkeit war verschwunden, stattdessen spürte ich eine Leichtigkeit, die mir völlig unbekannt war.

Bei einem meiner Trips lag ich auf meinem Bett, völlig den seligen Visionen hingegeben, als ich aus weiter (innerer) Entfernung etwas vom Horizont auf mich zukommen spürte. Ich konnte nichts sehen, aber das Gefühl nahm zu. Dann sah ich es – wie eine Welle, die über mir zusammenzuschlagen drohte: »Ein Gedanke! Oh neiiiiiiin!« Dann *dachte* ich wieder. Nach einer Weile spürte ich, wie mir die Gedanken entglitten. »Oh nein! Bitte geht nicht!« Dann war das Denken wieder weg und ich schwebte in Seligkeit. »Oh nein!« Rums! Ich *dachte* wieder. Dieses Kommen und Gehen ereignete sich immer schneller und schneller, bis der Abstand zwischen den Gedanken vollkommen verschwand und ich nur den Gedankenfluss wahrnahm – ich war wieder »ich selbst«. »Na gut, vielleicht bin ich wirklich ein bisschen verrückt.«

Doch dieses »Ich« begann sich zu verändern. Als ich meinen erste LSD-Trip nahm, war ich im College und besuchte Kurse. Ich hatte einen Job und spielte in der Basketball-Mannschaft. Als ich den zehnten Trip nahm, lebte ich allein in den Bergen Pennsylvanias und kümmerte mich um eine heruntergekommene Farm mit zwei Hunden, einer Katze, einem Pferd und keiner Menschenseele weit und breit. Ich hatte dort nichts zu tun als herumzusitzen und dafür zu sorgen, dass der Kohlenofen nicht ausging, denn sonst dauerte es vierundzwanzig Stunden, bis das Haus wieder warm war. Das Leben dort lehrte mich eine Menge. Die Gegend war unglaublich schön. Jeden Abend wickelte ich mich in eine warme Decke und setzte mich auf den Schaukelstuhl auf der Veranda, die Füße auf dem Geländer, und sah dem Sonnenuntergang über den Bergen zu. Ich war zwar von den Drogen und all dem, was in meinem Leben vor sich gegangen war, ziemlich durcheinander, aber da draußen auf der Farm fanden die Teile langsam wieder zu ihrer Ordnung zurück.

Am späten Abend, wenn die lokalen Sender Feierabend machten, konnte ich mit meinem kleinen Transistorradio den Rocksender WNEW aus New York empfangen und die ganze Nacht Rock 'n' Roll hören. Es war der Winter 1967/68. Scott Muni und ein paar andere DJs fingen gerade an, »Album-Rock« zu spielen. Es war eine tolle Zeit. Ich war zwar einsam und unglücklich, aber ich war in Sicherheit. Die Menschen machten mich verrückt; ich konnte nicht allzu viele von ihnen ertragen. Ich fühlte mich bloßgestellt und verletzlich. Ich konnte es nicht aushalten, wenn jemand etwas von mir wollte. Auf der Farm war ich frei von all diesen Sorgen und ohne Druck, für irgendjemanden etwas sein zu sollen. Ich las die *Autobiographie eines Yogi* und ließ mir die Haare wachsen.

Im nächsten Herbst ging ich auf die State University of New York in New Paltz, weil ich am dort neu gegründeten Asien-Institut Indische Philosophie studieren wollte. Doch als ich den Leiter des Programms kennenlernte, war ich von ihm so enttäuscht und desillusioniert, dass ich mich gleich wieder abmeldete. Er bügelte grob alle meine spirituellen Interessen nieder – die zugegebenermaßen naiv waren. Wieder einmal stand ich ohne Orientierung da. Ich begann, für eine Highschool den Schulbus zu fahren. Sie nannten mich den »Hippie-Busfahrer«. Wir hatten viel Spaß miteinander, aber abgesehen davon durchlebte ich eine tiefe Depression. Dann schlief meine Freundin mit einem ihrer Freunde, der Mönch in irgendeiner religiösen Sekte werden sollte, und ich versank in einem wirklich tiefen Loch.

Die beiden jungianischen LSD-Bergkletterer, denen die Farm gehörte, auf der ich lebte, hörten im Winter 1968 von einem Richard Alpert, der vor Kurzem unter dem Namen Ram Dass – das bedeutet »Diener Gottes« – aus Indien zurückgekehrt sei. Ram Dass war Harvard-Professor für Psychologie gewesen, bis man ihn mit Timothy Leary zusammen hinauswarf, weil sie mit ihren Studenten mit LSD experimentiert hatten. Er war nach Indien gefahren und dort Maharaj-ji begegnet, was sein Leben komplett veränderte. Ram Dass lebte jetzt auf dem Landsitz seines Vaters in New Hampshire, und meine Freunde wollten dorthin fahren, um ihn zu besuchen. Sie fragten mich, ob ich mitwolle, aber ich lehnte ab: Ich hätte kein Interesse an amerikanischen Yogis. Ich wollte nur Echtes.

Sie fuhren los. Eigentlich sollten sie am nächsten Tag zurückkehren, aber sie blieben drei Tage fort. Ich erinnere mich noch an den Augenblick, als sie wiederkamen. Ich hatte gerade die zwei Ziegen gemolken – Alice Bailey und Madame Blavatsky –, als ich ihren alten grünen Jaguar Sedan die Schotterstraße entlangrollen sah. Der Wagen hielt an, einer meiner Freunde stieg aus – und ich schwöre, dass er leuchtete! Er sah mich mit einem Blick vollkommener, wilder, verrückter Freude an. Während ich ins Haus lief, um meine Sachen zu holen, rief ich nur über die Schulter: »Schreibt mir auf, wie ich hinkomme – ich fahre sofort los!«

Ich dachte nicht nach – es war vollkommen spontan. Ich fuhr direkt nach New Hampshire. Ich brauchte die ganze Nacht, weil mein alter Volvo nicht sehr schnell fuhr. Es windete und schneite und war so kalt, dass die Heizung ausfiel. Außerdem war ein Loch im Auspuff, weshalb die Geräusche nicht zu überhören waren. Am Morgen fuhr ich dann endlich eine wunderschöne, lange, von verschneiten Bäumen flankierte Auffahrt entlang und hielt vor dem Haus. Als ich aus dem Wagen stieg, umfing mich vollkommene Stille. Mein Herz machte buchstäblich einen Sprung, als wäre es von einer unsichtbaren Hand berührt worden.

Ich ging zur Tür und klopfte. Ein Typ mit großem Bart öffnete mit einem komischen Grinsen auf dem Gesicht. Stumm wies er die Treppe hinauf. Ich dachte: »Zum Teufel, ist das seltsam hier! Ich sollte mich besser aus dem Staub machen.« Aber ich stieg die Treppe empor und kam in den Raum, in dem Ram Dass auf einer Matratze auf dem Boden saß. Er trug ein langes, weißes Gewand und eine Menge Perlen um den Hals. In dem Augenblick, da ich das Zimmer betrat, geschah etwas mit mir. Ohne dass auch nur ein Wort gefallen wäre, wusste ich: Was immer es war, wonach ich suchte (und ich wusste wirklich nicht, was es war) – ja, es existierte wahrhaftig! In jedem Molekül meines Seins wusste ich, dass es in der Welt existierte und dass man es finden konnte. Ich wusste nicht, ob ich es finden konnte, aber dieser Augenblick veränderte mein Leben.

Bis zu diesem Zeitpunkt stammte mein ganzes Wissen um spirituelle Dinge aus Büchern. Ich hatte *Das Vermächtnis* von Ramakrishna, *Zen und die Kultur Japans* von Daisetz Suzuki und *Autobiographie eines Yogi* von Paramahansa Yogananda gelesen und schätzte jedes Wort darin, aber letztlich wusste ich nicht, ob die Botschaft wirklich wahr war. Schließlich waren es einfach Bücher. Ich machte Hatha-Yoga und versuchte, zu meditieren, aber als ich das Zimmer von Ram Dass betrat, wusste ich, dass es wirklich ist. Mein Herz wusste zweifelsfrei, dass es etwas gibt, wofür es sich zu leben lohnt.

Er winkte mir, mich vor ihn zu setzen, und sagte: »Wir werden ein Spiel spielen.«

»Aha?«, erwiderte ich. Aber eigentlich dachte ich mehr: »Oje!«

»Wir werden einander in die Augen schauen.« (Ooooojeee!) »Und alles, was dir in den Sinn kommt, was du nicht gerne sagen möchtest …, das sagst du.«

(Klar, das glaubst du!)

Wir saßen ungefähr fünf bis sechs Stunden so da und starrten einander in die Augen. Ich hatte so etwas noch nie mit jemandem gemacht. Es war eine überaus eindrucksvolle Erfahrung ... Natürlich sagte ich nicht das, was ich wirklich nicht sagen wollte, aber ich wurde mir dessen sehr bewusst. Irgendwann gab mir Ram Dass ein Mantra, das ich wiederholen sollte. Dann schaute er auf seine Uhr und bemerkte: »Es ist Zeit, um sich aufs Abendessen vorzubereiten. Wenn du bleiben willst, kannst du bleiben. Aber wenn du gehen willst, solltest du jetzt gehen.«

Ich bedankte mich und dachte daran, dass ich nach Hause musste, um den Schulbus zu steuern. Ich wusste, dass ich die ganze Nacht durchfahren musste, damit ich rechtzeitig zu Hause wäre, um die Kinder aufzusammeln. Also sagte ich: »Leider muss ich gehen.«

»Du wirst gehen? Nun, mach dir keine Sorgen, dein Mantra wird dich beschützen.«

Hm, noch so etwas Merkwürdiges, das er sagte. Diese ganze Sache war echt seltsam.

Ich stieg ins Auto und fuhr los. Ich hatte die ganze vorige Nacht nicht geschlafen, und nach etwa einer Stunde wurde ich so müde, dass ich die Augen nicht mehr offen halten konnte. Ich fuhr an den Straßenrand, stellte den Wecker, platzierte ihn auf dem Armaturenbrett und schlief ein.

Das Nächste, was ich weiß, ist, dass ich aufwachte. Ich hatte keine Ahnung, wo ich war oder was ich tat. Plötzlich merkte ich: »Ach du Scheiße, ich fahre!« Ich war aufgewacht, um zu realisieren, dass ich Auto fuhr: auf der rechten Straßenseite, nicht zu schnell. Der nächste Gedanke, der mir durch den Kopf schoss: »Dein Mantra wird dich beschützen.« Ich schrie dieses Mantra den ganzen Weg nach New York vor mich hin.

Ein neues Leben fing an.

Einen kurzen Augenblick lang war das Licht wieder angegangen und ich hatte gesehen, dass es einen Weg gab, einen Pfad ..., ja, dass *es* ganz wirklich war. Es intensivierte meine Sehnsucht nach IHM um eine Million Mal. Andererseits deprimierte mich die Erkenntnis auch, weil ich jetzt wusste, dass ES real war und ich es nicht hatte.

Mein Leben wurde besser … und schlechter. Es war besser, weil ich begriffen hatte, dass das, wonach ich suchte, wirklich existierte. Es war schlechter, weil ich wusste, dass ich es finden musste, und nicht wusste, wie.

Ich wusste nur, dass Ram Dass es hatte und dass ich es wollte.

Mit Ram Dass (links) am See in Nainital, 1971
*(Mit freundlicher Genehmigung von Rameshwar Das)*

# EIN TRAUM WIRD WAHR

Endlich hatte ich etwas, wofür ich leben wollte. Ich hatte entdeckt, dass es einen Weg in der Welt gibt. Es gab ihn direkt hier, wo ich war. Ich merkte es zunächst noch nicht, aber mein ganzes Leben begann sich zu verändern.

Nachdem ich Ram Dass begegnet war, fuhr ich immer wieder nach New Hampshire, um ihn zu sehen. Ich wollte möglichst oft bei ihm sein, denn was ich dann fühlte, hatte ich noch nie zuvor gefühlt. Ich hatte große Angst, dass ich diese neue Verbindung verlieren könnte, weshalb mich nichts und niemand davon abbringen konnte, ihn zu besuchen. Nichts. Da war meine Sturheit endlich mal nützlich.

In jenem Frühjahr 1969 kam Ram Dass herunter nach New York und gab zwei Wochen lang abendliche Versammlungen an einem Ort namens Sculpture Studio auf der Upper East Side von Manhattan. Jeden Abend, wenn ich den Schulbus abgegeben hatte, sprang ich in meinen Wagen und raste in die Stadt. Wenn ich den Raum betrat, fing Ram Dass an, ein indisches Lied zu singen, zu dem er sich auf einem indischen Instrument begleitete. Der Raum war voll, ich konnte mich nur noch ganz vorne seitlich neben das Podium setzen. Dort lehnte ich mich gegen die Wand und schaltete sofort ab. Ich wurde vollkommen unbewusst. Nach zwei bis drei Stunden Stille und Gespräch, von dem ich nichts mitbekommen hatte, begann er zum Abschluss der Veranstaltung, wieder zu singen, und ich erwachte. So ging es jeden Abend, ohne Ausnahme. Am Ende dieser zwei Wochen fühlte ich mich, als wäre alles in mir neu verdrahtet worden.

Nach dieser Zeit hatte ich einen erstaunlichen Traum. Bis dahin kannte ich Maharaj-ji nur von ein paar Schwarz-Weiß-Fotos, die bei Ram Dass an der Wand hingen. In meinem Traum kam ich in die Turnhalle meiner Grundschule. An dem einen Ende der Halle stand die Bühne, wo die Schüler Aufführungen machen konnten. Dort sah ich Maharaj-ji auf einem Holzbett liegen und hinter ihm stand ein Mann in einem weißen *Dhoti* (das traditionelle Beinkleid der indischen Männer, das aus einem um die Hüften geschlungenen langen Tuch besteht) und mit einer schwarzen Weste. Ich ging zur Mitte der Halle und machte *Danda Pranam* – eine Verneigung, bei der ich mich flach auf den Boden legte, mit den Armen ausgestreckt in Richtung Maharaj-ji. Während ich da lag, dachte ich immer wieder: »Bitte lass mich etwas fühlen, ich muss etwas fühlen!« Maharaj-ji erhob sich und kam zu mir herüber. Er legte seine Hand auf meinen Hinterkopf. Während ich mich langsam beruhigte, begann sich Seligkeit wie flüssiges Licht in meinem ganzen Körper auszubreiten. Es wurde immer stärker und stärker, bis ich das Gefühl hatte, gleich zu explodieren. In diesem Augenblick nahm er seine Hand von meinem Kopf und ich erwachte in ekstatischer Glückseligkeit.

Maharaj-ji (links) und Dada, wie sie in meinem Traum erschienen, bevor ich sie wirklich traf. *(Mit freundlicher Genehmigung von Raghvendra Das)*

Als ich anderthalb Jahre später in Indien war, lebte ich in einer Stadt im Vorgebirge des Himalaja nahe bei Maharaj-jis Kainchi-Tempel. Eines Tages kam ich relativ spät zum Tempel und sah Maharaj-ji allein über den Hof gehen. Die Devotees und ich wurden sonst immer in den Raum gerufen, wo er saß; dies war das erste Mal, dass ich ihn gehen sah. Es war unglaublich. Er bewegte sich genau wie in meinem Traum: Wie ein kleines Kind wankte er von einem Bein auf das andere, als würde er jeden Moment sein Gleichgewicht verlieren. Maharaj-ji hielt mitten auf dem Hof inne und schaute mich an. Ich kann mich nicht erinnern, dass ich mich bewegte; ich stand völlig erstarrt und mit offenem Mund direkt vor ihm, mit den Äpfeln in der Hand, die ich ihm mitgebracht hatte. Er brach in lautes Gelächter aus, nahm die Äpfel aus meiner Hand und warf sie den Leuten in der Nähe zu. Ich stand lange so da, entzückt und verwundert: Er war tatsächlich bei mir gewesen, noch bevor ich ihm körperlich begegnet war!

Nach der Veranstaltungsreihe im Sculpture Studio lud mich Ram Dass ein, den Sommer über zu ihm zu kommen und für seinen Vater zu arbeiten. Ich war außer mir vor Freude! Ich packte meinen ganzen Kram zusammen, inklusive meiner Katze und den zwei Hunden, und fuhr in meinem alten Volvo los. Auf dem Weg hielt ich in Stony Brook, wo ich ins College gegangen war, um zu einem Jimi-Hendrix-Konzert zu gehen. Nach dem Konzert hing ich hinter der Bühne noch ein bisschen mit alten Freunden herum, als der Manager der Rock-'n'-Roll-Band, mit der ich mal kurze Zeit gesungen hatte, zu mir kam und meinte, sie bräuchten noch einen Sänger für Studioaufnahmen. Die Musik sei bereits komplett, nur die Stimmen fehlten noch, und ob ich die Stimmen beisteuern wolle. Auch eine Tournee war schon geplant. Mir wurde eine Chance angeboten, meinen bis dahin größten Lebenstraum zu erfüllen!

Musik hat in meinem Leben immer eine große Rolle gespielt.

Als Kind markierte ich, ich sei krank, damit ich nicht in die Schule musste und die 40 Top-Hits auf WINS NY Radio hören konnte. Als Teenager entdeckte ich den Mississippi Delta Blues und im Alter von neunzehn Jahren versuchte ich, wie ein schwarzer, alter Bluesman aus dem Süden herumzulaufen. Meine Helden waren Männer wie Mississippi John Hurt, Robert Johnson, Skip James und der junge weiße Bluessänger John Hammond, in den ich mich zu verwandeln suchte.

Meine Freunde und ich hörten auch die Platten von Bob Dylan, als wären sie das Evangelium. Wir schauten uns unsere Eltern und die Welt der Fünfziger an, und fanden dort nichts, was uns etwas gesagt hätte. Dylan war es, der die Nachricht von einer anderen Art zu leben verbreitete, sozial und politisch. Er begann auch eine Reise zu beschreiben, die durch unerforschte Gebiete des Herzens und des Verstands führte. Er bewegte sich durch innere Räume und offenbarte einen Weg zur Freiheit jenseits aller Programmierungen unserer Kindheit. Seine Musik sorgte dafür, dass ich mich nach innen wandte, und ich begann, eine radikal andere Lebensart zu entdecken. Er öffnete den Blick auf die Vision, aber ich wusste nicht, wie ich hineingelangen konnte. Das sollte erst viel später kommen.

Ich wollte so schrecklich gerne Sänger sein. Ich spielte in kleinen Clubs und auf Partys Folk und Blues, aber ich war nicht stabil genug, um erfolgreich zu sein. Und jetzt war sie da – meine Chance, ein Rockstar zu werden! Mir wurde eine Gelegenheit geboten, meinen Traum zu erfüllen. Ich musste mich entscheiden: Ich konnte meine Träume verwirklichen, oder ich konnte meinem Herzen nach New Hampshire zu Ram Dass folgen. Mit ihm hatte ich zum ersten Mal im Leben das Gefühl, etwas Echtes gefunden zu haben. In freudiger Erwartung, tiefer in den spirituellen Weg einzutauchen, wurde mein Herz immer lebendiger.

Bevor ich Ram Dass begegnete, wollte ich Ruhm und Rock 'n' Roll mehr als alles andere. Ich nahm an, dass es mir ein bestimmtes Gefühl vermitteln würde. Doch Tatsache ist: Wenn ich zu jenem Zeitpunkt meines Lebens Ruhm, Macht oder Geld erworben hätte, hätte ich es mit Sicherheit dafür verwendet, mich zu zerstören. Ich sehe es heute so, dass Maharaj-ji, dem ich noch nicht begegnet war, über mich wachte und mich vor großer Gefahr rettete. Ich bin voller Bewunderung, wenn ich sehe, wie ich mir durch seine Gnade heute, wo es mich nicht mehr zerstört, diese alten Wünsche erfüllen kann. Er lässt mich sogar ein Chanting-Star sein, ohne dass ich auf der Bühne herumspringen muss. Ich kann einfach mit gekreuzten Beinen dasitzen! Und statt meinem Ego zu dienen, singe ich heute, um mein Herz zu retten.

Bluesman, 1965 *(Mit freundlicher Genehmigung von S. Kagel)*

# DIE REISE ZUR LIEBE

Bevor Ram Dass 1968 aus Indien nach Amerika zurückkam, sagte Maharaj-ji zu ihm: »Rede nicht über mich!« Nun, Ram Dass konnte gar nicht anders, als ununterbrochen über ihn zu reden, aber er erwähnte nie seinen vollen Namen oder wo er lebte, um Maharaj-jis Wunsch nachzukommen. *Maharaj* bedeutet auf Hindi »Großer König«, aber es dient in Indien als Ansprache für alle möglichen Leute: von Heiligen über Teeverkäufer bis hin zu Passanten auf der Straße. Mit dieser Bezeichnung war es unmöglich, herauszufinden, über wen Ram Dass sprach.

Nachdem ich etwa anderthalb Jahre mit Ram Dass verbracht hatte, wusste ich, dass ich nach Indien musste, um bei Maharaj-ji zu sein. Als ich es gegenüber Ram Dass erwähnte, meinte er: »Nun, ich kann dich nicht zu Maharaj-ji schicken, weil ich nicht über ihn reden darf. Aber ich gebe dir die Adresse seines alten Devotees K. K. [Krishna Kumar] Sah; dem kannst du schreiben.«

Ich schrieb an K. K. und erklärte, dass ich ein Schüler von Ram Dass sei und nach Indien kommen wolle, um Maharaj-ji zu begegnen. Nach ein paar Wochen erhielt ich eine Antwort: Maharaj-ji sei zurzeit nicht in den Bergen (wo K. K. lebte), aber er werde ihm meinen Brief bei seiner Rückkehr vorlegen und nach Anweisungen fragen. Das war sehr aufregend – allein die Tatsache, dass ich einen Brief aus Indien erhalten hatte, war für mich höchst erstaunlich.

K. K. und Ram Dass standen sich sehr nahe. Seinerzeit hatte Maharaj-ji Ram Dass zu K. K.s Haus geschickt, damit ihm dort etwas zu essen gegeben würde und er darüber hinaus Hilfe erfahren sollte. So hielt es K.K. für seine Pflicht, Ram Dass zu unterstützen, indem er mir half. Etwa einen Monat später erhielt ich einen weiteren Brief von K.K.:

*»Sri Maharaj-ji ist in die Berge zurückgekehrt, und nach ein paar Tagen konnte ich ihn in seinem Tempel besuchen. Wie du weißt, zeigt Maharaj-ji keinerlei Enthusiasmus oder Gefühle dazu, Devotees zu sich zu holen. Doch wenn du gerade in Indien bist und hierherkommst, kannst du seinen Darshan [Betrachtung, Begegnung, besonders zwischen Meister und Schüler] empfangen, wie es viele tagaus, tagein tun. Baba hat eine offene Tür für alle, ohne zu unterscheiden zwischen Reich oder Arm, Gläubigen oder Ungläubigen etc. Es hängt völlig von der Hingabe und Aufrichtigkeit des Aspiranten ab. Da du ihn so dringend sehen möchtest, liegt es jetzt an dir, ob du kommen und seinen Darshan empfangen willst.«*

K.K. Sah, 2006
*(Mit freundlicher Genehmigung von Rameshwar Das)*

OM RAM Ji

Naini-Tal.
25th. April, 1970.

Dear Jeff Kagel,

I am writing to you with reference to my previous letter of 31st. March '70.

Shri Maharaj Ji has arrived here at Kainchi and we hope he will be here for the next one or two months more. Earlier he was here on the 1st of this month for only two days and then left.

I have read your letter to him and also, the feelings of the other members of the 'Satsang' have been brought to his esteemed notice.

I hope Baba Ram Dass must have told you that about Shri Maharaj Ji, who does not show any kind of enthusiasm or sentiment in calling the devotees to him, and — personalities like him would not commit themselves to anything — so it would not be advisable to make the journey specially and specifically for this purpose only. However, if you happen to be visiting India, and come here, — you can have his 'Darshan' as so many do day-in and day-out. — Baba has an open door for all without any distinction of the rich or poor, believer or non-believer etc. ......... And it all depends on the sincerity, devotion and earnestness of an aspirant. I have written to other members of the Spiritual-family 'Satsangees' also.

— As you are so keen to see him, now it is upto you to decide yourself — to come and have his Dar

With all good wishes.

To:—
JEFF KAGEL
36 DEEP DALE PKWY
ROSLYN HTS, NEW YORK
11577.

Yours
Krishna K. Shah

(KRISHNA KUMAR SHAH)

(Posted on 25.4.70).

'et राम et राम राम राम et et ।
et राम et राम राम राम et et ॥'

HARE RAM HARE RAM RAM RAM HARE HARE

K.K.s Brief an mich, 1970
*(Mit freundlicher Genehmigung von Nina Rao)*

»Fantastisch! Ich bin schon unterwegs! Ich werde ihn sehen! Unglaublich!«

Viele Jahre später saßen K.K. und ich zusammen bei ihm zu Hause und er fragte: »Habe ich dir je erzählt, was damals wirklich passiert ist?«

Ich antwortete: »Nein, was meinst du?«

Man muss dazu wissen, dass K.K. praktisch auf Maharaj-jis Schoß aufwuchs. Maharaj-ji besuchte K.K.s Zuhause, seit dieser acht Jahre alt war, weil er der Guru seines Vaters war. K.K. setzte sich dann auf Maharaj-jis Schoß und spielte mit ihm, als wären sie Großvater und Enkelsohn. Sie hatten einen engen, herzlichen Kontakt, ohne die einschränkenden Formalitäten einer Guru-Schüler-Beziehung. Abgesehen davon war K.K. ein verwöhnter Bengel. Wenn Maharaj-ji ihn anwies, aufzustehen, setzte er sich hin. Wenn er K.K. wegschickte, blieb er. Es war ein liebevolles Spiel, und ihre Beziehung blieb immer voller Zärtlichkeit.

K.K. nahm also meinen Brief mit zum Tempel, zusammen mit zwei anderen Briefen von Westlern. Er betrat den Raum, in dem Maharaj-ji saß, und legte die Briefe auf seiner Liege ab. Maharaj-ji sprach gerade mit anderen Leuten, also setzte sich K.K. vor ihn hin, schälte einen Apfel und reichte ihn Maharaj-ji stückchenweise (er hatte nur noch wenige Zähne). Während Maharaj-ji redete und die Apfelstücke aß, bemerkte er die Briefe: »Was ist das?«

»Das sind Briefe von Ram Dass' Schülern. Sie wollen herkommen, um dich zu sehen.«

»Nein! Schreib ihnen, dass sie nicht kommen sollen. Was habe ich mit denen zu tun?« Und sogleich setzte er sein Gespräch fort.

K.K. begann zu schmollen und reichte Maharaj-ji keine Apfelstücke mehr. Maharaj-ji bemerkte, dass K.K. den Kopf hängen ließ. Er klopfte ihm sanft auf die Stirn und fragte freundlich: »Was ist los?« K.K. sah ihn nicht an. So ging es drei-, viermal. K.K. gab ihm immer noch keinen Apfel. Schließlich sagte Maharaj-ji: »Also gut, schreib ihnen, was du willst.«

Mein ganzes Leben hing an diesem dünnen Faden: »Schreib ihnen, was du willst.« Wenn Maharaj-ji das Gleiche zu einem anderen Devotee gesagt hätte, hätte er mir sicherlich geschrieben: »Komm nicht. Adieu.« Aber weil es K.K. war, kam es anders. Als guter Devotee wollte K.K. natürlich nicht lügen, aber er wollte auch seinem Freund Ram Dass dienlich sein. Deswegen formulierte er den Brief auf eine Weise, dass ich keine Ahnung hatte, was Maharaj-ji eigentlich gesagt hatte.

In Nainital – zwei Stunden, bevor ich Maharaj-ji zum ersten Mal begegne
*(Mit freundlicher Genehmigung von Jagganath Das)*

In dem Augenblick, als ich in Bombay aus dem Flugzeug stieg und mein Fuß indischen Boden berührte, überwältigte mich das Gefühl, zum ersten Mal im Leben zu Hause zu sein. Ich realisierte, dass ich das noch nie so gefühlt hatte, nirgends, wo ich gelebt hatte, nicht einmal in meinem Elternhaus. Am 16. September 1970 kam ich mit zwei Freunden in Nainital im hohen Vorgebirge des Himalaja an. Wir fragten hier und dort nach K. K., aber man sagte uns, dass er nach Kainchi gefahren sei. Also nahmen wir ein Taxi zum Tempel, der ungefähr eine halbe Stunde Fahrt entfernt lag. Während sich das alte Ambassador-Taxi auf schlechten Reifen die Berge hinauf- und hinunterschlängelte, sahen wir unten im Tal die weißen Gebäude von Kainchi liegen. Ein Schauer überlief mich. In meinem Kopf hörte ich immer wieder die Worte: »Ich bin zu Hause, ich bin zu Hause!«

Meine Freunde und ich stiegen die Stufen hinab zu einer Brücke: Sie überspannt den kleinen Fluss, der die Tempelanlage von der Straße trennt. Ich fühlte mich, als wanderten wir in den Himmel. Wir hielten an der Brücke inne, machten *Danda Pranam* und streckten unsere Arme gen Tempel. Dann gingen wir in den Tempel hinein und fragten nach K. K. Er saß bei Maharaj-ji und kündigte ihm an: »Sie sind gekommen.« Maharaj-ji antwortete: »Gebt ihnen etwas zu essen«, und warf uns ein paar Bananen zu. K. K. nahm es als Zeichen, dass Maharaj-ji an uns Gefallen fand. Man servierte uns riesige Berge von *Puris* (frittiertes Fladenbrot) und scharfen Bratkartoffeln. Es war das »unvergesslichste« Mahl, das ich je zu mir genommen habe.

Als wir fertig waren, nahm uns K. K. mit zu Maharaj-ji, der in eine Decke gewickelt auf seinem *Takhat* (Holzplattform) saß. Ich hatte seit anderthalb Jahren von diesem Augenblick geträumt, und jetzt war er da. Ich sah *ihn* mit meinen eigenen Augen! Meine Freunde und ich kannten nur alte Schwarz-Weiß-Fotos, daher war es ein unglaublicher Anblick, ihn in Bewegung und in Farbe zu sehen und sprechen zu hören! Die Atmosphäre war von unglaublicher Lieblichkeit erfüllt. Seine Stimme war sanft und vertraut, und doch schien sie von weit her zu kommen, als sähe er in diesem Augenblick uns und unser ganzes Leben. Wieder überlief mich ein Schauder, als ich mich zum ersten Mal in diesem Leben vor ihm verneigte. Ich legte die Äpfel, die ich mitgebracht hatte, neben ihn auf den *Takhat*. Er nahm sie sofort und warf sie anderen Leuten im Raum zu. Das erschreckte mich, denn ich dachte, er nähme meine Gabe nicht an. Er schaute mich an und fragte: »Ist es richtig, alles auf einmal wegzugeben?«

Ich zögerte. »Ich weiß nicht.«

»*Prasad* [meistens Nahrungsmittel, die zuerst den Göttern oder einem Heiligen angeboten und dann an andere verteilt werden] kommt von Gott und kehrt zurück zu Gott. Wenn du eins bist mit Gott, brauchst du nichts.«

Ich schaute verwirrt zu ihm auf.

Er fuhr fort: »Wenn du Gott hast, verlangst du nach nichts mehr.«

Gut, das war klar!

Dann fragte er: »Habt ihr Buddhismus und Yoga studiert? Raucht ihr Haschisch? Gibt es irgendeinen Ort in Amerika, der so friedvoll ist wie dieser? Seid ihr verheiratet?« Dann sah er K. K. an und sagte: »Diese Jungen haben gute *Samskaras* [Einfluss, den unser vergangenes Tun auf unser Leben hat] und sie kommen aus guten Familien. Ich bin mit ihnen sehr zufrieden.«

K. K. fragte: »Willst du nicht etwas für sie tun?« Aus reiner Liebe bat er Maharaj-ji, uns eine Art besonderen Segen zu geben. »Du weißt, dass du tun kannst, was du willst.«

Maharaj-ji lächelte. »Warum bittest du darum?«

»Das ist meine Pflicht. Ram Dass hat sie geschickt.«

»Ist das also dein Wunsch?«

»Ja, es ist meine ganz besondere Bitte.«

»Also gut, ich werde etwas tun, wenn die Zeit gekommen ist.«

Wir wurden zurück nach Nainital geschickt und man trug uns auf, in drei Tagen erneut zu kommen. Ich war im siebten Himmel. Ich war in die Familie der Devotees von Maharaj-ji aufgenommen worden! Ich konnte mein altes, unglückliches Selbst zurücklassen. Ich atmete frischen Wind, eine Luft, die spirituell Suchende seit Jahrtausenden geatmet haben, wenn sie Richtung Himalaja gingen, um auf der Suche nach dem großen Mysterium in den Bergen zu verschwinden. Jetzt war ich einer von ihnen.

41

Meine Freunde und ich ließen uns im Evelyn-Hotel nieder. Es wurde von K.K.s Cousins M.L. Sah und S.L. Sah betrieben, die auch Devotees von Maharaj-ji waren. Ich fühlte mich, als lebte ich im Himmel. Nainital ist eine kleine Stadt, die einen alten vulkanischen See umspannt, wie Gold einen Edelstein einfasst. Ich wanderte durch die Stadt wie im Traum. Alles schien mir vertraut: die Art, wie die Menschen redeten und sich bewegten, der Geruch von Essen und Dieselabgasen der Busse. Alle paar Tage erlaubte uns Maharaj-ji, einen Tag in Kainchi zu verbringen. In der übrigen Zeit gingen wir spazieren, lasen, aßen und trafen uns mit anderen Devotees.

Eines Abends, als ich um den See ging, schlug mich plötzlich eine Musik in Bann, die aus einem kleinen Tempel drang, der, wie ich später erfuhr, der alten Naina Devi (Göttin) geweiht war. Ich blieb wie verzaubert stehen, unfähig, mich von der Stelle zu rühren. Es war eines der überwältigendsten Gefühle, die ich je gehabt habe. Schließlich schlich ich mich immer näher heran, um besser zu hören, bis jemand, der gerade in den Tempel ging, mich bemerkte und mit hineinnahm. Die Musik war so intensiv, so machtvoll. Ich hatte etwas Derartiges noch nie gehört, und sicher nicht in den Kirchen von Long Island, wo ich aufgewachsen war. Dies hier war echt und lebendig. Später erkannte ich, dass ich hier zum ersten Mal das *Hanuman Chalisa* (eine Gebetshymne an den Affengott Hanuman) gehört hatte, die zu einem meiner meistgesungenen Chants wurde. In meinem ganzen Sein ging das Licht an. Ich wusste, *das* war es, und ich wollte mehr davon. Von jenem Tag an wurde ich zum Kirtan-Spürhund. Wo immer ich Menschen chanten hörte, ging ich hin und hörte zu.

Eines Abends hörte ich hinter meinem Hotel Gesänge. Es stellte sich heraus, dass dort eine Familie der *Dhobis* (Wäscher) lebte, die einmal pro Woche am muslimischen Feiertag *Qawali* (heilige Sufi-Gesänge) sangen. Ich konnte sie nur durch ein Gitter an der Decke in unserem Badezimmer hören. Ich stand also regelmäßig auf einem umgedrehten Eimer, den wir zum Baden benutzten, und drückte mein Gesicht gegen das Gitter. All diese Gesänge riefen mich nach Hause. Wohin ich mich auch wendete, fand ich auf erstaunliche Weise Möglichkeiten, mich zu verbinden.

Ich fühlte mich in Indien so wohl, so vertraut mit allem, dass ich versuchte, ganz darin aufzugehen. Ich trug indische Kleidung, band mein Haar in einem Knoten oben auf dem Kopf zusammen wie die *Sadhus* (Wandermönche) und ging barfuß, wo immer möglich. Maharaj-ji tolerierte alles liebevoll, aber im Lauf der Zeit wurde klar, dass er niemanden ermutigte, Hindu zu werden. Wir verbrachten zwar Zeit mit ihm in Hindu-Tempeln, aber es ging ihm um Liebe, nicht um Religion. Er würdigte alle Religionen als wahre Wege zum Göttlichen und hatte unter seinen Devotees Moslems, Sikhs, Jains, Christen und Hindus, alle miteinander. Nach einer Weile erkannte ich, dass es sinnlos war, mich zu verkleiden. Ich musste lernen, nach innen zu schauen, und herausfinden, wer ich bin; ich brauchte mich nicht entsprechend dem zu verhalten, was ich für »heilig« hielt. Aber das dauerte eine Weile.

Chanten auf dem Dach des Tempels in Brindavan, 1971
*(Mit freundlicher Genehmigung von Balaram Das)*

*Geh nackt, wenn du willst,*
*hülle dich in Tierhäute.*
*Was macht das schon, bis du den inneren Ram schaust?*

KABIR[2]

[2] Aus *Songs of the Saints of India* von John Stratton Hawley und Mark Juergensmeyer (Oxford University Press).

# MIT DEN AUGEN DER LIEBE

Bevor ich nach Indien ging, meditierte ich, machte Yoga und aß vegetarisch. Ich strengte mich sehr an, ein »spiritueller« Mensch zu sein. Als ich zu Maharaj-ji kam, begannen allmählich all diese Dinge natürlich von mir abzufallen. So war es, wenn man bei ihm war. In der Intensität der Liebe fiel alles weg, das ihr im Weg stand – selbst sogenannte spirituelle Praktiken, vor allem wenn sie mit dem schweren Gefühl von »Ich mache das, weil es gut für mich ist« ausgeführt werden. Dieses Gefühl war eine Wand, die mich von der süßen, mächtigen Intimität seiner Liebe abhielt. Ich konnte es nicht ertragen, dass irgendetwas zwischen ihm und mir stand – vor allem, wenn ich es selbst war.

> *Von Sehnsucht entflammt,*
> *möchte ich mit meinem Kopf auf deiner Schwelle schlafen;*
> *mein Leben besteht nur noch aus diesem Versuch,*
> *in deiner Gegenwart zu sein.*
>
> RUMI[3]

Das Gefühl, das ich hatte, während ich bei Maharaj-ji saß, war unbeschreiblich. Ich schaute alle Schönheit der Welt. Können Sie sich vorstellen, wie alle Schönheit der Welt in einem Menschen konzentriert

---

[3] Aus *Unseen Rain: Quatrains of Rumi* von John Moyne und Coleman Barks (Threshold Books).

ist und aus ihm herausstrahlt? Wenn wir uns in jemanden verlieben, sehen wir das: Alle Liebe unseres eigenen Seins wird auf die Leinwand des geliebten Menschen projiziert. Maharaj-ji verschmolz mit UNENDLICHER LIEBE. Wenn wir Devotees ihn ansahen, schauten wir also direkt ins Licht des Projektors statt auf die Leinwand. Dann entstand das Gefühl, zu Hause zu sein, vollkommen daheim. Mein Herz fühlte sich wohl mit sich. Ich war genau da, wo ich sein wollte. Unglaublich!

Maharaj-ji zeigte mir immer wieder, dass er genau wusste, was ich durchmachte, und dass er immer bei mir war. Er wusste alles von mir. Er wusste, was ich morgens gemacht und was ich gefrühstückt hatte; er wusste alles bis hin zu meinen Gefühlen, während ich über die Brücke zum Tempel ging. Er wusste auch von meinem Leben vor der Zeit mit ihm. Er zeigte mir mit so vielen kleinen Gesten, dass er schon immer bei mir gewesen war und dass er in jedem Augenblick bei mir war.

Eines Tages saß ich während des Nachmittagstees neben ihm. Der Koch brachte den Eimer mit den Tontassen und die Teekanne. Er begann, den Tee in die Tassen zu gießen und sie den Leuten zu reichen. Ich dachte: »Ich will ihm helfen, den Tee auszuteilen.« Dann überlegte ich: »Nein, nein, das mache ich nicht. Das ist nur mein Ego. Ich will nicht eigenwillig und vorsätzlich leben, ich will im Fluss sein.« Dann ging mir durch den Sinn: »Ja, ich will den Tee austeilen. Nein, es ist nur das Ego, das mache ich nicht. Ja, ich verteile Tee. Nein. Ja. Nein.«

Plötzlich sah mich Maharaj-ji mit amüsierter Ungeduld von der Seite an und fragte: »Würdest du bitte einfach den Tee austeilen?«

Es war mein wunderbares gutes Karma, mit jenem Wesen zusammensitzen zu können, das alles wusste … und uns nach wie vor liebte. Seine Liebe hing nicht davon ab, was wir taten oder ließen oder was wir dachten und nicht dachten. Seine Liebe beruhte auf der Wirklichkeit, auf der Art, wie die Dinge tatsächlich sind. Sie beruhte auf unserem wahren Sein, nicht auf dem, was oder wer wir zu sein meinten. Seine Liebe war (und ist) eine mächtige Kraft, die uns ständig in uns selbst zog und uns immer und immer wieder aus unserem traumähnlichen Leben aufweckte.

Eines späten Nachmittags saßen wir um Maharaj-ji herum. Es war still, die Sonne ging allmählich unter, die Vögel zwitscherten und wir genossen die Schönheit des Abends. Ich dachte gerade bei mir, wie friedvoll das alles sei, als er sich zu mir wandte: »Jetzt pass mal auf.« Dann stellte er mit sanfter, leiser Stimme eine ganz simple Frage wie: »Ist das Wetter warm in Amerika?«, und auf einmal brach die Gruppe in Geschnatter aus. Jemand meinte: »Es kommt darauf an, wo man gerade ist«, jemand anderes redete von Klimazonen und wieder ein anderer über die Jahreszeiten. Sie fingen an, miteinander zu streiten – Chaos! Dann sah Maharaj-ji unauffällig mit einem spitzbübischen Lächeln zu mir herüber, als wollte er sagen: »Siehst du, du dachtest, es wäre alles friedlich. Aber so sieht es unter der Oberfläche aus.«

Er spielte mit uns, um uns aus unseren Gehäusen zu locken, hinein in die Liebe, denn die Macht dieser Liebe ermöglicht es, das Gefühl der Getrenntheit und Einsamkeit zu überwinden. Jedes Mal, wenn ich mich in meinen Gedanken verlor, brauchte ich nur zurückzukommen – und er war da.

Nach einer Weile trudelten noch mehr Westler ein. Die »Reise nach Osten« war zu jener Zeit ein populäres Abenteuer. Aus allen Teilen Amerikas und aus verschiedenen europäischen Ländern reisten Leute an. Sie kamen und gingen, je nach ihrem Wunsch und ihren Visa-Bedingungen. In der frühen Zeit wohnten etwa 20 bis 25 von uns in dem Hotel in Nainital, später waren es manchmal fast doppelt so viele. Wir besuchten den Tempel allein oder in kleinen Gruppen. Es gab kein bestimmtes Programm, keinen Zeitplan, aber die meisten von uns gingen fast jeden Tag dorthin. Oft wurde uns ein kleines gelbes Büchlein überreicht, auf dem ein Bild von einem fliegenden Affen war. Ich hatte irgendwann fünfzig Stück in meinem Zimmer, aber sie waren auf Hindi.

Irgendwann fragte ich endlich jemanden, was es mit diesen Büchlein auf sich habe. Man sagte mir, es sei ein Gebet an Hanuman.

Wir wussten, dass die Leute Maharaj-ji für eine Inkarnation oder Manifestation Hanumans hielten, also dachte ich: »Cool! Wenn wir das Gebet auswendig lernen, können wir es vielleicht für ihn singen. Wir könnten ihn so verleiten, mehr Zeit mit uns zu verbringen.« Das war der Grund, weshalb wir alle 40 Verse des *Hanuman Chalisa* auswendig lernten. Wir hätten alles getan, um mehr Zeit mit Maharaj-ji zu verbringen.

Ein Bild des Hanuman-Chalisa-Büchleins

Es funktionierte! So fingen wir an, zu singen. Sonst schickte er uns oft in die hinteren Bereiche des Tempels und ließ uns in unserem Saft schmoren, bis er uns wieder zu sich rief. »Was macht er mit uns? Warum sitzen wir hier hinten? Was mache ich hier? Wie lange kann ich das aushalten? Hier passiert nichts ...« Dann kam einer der Devotees und forderte uns auf: »Kommt schnell, Maharaj-ji ruft euch.« Wir liefen zu ihm und er sagte: »Singt. *Kirtan karo.*« Also sangen wir, und dann schickte er uns wieder weg.

Ich wollte nichts als bei ihm sein. Maharaj-ji machte mich so verrückt vor Liebe, dass es mein alles beherrschendes Verlangen und Bedürfnis war, ihm so nahe wie möglich zu sein. Ich versuchte alles, ich sprang über Mauern und bestach indische Devotees, uns zu sagen, wo er sei. Wenn ich nicht bei ihm war, brannte ich vor Sehnsucht. Chanten, Meditationen oder all diese spirituellen Praktiken interessierten mich nicht. Aber er wusste, was auf uns zukam.

Er lief vor uns weg oder schickte uns fort. Maharaj-ji pflegte zu sagen: »Mein Mantra ist ›Jao!‹« (»Geh weg!« auf Hindi). Wir fragten ihn, warum er uns wegschickte, und er antwortete: »Anhaftung erwächst in beiden Richtungen.« Einer der Namen von Krishna ist *Mohan,* das bedeutet: »der das ganze Universum dazu bringt, ihm verhaftet zu werden«. Maharaj-ji zog uns zu sich und ließ es zu, dass wir ihm verhaftet wurden. Er wusste, wie viel wir aushalten konnten, ohne dass wir uns völlig verloren. Dann schickte er uns weg oder lief uns davon, wie Krishna es einst tat, und wie die *Gopis* von Brindavan (Kuhhirten und -hirtinnen jener Gegend, in der Krishna seine Jugend verbrachte) waren wir verstört und sehnten uns nach ihm. So läuterte er unsere Herzen durch das Feuer der Liebe.

Die Leute reisten manchmal tagelang mit Bussen und Zügen, um ihn zu sehen. Wenn sie dann vor ihn traten und sich verbeugt hatten, sagte er: »Gut, du bist gekommen! Jetzt geh. Alles wird gut sein.«

Einmal sprach Maharaj-ji mit einem Devotee, der häufig zum Ashram eines anderen Gurus ging. Er war neugierig, wie es in Kainchi war, also kam er zu Besuch. Maharaj-ji lobte die Gesänge, Gebete und vielen spirituellen Praktiken, die im Ashram des anderen Gurus ausgeübt wurden. Er sagte: »Das ist alles sehr gut. Hier heißt es nur: *Aao* [komm], *khao* [iss], *jao* [geh].«

Eine Frau aus einer Gruppe von Westlern aus Chicago hatte dort als Taxifahrerin gearbeitet. Maharaj-ji wusste auch, dass ich mal einen Schulbus gefahren hatte. Eines Tages sagte er zu uns beiden: »Seht ihr den Wagen dort drüben?«, und wies auf ein Auto auf der Straße gegenüber dem Tempel. Wir sagten: »Klar.« Er sagte: »Geht hin und schaut es euch an.«

Also wanderten wir hin und standen dort. Ich fragte: »Schaust du es dir an?«, und sie antwortete: »Ja, ich schaue es mir an.«

Dann gingen wir zurück. Er fragte: »Guter Wagen?«

»Sicher, sieht nach einem guten Wagen aus.«

»Okay.« Er redete noch etwa fünf Minuten mit uns, dann erhob er sich, ging über die Brücke zur Straße, stieg in den Wagen und ließ sich von dem Fahrer chauffieren. Wir hatten keine Ahnung, wie lange er fort sein würde. Es konnte Monate dauern! Wir wussten wirklich nie, wann er verschwinden würde. Bei jener Gelegenheit kam er glücklicherweise noch am gleichen Tag zurück.

Während des regenreichen Sommers und im Herbst 1972 lebte ich im Tempel. In jenem Jahr blieb Maharaj-ji bis Ende Oktober in Kainchi. Eines Morgens sahen wir, dass einige der Arbeiter im Tempel nach Hause geschickt wurden. Ich verfiel in Panik: Und wenn er mich wegschickt? Was würde ich tun? Wie könnte ich einen Tag durchstehen, ohne ihn zu sehen? Ich versteckte mich im hinteren Bereich des Tempels. Ich saß da und wartete ängstlich, was passieren würde, bis ich hörte, dass Schritte den Gang entlangkamen, an dessen Ende ich mich versteckt hielt. Es war einer meiner Guru-Brüder. Maharaj-ji hatte ihn zu sich gerufen und gesagt: »Geh und hol Krishna Das! Er versteckt sich hinten im Tempel. Bring ihn zu mir.«

Der Weg dorthin, wo er saß, fühlte sich an wie der Weg zu meiner eigenen Exekution. Ich verneigte mich vor ihm, und als ich aufsah, flüsterte er mir zu: »Los, pack deine Sachen und nimm den nächsten Zug nach Brindavan. Ich sehe dich dann morgen dort. Aber sag es niemandem.« Juchhuuu! Also liefen mein Guru-Bruder und ich zu unseren Zimmern und packten alle unsere Sachen. Wir gingen mit unserem gesamten Gepäck – Bücherkisten, Musikinstrumente und einem großen Sack voll Klamotten und Decken – über die Brücke, als wir zwei anderen Guru-Brüdern begegneten, die zu jener Zeit ebenfalls im Tempel wohnten. Sie fragten: »Was ist denn hier los?«

»Nichts«, antworteten wir und spazierten einfach weiter. Natürlich kamen sie einen Tag nach uns ebenso in Brindavan an.

Aber wir konnten Maharaj-ji nicht festhalten. Wir konnten seine Aufmerksamkeit nicht kaufen und wir konnten ihn nicht dazu bringen, uns anzusehen, wenn er es nicht wollte. Wir konnten ihm nichts geben – er wollte nichts. Wir versuchten, ihm Geld zu geben – einige der Westler hatten Geld und wollten dem Tempel etwas spenden – aber er nahm es nicht. Er sagte: »Das ganze Geld des Universums ist mein, sogar das Geld in Amerika.«

Maharaj-ji war vollkommen frei. Für ihn gab es nur Gott, überall, immer. Einmal hielt sich Maharaj-ji mitten im Sommer in dem Dorf Brindavan auf. Es war sehr heiß. Er ging die Straße entlang, als ihm ein Baba entgegenkam, ein Sadhu, ein Yogi mit langem filzigem Haar. Sie kannten einander seit langer Zeit, aus den Bergen. Sie umarmten sich und freuten sich sehr, einander zu sehen.

Der andere Baba sagte zu Maharaj-ji: »Nach all den Jahren habe ich dich wiedergefunden! Lass uns zusammenbleiben, das wird schön!«

Aber Maharaj-ji meinte: »Nein, nein, Bruder, du willst nicht bei mir bleiben. Ich bin ständig von weltlichen Leuten umgeben, Haushälter, nichts als Probleme und Kram. Du bist ein Sadhu, ein Heiliger; du willst nicht in meiner Nähe sein.«

Der Sadhu erwiderte: »Oh, bitte, nimm mich mit! Ich will wieder mit dir zusammen sein; es ist so lange her!«

Maharaj-ji versuchte, ihn von dieser Idee abzubringen. »Nein, nein, das willst du nicht wirklich. Ich bin ständig mit weltlichen Leuten zusammen.«

»Oh, bitte, Baba!«

Maharaj-ji lenkte ein. »Okay, okay, *chalo* [gehen wir]. Ich bin auf dem Weg nach Mathura.« Mitten am Tag, in der Sommerhitze, begannen sie, nach Mathura zu wandern, das ungefähr 15 Meilen weit entfernt lag. Damals gab es zwischen den beiden Orten über 10 bis 12 Meilen nichts als Wüste. Keine Dörfer, nichts. Sie wanderten und wanderten und bekamen mächtig Durst. Endlich sahen sie in einer gewissen Entfernung einen Brunnen und liefen eilig hin. Maharaj-ji kam zuerst an.

Eine Frau schöpfte gerade mit einem Eimer Wasser. Maharaj-ji streckte seine Hände aus und bat: »Ma, gib mir etwas zu trinken!« Sie goss ihm Wasser in die Hände und er trank. Inzwischen kam der andere Baba an. Er hatte ein *Kamandalu* bei sich, ein Trinkgefäß aus einem getrockneten Kürbis. Es war sein einziger Besitz. Er hielt der Frau seinen Becher hin, sie goss Wasser hinein und er begann zu trinken. Währenddessen plauderte Maharaj-ji mit der Frau, befragte sie nach ihrem Dorf und nach ihrer Kaste. Es stellte sich heraus, dass sie eine Unberührbare war.

Als der Sadhu das hörte, flippte er aus. Im Kastensystem sind die Unberührbaren wirklich unberührbar. Menschen aus anderen Kasten, vor allem Brahmanen (die zur höchsten Kaste gehören), sollten überhaupt keinen Kontakt mit ihnen haben. Dieser Baba war ein Brahmane, genau wie Maharaj-ji. Aber Maharaj-ji fühlte sich an kein System gebunden, er behandelte alle Menschen gleich. Der Baba begann, Maharaj-ji zu beschimpfen und zu zetern: »Was hast du nur getan!« Er warf sein Trinkgefäß zu Boden, sodass es in Stücke zersprang. »Du bist schuld daran! Schau, was jetzt passiert ist! In welche Lage hast du mich gebracht! Ich brauche diesen Becher. Er war mein einziger Besitz und jetzt ist er unrein und ruiniert! Ich kann ihn nicht mehr benutzen.«

Maharaj-ji tat, als begreife er nichts. »Was soll das? *Kya baat?* Was ist los mit dir? Was ist geschehen? Oh«, fügte er dann hinzu, »ich dachte, du seist ein Sadhu. Tut mir leid, ich dachte, du seist ein Heiliger! Was soll all diese Anhaftung? Was soll all dieser Ärger? Woher kommt das?«

Als der Baba diese Worte hörte, erkannte er seine Anhaftung und fiel Maharaj-ji zu Füßen. Später erzählte Maharaj-ji: »Er wusch meine Füße mit Tränen und ging dann zurück in die Berge, um sein *Sadhana* [spirituelle Arbeit] zu vollenden.« Maharaj-ji hatte ihn gewarnt: »Bleib nicht bei mir! Sonst kann alles Mögliche passieren.« Und so geschah es. Jeder, der sich zu Maharaj-ji hingezogen fühlte, bot bewusst oder unbewusst sein Herz zur Läuterung dar.

Die Liebe macht die Nähe zu diesen großen Wesen so attraktiv, doch alles in uns, was brennbar ist, wird Feuer fangen. Alles, was verborgen ist, wird sichtbar. In seiner Nähe wurde ich mir noch mehr bewusst, was mich alles aus der Liebe zog; meine Gedanken, Wünsche und Emotionen, die völlig außer Kontrolle gerieten, traten zwischen uns. Durch die Macht seiner Liebe angezogen wie die Motten zur Flamme, wurden ich und die anderen Devotees durch dieses Feuer geläutert. Es gab keine Möglichkeit, dem zu entgehen. Und wir wollten dem auch gar nicht entkommen. Wir wollten in dieser Liebe sein, aber um darin zu sein, musste alles verbrennen, was ihr im Weg stand. Und der Prozess geht immer noch weiter, wenn auch auf andere Art.

Es gibt ein Rumi-Gedicht, das lautet:

*Ich würde dich so gerne küssen.*
*Der Preis des Küssens ist dein Leben.*

*Jetzt läuft meine Liebe meinem Leben entgegen und ruft:*
*Welch günstiger Handel, lass uns einschlagen.*

Rumi[4]

Wenn Maharaj-ji mich ansah oder mit mir sprach, fühlte ich mich, als flösse ich in ihn wie ein Fluss in das Meer. Wenn er sich für eine Minute abwandte oder mir ein, zwei Tage lang keine Frucht zuwarf, hielt ich es nicht aus. Die Leute brachten ihm Früchte als Gabe mit, und sobald sie das *Takhat* berührt hatten, auf dem er lag, warf er sie in alle Richtungen. Wenn Früchte flogen, aber keine in meine Richtung, wurde ich von dem Gedanken vereinnahmt, dass ich zu unrein sei, um eine Frucht von Maharaj-ji zu bekommen, sodass Depression, Ärger oder irgendeine von einer Million Emotionen in mir explodierte. Wenn alle um mich herum mit den Armen voller Bananen und Äpfel nach Hause gingen und ich nichts abbekommen hatte, verlor ich meine Verbindung zur Liebe. Und wenn ich dann so weit war, dass mir Selbstmord als der einzig vernünftige Ausweg erschien, und ich nur einen Augenblick den Kopf wandte, sah ich etwas, und im nächsten Moment traf mich eine Banane mitten ins Herz. Wenn ich dann zu ihm aufsah, lächelte er mich an. Er wusste genau, was los war. Egal wie oft ich mich verschloss, er griff immer wieder ein und öffnete mich.

Er lehrte nicht mit Worten, er strahlte mich an wie die Sonne, und ich erblühte. Wenn Wolken zwischen uns kamen, sah ich, dass es meine eigenen Wolken waren. Dann saß ich da und rastete aus: Was zum Teufel soll das? Ich kann hieran nichts ändern! Dann warf er mir eine Banane zu und kicherte. Selbst wenn ich die Augen

---

[4] Aus *Open Secret: Versions of Rumi* von John Moyne und Coleman Barks (Threshold Books).

geschlossen hatte, warf er mir einen Apfel mitten aufs Herz. Einfach so, jedes Mal. Er wusste genau, was in meinem Kopf, in meinem Herzen und in meinem Leben vor sich ging. Und er war der Tanzmeister. Er tanzte, während wir Devotees über unsere eigenen Füße stolperten. Sowie ich zu Boden fiel, hob er mich wieder hoch. Er stellte mich auf, und dann stolperte ich wieder, und er hob mich wieder auf.

Wenn Maharaj-ji einem von uns eine Frucht zuwarf oder einfach unseren Namen aussprach, fühlten wir uns gut, fühlten wir uns geliebt. Leider konnte ich dieses Gefühl der Liebe nur eine gewisse Zeit aufrechterhalten, bevor sich meine natürliche Neigung zum Zusammenbruch wieder durchsetzte. Aber er tat es immer und immer wieder, mit jedem von uns, und jedes Mal schaute er uns auf ganz besondere Weise an. Wir wurden extrem anhänglich. Es war wie in einer Beziehung, vor allem in der Anfangsphase, wenn dich nur dieser Mensch auf diese Weise anzusehen braucht, damit du unendlich viel Liebe empfindest. Und weil ich mich von ihm nie verurteilt fühlte, wollte ich immer zu der Liebe zurückkehren.

In einer Beziehung mit einer anderen Person kann man Blumen kaufen, kleine Geschenke schicken, ins Kino gehen, ein Abendessen bei Kerzenschein arrangieren und vieles mehr, um sich die Aufmerksamkeit des anderen zu erhalten. Doch mit Maharaj-ji funktionierte das alles nicht. Es gab nichts, was ich tun konnte, damit er mir Aufmerksamkeit schenkte. In dem klassischen indischen Epos *Ramayana* gibt es einen Satz, den Maharaj-ji gerne zitierte: »Ram liebt nur Liebe.« Liebe erwidert nur Liebe. Sie lässt sich nicht manipulieren. Man kann ein Herz nicht aufreißen oder es zwingen, Liebe zu fühlen. Wenn wir das wissen, kennen wir die Wahrheit, und wenn wir uns dieser Liebe öffnen, kann sie fließen.

Wie erhielt ich die Liebe aufrecht, wenn ich seine Aufmerksamkeit nicht erhaschen konnte? Gar nicht! Ich wollte mich umbringen. Zwanzig Mal am Tag. Ich sehnte mich so sehr danach, diese Liebe in mir zu bewahren, aber meine Fähigkeit, in diesem Gefühl zu verweilen, war sehr beschränkt. Wenn ich nicht fühlte, dass sie mir in diesem Augenblick zuteil wurde, geriet ich in Panik und brach zusammen. Ich begriff wohl, dass das mein eigenes Thema war, denn *er* wandte sich niemals ab. *Er* war immer da! Und sowie ich meine Geschichten fallen ließ, waren wir wieder hier, in Liebe vereint. Jedes Mal.

Es gibt eine wundervolle Geschichte über den Baal Shem Tov, den Begründer des Chassidismus (»Baal Shem Tov« bedeutet »Meister des guten Namens«). Er hatte sein spirituelles Licht verborgen, aber die Zeit war gekommen, dass er sich der Welt offenbarte. Ein anderer Rabbi, Rav Naftali, reiste von einer Hochzeit nach Hause und machte an dem Wirtshaus Rast, welches der Baal Shem Tov mit seiner Frau betrieb. Der Baal Shem Tov versorgte seine Pferde und lächelte den Rabbi merkwürdig an. Er fragte ihn, ob er nicht bis zum Sabbat bleiben wolle. Das fand der Rabbi absurd, denn bis zum Sabbat waren es noch vier Tage hin und natürlich wollte er nicht so lange in einem ärmlichen, abgelegenen Wirtshaus bleiben.

Jeden Tag reiste der Rabbi ab, um nach Hause zu fahren, und jedes Mal geschah etwas, das ihn hinderte oder verwirrte, sodass er zum Wirtshaus zurückkehrte. Am Tag vor dem Sabbat versuchte er es wieder, entschlossen, diesmal nach Hause zu kommen, doch nun brach er völlig zusammen. Er sah, wie alle Wesen schrecklich litten und sich nicht aus ihrer Not befreien konnten. Er sah alle Wesen von einem Abgrund umgeben, und keines konnte diesen überwinden, um ein anderes Wesen zu berühren oder berührt zu werden. Alle waren vollkommen isoliert in ihrer Qual. Das Herz des Rabbis war am Boden zerstört und er begann, mit Gott zu zürnen. Dann hatte er eine Vision. Inmitten von all diesem Leid erschien ein Mann und erfüllte den gesamten Raum mit Liebe. Alle Wesen der Welt hingen sich an ihn und weil sie sich durch die Augen seiner Liebe sehen konnten, erfuhren sie Verbindung und Trost in der Welt. Als er seine Augen öffnete, befand sich Rabbi Naftali wieder vor dem Wirtshaus und bemerkte, dass der Mann, der ihn anlächelte und sein Pferd am Zügel hielt, der Mann aus seiner Vision war, der Baal Shem Tov.

So wirkt ein echter Guru. Wir sehen uns selbst und einander durch seine Augen, die Augen vollkommener Liebe, und in dieser Liebe werden wir frei von unserer Dunkelheit, unserem Kummer und unserer Einsamkeit.

So sah Maharaj-ji uns an.

Ein typischer *Darshan* im hinteren Bereich des Kainchi-Tempels, 1971. Ich stehe mit gefalteten Händen vor Maharaji.
*(Mit freundlicher Genehmigung von Chaitanya)*

# DIE MEDIZIN DES NAMENS

Maharaj-ji provozierte uns und forderte unsere Emotionen heraus. So brachte er alles an die Oberfläche, um es in Liebe aufzulösen. Trotzdem hatten wir nie das Gefühl, manipuliert zu werden. Es ging nicht um Machtspielchen. Alles, was er tat, geschah aus Liebe und Mitgefühl, um uns von den Dingen zu befreien, die uns leiden ließen. Ich saß da und schaute auf die ganze Liebe des Universums: das Licht, die Schönheit, die Liebe, die Süße – alles war da. Er war so unwiderstehlich. Die ganze Schönheit des Universums war da, in eine Decke gewickelt.

In jenen Tagen dachte ich natürlich, dass er außerhalb von mir sei. Ich begriff nicht, dass er dabei war, das zu verändern. Es sollte lange dauern. Ich musste die Fähigkeit entwickeln, mich auf dieses Licht ausgerichtet zu halten. Ich las all die Bücher, in denen stand, dass der Guru nicht außen ist; trotzdem sah es für mich so aus, als wäre er außerhalb von mir. Wenn ich mich um meines lieben Lebens willen an seinen Fuß klammerte, schien es sein Fuß zu sein und nicht meiner.

*Er* sah das ganz anders. Wir Menschen lieben meistens von außen nach innen, aber Maharaj-ji liebte uns von innen nach außen. Er war mit dem EINEN verschmolzen, mit dem Kern unseres Seins, und strahlte nach außen. So transformierte er unsere Gedanken, Emotionen und unser Selbstbild.

*Ich habe am Rande des Wahnsinns gelebt,*
*nach Gründen suchend,*
*an die Türe klopfend. Sie öffnet sich.*
*Ich habe von innen geklopft!*

RUMI[5]

Wir meinen, wir seien die, für die wir uns halten. Das ist das, was wir *Maya* nennen, die Illusion. Der wahre Guru kennt die Wahrheit und bleibt von *Maya* unberührt. Er ist zum ganzen Universum geworden; für ihn gibt es nichts außerhalb des WAHREN SELBST, des EINEN, aber er erscheint trotzdem noch als normales menschliches Wesen, zumindest meistens. Beeindruckend!

Der *Sadguru*, der wahre Guru, ist nicht außerhalb von uns. Dieses Licht mag vorübergehend im physischen Leib eines Wesens verweilen, aber der Guru ist nicht der Körper. Ein wahrer Guru ist eins mit dem Universum und allem darin. Auch wir sind nicht der Körper, aber wir identifizieren uns damit. Wenn wir zu einem wahren Guru eine Beziehung haben, beziehen wir uns auf ihn so, wie wir ihn sehen, aber er bezieht sich auf uns so, wie wir wirklich sind.

Wie Albert Einstein einst erklärte:

>*Ein menschliches Wesen ist Teil des Ganzen, welches wir >Universum‹ nennen, ein in Zeit und Raum begrenzter Teil. Er erfährt sich selbst, seine Gedanken und Gefühle, als etwas vom Rest Getrenntes – eine Art optischer Täuschung seines Bewusstseins. Diese Täuschung ist eine Art Gefängnis für uns, das uns auf unsere persönlichen Wünsche und Verlangen und die Zuneigung zu einigen uns nahestehenden Menschen beschränkt. Unsere Aufgabe muss sein, uns aus diesem Gefängnis zu befreien, indem wir den Kreis unseres Mitfühlens so erweitern, dass er alle lebenden Kreaturen und die ganze Natur in all ihrer Schönheit einschließt.«*

Wir betrachten uns als getrennt und verschieden von anderen. Auf der Ebene der Gedanken, der Körperlichkeit und der Emotionen schei-

---

[5] Aus *Unseen Rain*.

nen wir das tatsächlich zu sein. Dies ist die »optische Täuschung«, doch so erfahren wir es. Meine Geschichten kreisen um einen anderen Planeten als Ihre. Sie haben Ihren Planeten, ich habe meinen. Aber auf der tiefsten Ebene sind unsere Planeten Reflexionen des Gleichen – des SELBST, des EINEN –, so wie sich der Mond in verschiedenen Teichen spiegelt: ein Mond, gleiches Licht, viele Spiegelungen. Wenn das Wasser des Teiches ruhig ist und kein Unrat auf der Oberfläche treibt, sind alle Spiegelungen identisch. Je mehr wir das erfahren, desto mehr verändert sich die Art, wie wir leben. Der wahre Guru befreit uns allmählich von dieser »optischen Täuschung«, sei es, dass er uns von »innen« als Manifestation unseres eigenen WAHREN SELBST leitet, oder durch einen anderen menschlichen Körper, der außerhalb von uns zu sein scheint. Ob wir dem Guru außerhalb von uns irgendwann begegnen oder nicht – entscheidend ist, dass wir alle den Guru in uns haben, jenen Ort in uns, der *weiß*.

Um zu diesem Ort in uns zu gelangen, der weiß, dass wir EINS sind, bedarf es der Übung. Meine hauptsächliche formale Übung ist das Singen der NAMEN GOTTES. Die Praxis der Wiederholung des NAMENS bringt uns innerlich in einen Zustand, eine Präsenz, die immer da ist. Sie ist unabhängig von den Launen unserer Gedanken und Emotionen – des Auf und Ab, des Hinein und Heraus. Das Chanten der GÖTTLICHEN NAMEN beschwört das innere Herz, jene Präsenz, die immer in uns ist.

Dieses innere Herz meint nicht einen emotionalen Zustand – Emotionen kommen und gehen. Ich meine auch nicht die körperliche Pumpe, die in unserer Brust sitzt. Das Herz ist eine Wohnstatt, unser Zuhause, der Ort in uns, wo wir wissen, wer wir wirklich sind. Dieser Ort ist tiefer als Gedanken und tiefer als Emotionen. Diese Präsenz ist natürlich unsere eigene Präsenz: wer wir eigentlich sind – jenseits dessen, wer und was wir zu sein meinen, jenseits des inneren Dialogs, der ständig über alles in uns abläuft. Dieses »Herz« wird *Chidakasha* genannt. Es ist der Himmel des Geistes, des Bewusstseins, unseres ortsungebundenen WAHREN SEINS. Allumspannend und alles einbeziehend, nichts auslassend. Es ist Heimat.

*Das Herz bedeutet den eigentlichen Kern des eigenen Seins,*
*ohne den überhaupt nichts ist.*

Ramana Maharshi[6]

Diese Namen, die wir singen, sind auf der tiefsten Ebene Namen dessen, wer wir eigentlich sind. Die Namen dessen, was darinnen ist. Nicht was wir *meinen,* was darinnen sei (das sind unsere Geschichten), sondern was wahrhaftig darinnen ist. Reine Liebe, reine Wahrheit, reine Freude. »Rein« bedeutet hier: So sein, »wie es ist«. Wir machen es nicht. Es existiert natürlich in uns. Aber weil es unter allem begraben liegt, suchen wir es immer. Weil wir in eine westliche Kultur geboren wurden, sind wir darauf programmiert, alles außerhalb von uns zu suchen; also suchen wir auch durch andere Menschen und Dinge zu diesem Gefühl zu kommen und haben zwangsläufig Schwierigkeiten, es dauerhaft zu finden. Solange wir uns nicht mit diesem Ort in uns verbunden haben, können wir es nicht wirklich in einer anderen Person finden.

Im Westen geboren zu sein, ist ein zwiespältiger Segen. Einerseits ist es wundervoll, an einem Ort zu leben, wo sich die grundlegenden Bedürfnisse des Lebens relativ einfach befriedigen lassen. Andererseits bezahlen wir das mit einem hohen inneren Preis.

Wir sind mit Micky Maus, Donald Duck und Fernsehen aufgewachsen. Wir sind nicht in einer Kultur groß geworden, die weiß, dass es einen spirituellen Weg gibt. Es ist schon erstaunlich, dass wir überhaupt darum wissen, dass der Weg existiert. Wir kommen aus einer völlig nach außen orientierten Welt, die uns lehrt, dass es die »Dinge« sind, die uns glücklich machen. Also verbringen wir unser Leben damit, die Knöpfe zu bedienen, von denen wir meinen, dass sie uns das ersehnte Gefühl bringen: den Auto-Knopf, den Klamotten-Knopf, die Schmuck- und Neue-Frisur-Knöpfe, den Beziehungs-Knopf, den Geld-Knopf und so weiter. Wir verbringen unsere Zeit mit dem Bemühen, Sachen zu horten, Sachen zu behalten

---

[6] Aus *The Spiritual Teaching of Ramana Maharshi* von Sri Ramanasramam (Shambhala Publications, Inc.).

und Sachen zu verwenden, um mehr Sachen zu kriegen. Wenn wir keine Sachen haben, sorgen wir uns darum, wie wir welche erhaschen könnten. Wenn wir Sachen besitzen, sorgen wir uns, dass wir sie verlieren könnten. Es ist eine No-win-Situation. Deshalb tun wir uns so schwer, unsere Aufmerksamkeit nach innen zu wenden – auf etwas vollkommen Unsichtbares und den meisten Unbekanntes, dem in unserer westlichen Kultur jegliche Anerkennung fehlt.

Es ist, als lebten wir im Vorgarten unseres Hauses. Wir sind schon so lange ausgesperrt, dass wir vergessen haben, dass wir im Haus leben könnten. Wir kaufen alles Mögliche und schmücken damit den Vorgarten aus. Ja, all die Möbel und der teure Flachbildfernseher stehen im Garten. Dann regnet es und alles geht kaputt. Wir sind unglücklich darüber, aber wir meinen, so sei es eben. Wir haben vergessen, wozu ein Haus gut ist. Wir haben sogar vergessen, dass es das Haus überhaupt gibt. Wir haben vergessen, dass es in unseren Herzen einen Zufluchtsort gibt.

Die Gurus rufen uns von innerhalb des Hauses an: »He, schau mal ins Fenster – ich bin hier drin. Komm rein!« Wir alle kennen die Worte – »Gott ist in dir«, »Guru, Gott und Selbst sind eins« –, aber wir reden darüber außerhalb unserer selbst, im Vorgarten. Deswegen können viele Menschen im Westen jede Menge spirituelle Praktiken üben, ohne dass sich ihr Leben verändert. Es ist relativ einfach, die Übung durchzuführen; wir sind großartig darin, etwas zu tun, und noch besser darin, sicherzustellen, dass es keine echte Wirkung auf uns haben wird. Warum? Weil wir die Verbindung zu unserem einfachen inneren Sein verloren haben. Wir trauen uns selbst nicht und wir wissen nicht, wie wir gut zu uns selbst sein können.

Ich verbrachte einmal eine Weile bei einem Baba, der in *Mauna*, das heißt schweigend, in der Stille, lebte. Er hatte seit zwölf Jahren nicht gesprochen. Er kommunizierte, indem er mit dem Finger auf seine Handfläche schrieb. Er hatte gerade zum Ausdruck gebracht, wie großartig Indien sei.

»Warum sind wir dann in Amerika geboren?«, fragte ich.

Buchstabe um Buchstabe schrieb er: »S-c-h-n-e-l-l-e-r.«

Der Westen ist ein guter Platz für *Sadhana,* spirituelle Praxis, weil

61

sich die meisten von uns nicht so sehr damit abmühen müssen, ihre Grundbedürfnisse zu befriedigen. Die meisten von uns haben ein Dach über dem Kopf und genug zu essen. Der Mehrheit der Erdbevölkerung geht das anders; sie suchen nach Essen, sie werfen Bomben oder fliehen vor Gewalt. Sie haben weniger Zeit und Gelegenheit als wir, einen spirituellen Weg zu gehen.

Denken Sie nur daran, wie viele verschiedene Leben wir im Westen in ein einziges Leben packen können, wenn wir wollen. Sie wollen Ärztin werden, dann gehen Sie zur Uni. Sie wollen Taxi fahren, dann besorgen Sie sich eine Lizenz. Sie wollen Musik machen, also spielen Sie. Und wenn Sie einen Weg nach innen finden wollen, können Sie spirituelle Übungen machen.

Im Lauf der Zeit hat die Praxis des Chantens meine Einstellung zur Welt verändert, weil es meine Einstellung zu mir selbst gewandelt hat. Chanten offenbart die Freude, die Schönheit und die Liebe in uns. Es zeigt uns, dass wir all das bereits haben. Das ist eine große Sache. Meine Mutter hat das nicht gewusst. Mein Vater hat das nicht gewusst. Niemand in meiner Familie wusste das, also habe ich es nie gelernt. Aber ich trug diese verrückte Sehnsucht in mir, mich mit etwas zu verbinden, das zu fehlen schien. Deswegen fuhr ich nach Indien. Etwas in mir sagte: »Die wissen es. Da findest du es.« Und ich fand dort meinen Guru, der mich zu der Praxis führte, den NAMEN zu singen.

Beim Chanten geht es eigentlich überhaupt nicht um Musik. Maharaj-ji gab mir die Medizin. Wenn ein Kind Arznei nehmen muss, dann versteckt man sie in Zucker oder süßem Sirup. Genauso ist die Medizin des NAMENS im süßen Sirup der Musik verborgen. Die Wirkung des Medikaments besteht darin, dass wir durch die Auflösung unserer Krankheit glücklich werden. Das Chanten erlöst uns von der Krankheit des Liebe-Suchens im Außen, und indem es uns tiefer in unser Herz führt, erweckt es in uns innere Kraft, Selbstvertrauen und Wohlgefühl.

R. D. Ranade zitiert in *Mysticism in Maharashtra* den großen Weisen Tukaram:

*»›Durch die Macht des NAMENS GOTTES wird man erkennen, was man nicht erkannt hat. Man wird sehen, was nicht gesehen werden kann. Man wird sagen können, was nicht gesagt werden kann. Man wird dem begegnen, dem normalerweise nicht begegnet werden kann. Unermesslich ist der Lohn, wenn der NAME geäußert wird‹, sagt Tuka.«*

Die Herausforderung liegt darin, die Medizin immer weiter zu nehmen.

Je mehr ich singe und je tiefer ich gehe, desto realer wird die Präsenz der Liebe in mir und desto weniger hat es mit irgendetwas Indischem, Westlichem, Tibetischem oder sonst etwas Äußerlichem zu tun. Es hat mit Sein zu tun. Für mich repräsentieren diese NAMEN die Präsenz der tiefsten Ebenen der Liebe in meinem eigenen Herzen. Wenn ich singe, will ich so tief wie möglich in diese Präsenz eintauchen, mit so viel Intensität und Konzentration, wie ich kann. Für mich ist mein Guru die Essenz dieser Liebe, die Tür in diese Liebe, aber ich denke dabei nicht unbedingt so an ihn, wie er war, als ich ihn im Körper kannte. Mich an ihn zu erinnern, hilft mir, zu diesem inneren Ort zu finden, und dann ist da kein Gedanke mehr an irgendetwas.

*Des Menschen Geist sollte im Herzen gehalten werden,*
*solange er noch nicht sein höchstes Ziel erreicht hat.*
*Das ist Weisheit, und das ist Befreiung.*
*Alles andere sind nur Worte.*

MAITRI UPANISHAD, 6.24

*Ram Ram,* in Maharaj-jis Handschrift

# Das Herz der Praxis:
## Tue es einfach

Eines der ersten Interviews, die ich je gegeben habe, war mit einem Autor des *Yoga Journals,* der mich bat, über das Chanten als spirituelle Praxis zu sprechen. Ich war überrascht. Bis dahin hatte ich es tatsächlich noch nie so betrachtet. Natürlich ist Chanten eine spirituelle Praxis, aber ich hatte es nie mit dieser Haltung getan. Ich versuchte nur, mein Leben in den Griff zu bekommen, insofern konnte ich ihm auch nicht viel erzählen. Dann fragte er: »Also gut, wie singen Sie?« Ich dachte einen Augenblick nach und erinnerte mich an die Zeit, in der ich meinen Führerschein gemacht hatte. Zum ersten Mal fuhr ich allein im Auto zu meiner Freundin. Ich machte das Radio an; sie spielten gerade unser Lied. So wie ich damals dieses Lied mitsang, so chante ich auch.

Im Herbst 1972 lebte ich bei Maharaj-ji im Tempel. Zu dieser Zeit findet das *Durga Puja* statt, eine Feuer-Zeremonie: Sie dauert neun Tage und feiert die Zerstörung verschiedener Dämonen durch die Göttin Durga, die sich manifestiert, nachdem alle Götter zu ihr gebetet haben. Es ist eines der größten religiösen Feste des Jahres. Viele Devotees kamen zum Tempel, um während dieser Zeit bei Maharaj-ji zu bleiben. Es ist eine der wenigen Gelegenheiten, wo aufgrund der indischen Kultur auch die weiblichen Devotees, die »Mas« oder »Mütter« genannt werden, über längere Zeit bei ihm sein durften: Sie lebten alle zusammen im hinteren Bereich des Tempels. Abends versammelten sie sich, um in einem der inneren Räume, zu denen Männer keinen Zutritt hatten, heilige Lieder zu singen und zu chanten.

Stundenlang saß ich draussen in der Nähe des Fensters zu diesem Raums, völlig verzaubert von der Intensität, der Hingabe und der Freude, mit der diese Frauen sangen. Ab und zu wurde ihr Gesang von spitzen Schreien der Verzückung unterbrochen, wenn eine der Frauen in einen Zustand der völligen Hingabe an Gott geriet. Das Netteste war: Nachdem sie entdeckt hatten, dass ich da draußen ausdauernd zuhörte, öffneten sie das Fenster ein wenig, damit ich besser hören konnte; sie wussten ja, dass ich ihnen nicht zu nahe kommen würde. Es war eine meiner wichtigsten und lebensverändernden Erfahrungen. Ich tauchte völlig ein in ihre Hingabe. Es öffnete in meinem Herzen neue Ströme der Liebe.

Das Herz dieser Praxis besteht darin, den NAMEN immer und immer wieder zu wiederholen. Alles entsteht daraus, denn es heißt, dass alles in dem NAMEN enthalten ist. Wenn ich mich von ganzem Herzen darauf einlassen kann, dann werde ich erkennen, ob es sonst noch etwas gibt, das ich zu tun habe. Bis dahin ist es genug. Wenn ich wirklich chante – den NAMEN singe und immer wieder dahin zurückkehre –, dann kann in meinem Kopf los sein, was wolle: Ich muss es loslassen. Es gibt keine andere Möglichkeit, als zu singen. Und das ist die ganze Anweisung: *Singen!* Nicht nachdenken oder sich etwas vorstellen, nichts bewirken wollen, nicht bei Dingen verweilen, die geschehen sind oder geschehen könnten … Nur singen. Ich versuche, alle meine Kraft zu bündeln und zu singen, egal was los ist.

Als ich damit anfing, flitzten meine Gedanken in Sekunden überall hin, selbst wenn ich es schaffte, mich zum Chanten hinzusetzen. Aber das ist die Schönheit dieser Praxis. Wir fangen da an, wo wir sind. Wir verlieren uns in Gedanken – und kehren wieder zurück. Sobald wir merken, dass wir weg sind, kehren wir wieder zurück. Es ist erstaunlich. Die meisten von uns werden das 40 Millionen Mal pro Minute machen müssen, aber das ist in Ordnung. Sobald wir realisieren, dass wir weg sind, sind wir bereits wieder da. Und wenn wir das erkannt haben, sind wir schon wieder weg. Zu *denken:* »Ich bin wieder da«, ist nicht das Gleiche wie *da sein.* Zu erkennen, dass wir uns in Gedanken verlieren, ist der erste Schritt der Einkehr nach innen. Wir können die Bewusstheit nicht festhalten, so wie wir einen Keks mit der Hand greifen können. Wir können es nicht verstehen oder uns ausdenken. Deswegen sollen wir schlichtweg chanten. Das Chanten zieht uns tiefer in unser Sein, und dann tun wir uns mit uns selbst leichter.

Chanten gilt einfach aus folgendem Grund als spirituelle Praxis: Es wirkt nur, wenn man es tut. Seit vielen Jahren ist das Chanten meine wesentliche Praxis, aber ich habe lange gebraucht, um zu erkennen, dass wir uns nur verändern, wenn wir es regelmäßig machen. Wenn wir nass werden wollen, müssen wir ins Wasser springen. Wenn wir nass bleiben wollen, müssen wir lernen, zu schwimmen oder zumindest uns treiben zu lassen. Wir können alles Mögliche über Zucker lesen, man kann uns davon erzählen und die Süße beschreiben, doch wie er wirklich schmeckt, werden wir nur erfahren, wenn wir ihn in den Mund stecken. Deswegen praktizieren wir: Wir müssen unsere eigenen Erfahrungen machen. Damit es uns helfen kann, wenn wir schwierige Erfahrungen machen – wenn uns jemand verlässt, wenn wir krank werden, einen Unfall erleiden oder jemand stirbt –, müssen wir praktiziert haben. Wenn wir es immer und immer wieder tun, werden wir erleben, wie wir im Lauf der Zeit stärker und mit Schwierigkeiten leichter fertig werden.

In der Regenzeit in Kainchi lud Maharaj-ji immer eine Gruppe junger Männer aus Brindavan ein, um Kirtan zu singen. Diese *Kirtan Walas,* wie sie genannt werden, sangen von vier Uhr morgens bis elf Uhr abends ununterbrochen *Hare Krishna.* Sie lösten sich in Schichten ab, um zwischendurch zu essen und sich auszuruhen; trotzdem musste jeder von ihnen ungefähr sechs Stunden pro Tag singen. In einem Jahr gegen Ende der Regenzeit, kurz bevor der Ashram für den Winter geschlossen wurde, versuchte einer der *Kirtan Walas,* eine

Westlerin anzumachen. Das war streng verboten. Maharaj-ji erfuhr davon, und innerhalb von ungefähr zehn Minuten saßen alle *Kirtan Walas* mit ihrem ganzen Kram auf der Ladefläche eines Pick-ups und wurden zum Zug gebracht, um nach Brindavan zurück zu fahren.

Einer der Inder im Tempel fragte Maharaj-ji: »Und wer wird jetzt singen, nachdem du die *Kirtan Walas* hinausgeworfen hast?« Maharaj-ji antwortete: »Die Westler.« Das war keine gute Nachricht für mich. Der kleine Raum, in dem Kirtan gesungen wurde, lag um die Ecke von dem Bereich, wo Maharaj-ji saß, wenn er sich zeigte. Wenn er während meiner Schicht herauskommen würde, könnte ich ihn nicht sehen. Tage könnten verstreichen, ohne dass ich bei ihm sitzen würde. Katastrophe!

Wir hatten nur eine Anweisung: Singen! Kein Hinweis zum Aufhören. Ich sang zusammen mit ein paar anderen Devotees *Hare Krishna* und war zu Tode gelangweilt: *Hare Krishna Hare Krishna Krishna Krishna Hare Hare* ... Wir durften nicht aufhören, wir mussten weitersingen – so lautete die Anweisung. Es war Folter. Mein ganzes Leben lief vor meinen Augen ab, während ich sang. Ich erinnerte mich an alles – von meiner Kindheit an. Ich durchlebte mein Leben tausend Mal. Ich versuchte zwar, darauf zu achten, was ich gerade tat, aber ohne viel Erfolg. Ich sang *Hare Krishna Hare Krishna* und erinnerte mich an meine Exfreundin in den Staaten. Da wurde das *Hare Krishna* ein bisschen saftiger. So sang ich eine Weile, dann erinnerte ich mich daran, wie sie mich verlassen hatte, sodass Ärger, Wut und Verletztheit aufstiegen – und währenddessen sang ich immer weiter.

Ich habe damals nicht erkannt, welch ein Glück ich hatte. Ich konnte nirgends hin. Ich meine, wie oft kann man schon aufstehen, um zur Toilette zu gehen? Ich sollte singen, also sang ich. Und weil es keine Alternative gab, keinen Ausweg, keinen Kanal, auf den ich hätte umschalten können, gab irgendetwas in mir schließlich auf. Ich begann, mich in das Singen hinein zu entspannen. Und dann, völlig unerwartet, hatte ich meine erste Erfahrung von der Macht des Chantens. Ich bemerkte, dass meine Gedanken nicht mehr so an mir hafteten wie gewöhnlich und dass ich mich nicht vollkommen in ihnen verlor. Ich sah die Gedanken kommen, und dann »dachte«

ich eine Weile, und dann sah ich die Gedanken wieder verschwinden. Plötzlich waren Löcher im endlosen Fluss des vollkommen unbewussten Denkens. Und diese Löcher füllten sich mit *Hare Krishna*. Gedanken kamen und gingen, aber sie nahmen mich nicht mit. Ich bemühte mich nicht, Gedanken zu vermeiden, aber die ständige Wiederholung des NAMENS war auf natürliche Weise immer inniger geworden, und ich genoss es. Es war, als hätte ich jetzt mehr Raum in mir und die Gedanken schwebten vorüber wie Wolken am Himmel. Niemand war von dieser Veränderung überraschter als ich.

Ich erinnere mich an die Worte von Swami Sivananda:

> *»Der NAME GOTTES, ob richtig oder unrichtig, wissend oder unwissend, sorgfältig oder sorglos gesungen, wird mit Sicherheit zum erwünschten Ergebnis führen. Die Herrlichkeit des NAMENS kann nicht durch Vernunft oder Intellekt vergegenwärtigt werden. Aber durch Hingabe, Glauben und beständiges Wiederholen des NAMENS kann sie erfahren werden. Jeder Name ist von unendlich vielen Potenzen oder Saktis [Kräften] erfüllt.«*[7]

Eines Tages suchte ich die Toilette auf, während die anderen Devotees weitersangen. Gewöhnlich probierte ich, einen Augenblick bei Maharaj-ji zu verweilen, aber er bedeutete mir immer, dass ich verschwinden solle. An diesem Tag versuchte ich nicht einmal, mich bei ihm niederzulassen, sondern ging direkt zur Toilette. Auf dem Rückweg setzte ich mich jedoch, ohne dass ich irgendwie darüber nachgedacht hätte, zu ihm. Er hielt mich nicht ab, als wäre es das Natürlichste der Welt. Er sprach mit einigen anderen Devotees, und ich saß da, in seinen Anblick versunken. Der Klang des Kirtan kam über die Lautsprecher und ich weiß noch, dass ich seine Schönheit bemerkte. Meine nächste Erinnerung war, dass mir Maharaj-ji über den Kopf strich und sagte: »Sehr gut. Sehr gut. Jetzt geh singen.« Ich war völlig im Klang des Gesangs aufgegangen und hatte es nicht einmal bemerkt!

---

[7] Aus *Japa Yoga: A Comprehensive Treatise on Mantra-Sastra* von Sri Swami Sivananda (Divine Life Society).

Maharaj-ji pflanzte die Samen dieser Praxis in mich. Erst viele Jahre nach seinem Tod war ich in der Lage, den Faden dessen aufzunehmen, was er mir damals gegeben hatte. Ich musste gezwungen werden, der Praxis Zeit zu geben, um in mir zu arbeiten, und zu erfahren, was geschah, als sich meine innere Richtung veränderte. Anstatt immer nach außen zu schauen – »Nimm dies, nimm das, kauf dies, schau hierher, geh dorthin, iss das!« –, erlebte ich, wie das Chanten mich nach innen wandte, zu mir selbst.

Wenn wir keine Praxis ausüben, merken wir nicht, wie abwesend wir die meiste Zeit sind. Wir schweben völlig unbewusst durch unseren Tagtraum, automatisch, reagierend, getrieben von unseren Gedanken und Emotionen. Wenn wir anfangen, eine Praxis zu entwickeln, beginnen wir auch zu sehen, wie wir unsere Zeit verschwenden.
Selbst wenn uns unsere Gedanken davontragen – und viele verschiedene Erinnerungen, Fantasien und Eindrücke werden beständig auftauchen –, können wir immer zur Wiederholung des NAMENS zurückkehren. Sooft wir zur Praxis zurückkehren, überwinden wir die alten, uns innewohnenden Neigungen unseres Geistes, nach außen zu fliegen. Jedes Mal, wenn wir zurückkommen, erinnern wir uns daran, wo es zu suchen gilt, und jedes Mal wird es tiefer. Deswegen wird gesagt, dass es nicht darauf ankommt, wie oft wir entschwinden, sondern wie oft wir zurückkommen, denn sooft wir zurückkommen, kehren wir zur Singularität des NAMENS zurück.

»Es ist nur natürlich, dass ein Ding, das bewusst hundert Mal eingeprägt wird, viel wirksamer ist als der unbewusste, einfache Eindruck von hundert verschiedenen Dingen. Man kann sich leicht ausrechnen, dass der wiederholte Eindruck überlebt und die anderen verblassen. Kein einziger eingeatmeter oder ausgeatmeter NAME ist verschwendet, und jeder trägt dazu bei, den Devotee mit Gott zu identifizieren.«[8]

[8] Aus *The Divine Name in the Indian Tradition* von Shankar Gopal Tulpule (Indus Publishing Company).

Durch die Praxis lernt ein Teil von uns, wie es sich anfühlt, jenes loszulassen, das uns ablenkt, und zurückzukehren – loslassen, zurückkehren, loslassen, zurückkehren. Mit der beständigen Wiederholung dieses Prozesses entwickeln wir intuitiv die Fähigkeit, loszulassen. Wenn dann im Lauf der Zeit schwierige Erfahrungen auftauchen, verfügen wir über all diese Übung im Loslassen und können präsenter und kompetenter mit der Situation umgehen. Wir sind fähig, die destruktiven Gewohnheiten und Gedanken loszulassen, welche die Situation überwältigend erscheinen lassen. Es ist der gleiche Prozess.

Wenn wir in die Gegenwart der Liebe kommen, können wir gar nicht schnell genug loslassen. Dann gibt es nichts, was wir mehr wollen. Und dann erleben wir, wie festgefahren wir sind. Wir müssen das Loslassen in kleinen Schritten üben – jeden Tag ein bisschen –, damit in solchen Augenblicken mehr von dem, wer wir wirklich sind, durch die Öffnung passt. Mit all unserem Ballast passen wir nicht hindurch. Also lernen wir, den Sack nicht mehr immer so voll zu packen. Wenn wir offener werden für solche Augenblicke, ereignen sie sich auch öfter und wir verbringen weniger Zeit in dunklen, schweren Gemütszuständen.

Die NAMEN, die wir chanten, bringen uns in einen Zustand, der ein bisschen weniger zwanghaft, ein bisschen weniger verkrampft, dafür offener und entspannter ist. Sobald wir erkennen können, was in diesem Raum ist, wollen wir hinein, weil es sich anfühlt wie Heimat.

Ich gehe das Chanten sehr pragmatisch an: Ich versuche nicht, mir irgendetwas auszumalen, was geschehen sollte. Ich begebe mich in diesen Zustand, einfach in mir selbst zu sein. Alles, was die Erwartungen nährt, ist ein Hindernis. Für mich geht es nicht darum, ekstatische Zustände zu erreichen; mein Herzensanliegen ist die Liebe. Ich will zu jedem Augenblick darin sein. Ekstasen kommen und gehen. Ich will in den Zustand gelangen, wo es nur noch *Sitaram* gibt. Ich will nicht an Liebe *denken,* ich will in Liebe *sein* und letztendlich zu Liebe *werden.* Mit den Worten der heiligen Teresa von Avila:

*»Merke: Wenn du auf dem Weg Fortschritte machen und zu den Höhen aufsteigen willst, nach denen du dich gesehnt hast, ist es*

*wichtig, nicht viel zu denken, sondern viel zu lieben und daher alles zu tun, was dich am besten für die Liebe erweckt.«[9]*

Eines der größten Hindernisse der Praxis sind die Erwartungen, mit denen wir hineingehen. Wenn ich zum Beispiel einen Workshop anleite und sage: »Okay, jetzt wollen wir meditieren«, setzen sich die meisten sofort aufrecht hin und spannen sich an, weil sie denken: »Jetzt werde ich etwas tun.« Wir erwarten, dass der Himmel aufgeht und Nektar auf uns träufelt. Aber so ist es nicht. Wir haben so viele Erwartungen, dass wir beim Hinsetzen und Meditieren oder Chanten völlig verspannt sind vor Kontrolle über das, was wir tun. »Wie ist das? Ist das gut so? Ja, das ist gut. Ich beobachte meinen Atem, ich beobachte meinen Atem ..., das ist sehr gut. Einatmen, ausatmen, prima, sehr gut ...« Und das Ego darf sich gebauchpinselt fühlen, dass es so gut ist. Praxis braucht Zeit. Sie wirkt langsam, von innen nach außen. »Plötzliche« Erleuchtung kommt nur im Lauf von Millionen und Millionen Wiedergeburten zustande.

Aber wenn ich sage: »Kommt, wir singen«, dann singen wir einfach. Wir denken nicht darüber nach und vermeiden damit eine Menge dieser Denkgewohnheiten.

Es gibt so viele Arten der Meditation, und alle sind gut. Auch das Chanten ist Meditation. Wir singen, machen Musik, machen Lärm und lassen los. Und wir haken uns nicht daran fest, ein Meditierender zu sein, weil wir eben Spaß haben an dem, was wir tun. Wir wiederholen den NAMEN, einfach weil es uns Freude macht. Das ist trickreich, weil wir nicht damit rechnen, dass es etwas bewirkt. Wir singen nur. Wir freuen uns am Singen. Es fühlt sich natürlich an. Und das ist es auch.

Problematisch wird es erst, wenn wir uns hinsetzen und versuchen, etwas zu bewirken. Denn falls es dann nicht so kommt, ärgern wir uns über uns selbst oder über unseren Lehrer oder die Praxis, oder unsere neurotischen Programmierungen springen an und sagen, dass wir das einfach nicht können. Dann setzen wir uns unter Umstän-

---

[9] Aus *The Interior Castle* von der Heiligen Teresa von Avila, übersetzt von Mirabai Starr (Riverhead Trade, Penguin Books).

den lange Zeit nicht wieder hin. Die großartige Meditationslehrerin Sharon Salzberg sagte: »Der wichtigste Augenblick der Praxis ist das Sich-Hinsetzen.« Allein das Sich-Hinsetzen, um zu üben, ist so ein Riesending. Also singe ich einfach. Das ist meine Aufgabe: singen, singen, singen. Ich tue es, so gut ich kann. Ich bemühe mich wirklich, mich zu konzentrieren, aufmerksam zu sein und immer wieder zum Chanten zurückzukehren. Ich lausche auf die Gruppe, ich lausche auf mich selbst, dann wieder auf die Gruppe ... Und ich versuche, in diesem Hin- und Herfließen des beständigen Klangs des NAMENS zu bleiben.

Das ist die Praxis. Ich fühle mich leicht und glücklich, aber ich singe weiter. Ich bemerke Gedanken und ich singe weiter. Ich fühle mich schwer und müde, aber ich singe weiter. So kann uns das Chanten allmählich davon befreien, immer wieder von unseren Gefühlen überwältigt zu werden. Es befreit uns von alldem. Wir verdrängen die Gedanken nicht, wir singen eben, weil uns das Singen immer tiefer und tiefer führt. Wir lassen los, was uns herauszieht, und kehren zum Klang des NAMENS zurück. Und dann haben wir unsere eigene Erfahrung. So verorten wir immer wieder das Gefühl der Präsenz in uns. Wir versuchen nicht, bestimmte Erfahrungen zu machen oder etwas zu bewirken; wir lauschen auf die NAMEN, so wie sie erklingen.

*Eines Tages tauchten zwei alte Kerle im Tempel auf. Sie waren wie Sadhus gekleidet und fragten Maharaj-ji, ob sie bleiben könnten. Maharaj-ji bejahte, aber sie sollten jeden Tag vor dem Hanuman-Tempel sitzen und *Sitaram* singen, nur *Sitaram*. Ziemlich gute Miete! Also sah man sie am nächsten Morgen dort sitzen und *Sitaram* singen, während wir warteten, dass Maharaj-ji erscheinen würde. Sie hatten keine Instrumente – nichts zum Rasseln oder Klimpern. Der Erste sang *Sitaram Sitaram Sitaram jai Sitaram*, dann wiederholte der andere *Sitaram Sitaram Sitaram jai Sitaram*. Immer hin und her. Dann, vielleicht aus Langeweile, sang der Erste plötzlich *Sitaram*

*Sitaram Sitaram jai Hanuman.* Und der andere rief: »Wow, Stimmung!«, und binnen kürzester Zeit waren sie dabei, mit heller Begeisterung mit den HEILIGEN NAMEN eine Jam-Session zu machen. *Rama Lakshman Janaki Bolo Hanumana Ki!*

Plötzlich ertönte wie Donnerschall die Stimme von Maharaj-ji durch die dicken Betonwände seiner hinteren Gemächer: »*Sitaram!*« Und so ging es wieder *Sitaram Sitaram Sitaram jai Sitaram.*

Da begriff ich zum ersten Mal, dass Aufmerksamkeit der Schlüssel zur Praxis ist. Wir brauchen nichts zu tun, außer aufmerksam zu sein. Das ist eine große Erleichterung. Wir dürfen unsere gewohnten Erwartungen und Sorgen darüber, was wir erreichen müssten, loslassen. Wir dürfen sie ablegen und uns entspannen. Wir brauchen uns nur auf den Gesang zu konzentrieren, auf *Sitaram.*

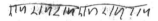

# ALLMÄHLICH, ABER
# UNAUSWEICHLICH

Wenn ich Kirtan singe oder Workshops gebe, fragen mich die Leute oft nach der Bedeutung dessen, was wir singen. Wer ist dieser Ram, dessen Name wir chanten? Wer ist Krishna? Wer ist Shiva? Ich spreche über die Bedeutung dieser Chants nicht, weil ich sie nicht wirklich kenne. Als ich zu singen anfing, sang ich für Maharaj-ji. Das Chanten versetzte mich direkt in jenen Zustand der Liebe, den all diese NAMEN repräsentieren.

Alle diese NAMEN sind uns überliefert durch die Geschichten von verschiedenen Inkarnationen oder Manifestationen, die das Göttliche angenommen hat, um das Leiden in der Welt zu mindern. Diese Geschichten finden sich in den heiligen Schriften Indiens, den *Puranas,* dem *Bhagavatam,* dem *Ramayana* von Valmiki und den *Ramcaritmanas* von Tulsidas sowie vielen anderen. Doch obwohl ich in den letzten vierzig Jahren viel in Indien war, habe ich diese alten Schriften nie wirklich studiert. Ihre Schönheit und Tiefe berühren mich natürlich, aber sie sind nicht der Mittelpunkt meiner Praxis.

Es gibt die Praxis der *Bhajans,* des Singens schöner Liebeslieder an Gott, ähnlich den christlichen Gospel-Liedern, in denen auch Geschichten der göttlichen Wesen erzählt werden. Solche Lieder erzeugen wundervolle, warme Gefühle in unseren Herzen und können sehr dabei helfen, eine Atmosphäre der Ruhe und Offenheit zu erschaffen. Aber ich bin ein depressiver Typ. Meistens tue ich mich schwer, mich in solche Zustände zu versetzen. Ich will erst einmal einfach *hier* sein, präsent werden. Ich kenne nichts anderes. Ich weiß nur, wenn ich chante, fühlt es sich richtig an. Ich versuche nicht, eine wundervolle, liebliche Geschichte zu erzeugen; ich nutze auch keine liebevollen Geschichten, um hineinzukommen. Das konnte ich nie. In Indien geht es mir so, dass meine *Gefühle* vom Singen so stark angesprochen werden, dass sie mich hineinziehen, selbst wenn ich kein Wort von dem verstehe, was da gesungen wird.

Die tiefste Bedeutung all dieser Namen und die Wirklichkeit sämtlicher Gottheiten, die in all diesen spirituellen Traditionen verehrt werden, ist unbegreiflich, jenseits all dessen, was wir verstehen und intellektuell erfahren können. Wie Maharaj-ji sagt: »Was immer wir durch den Verstand und die Sinne erfahren und lernen, ist nicht die Wahrheit.« Alle Gottheiten haben ihre eigenen Geschichten der Manifestation in dieser Welt, vor allem um in Zeiten großer Dunkelheit und des Leidens zu helfen. Wenn ich chante, denke ich jedoch nicht an diese Dinge.

Wenn ich chante, dann chante ich einfach. Das ist alles, was ich dann weiß. Ich begebe mich in einen ruhigeren, geräumigeren Augenblick und manchmal auch in die Präsenz der Liebe. Die *Antarayamin,* die allem innewohnende Präsenz der Liebe, wirkt auf uns in jeder uns gefälligen Form attraktiv, und das führt uns in unser eigenes wahres Herz. Es ist wie Wasser und Eis: Eis sieht anders aus als Wasser, aber letztlich besteht es aus nichts anderem als Wasser. Krishna, Shiva und die anderen Gottheiten sind wie dieses Eis, unterschiedliche Formen des Einen. Um Anandamayi Ma zu zitieren:

> »Wenn du dich zu einer bestimmten göttlichen Form hingezogen fühlst und dich immer mehr auf sie einlässt, wirst du eines Tages herausfinden, dass sie eigentlich das Formlose ist. Dann erkennst du, dass sie gleichermaßen Sakara [mit Form] als auch Nirakara [ohne Form] und jenseits dieser beiden ist.«[10]

[10] Aus *Death Must Die* von Atmananda und Ram Alexander (Indica Books).

In Indien gibt es ein Fest namens *Holi,* in Gedenken an *Raslila,* den Vollmond-Tanz Krishnas mit all den *Gopis,* den Kuhhirtinnen, die Krishna als den Geliebten verehrten. Er manifestierte sich für jede der Hirtinnen in einer anderen Form und liebte jede so, wie sie es sich tief im Herzen wünschte. Keine wusste, was mit den anderen vor sich ging. Jede hatte das Gefühl, mit Krishna allein zu sein.

Es gibt eine ganze Tradition von Liedern der Devotion – Songs, die diese schöne Beziehung zwischen dem Gott und seinen Devotees feiern. Einmal war ich während *Holi* in den Bergen bei K.K.s Haus und von überall her kamen Devotees, um die ganze Nacht diese Liebeslieder zu singen. Es waren keine professionellen Musiker, sondern Leute aus der Gegend, die arbeiteten und ihre Familien ernährten, die aber auch diese Tradition pflegten. Die jüngeren Männer begannen ungefähr um zehn Uhr abends. Es war herrlich! Welche Stimmen! Ich weiß noch, dass ich dachte: »Es kann nichts Schöneres geben.«

Doch je später es wurde, desto älter wurden die Sänger, und die Schönheit der Stimme machte der Schönheit des Herzens Platz. Um vier Uhr morgens begann der älteste Devotee zu singen. Seine Stimme war vom lebenslangen *Bidi*-Rauchen rau, aber die Schwingung, in der er sang, war einfach erstaunlich. Er konnte den Ton nicht mehr klar halten und seine Stimme hatte alles Weiche verloren, aber sein Gesang war reines Gefühl. Die jungen Kerle hatten mich mit ihren Stimmen bezaubert, doch sobald der Alte zu singen anhob, dachte ich: »Aha, das ist es, worum es eigentlich geht.«

In Indien sagt man, Gott ist jenseits aller Namen und Formen, jenseits von Männlich und Weiblich. Dies ist die ultimative Wahrheit, aber es heißt auch, dass eben diese ultimative Präsenz jegliche Form annehmen kann, um den Liebesruf des Herzens eines Devotees zu erwidern. All diese göttlichen Wesen sind Pforten zur Liebe – Zugänge zu den tiefsten Orten in unseren eigenen Herzen. Schließlich ist Gott Liebe und Liebe ist Gott.

*Bei uns ist der Name von allem*
*seine äußere Erscheinung;*
*beim Schöpfer*
*ist der Name eines jeden Dinges*
*seine innere Wirklichkeit.*

RUMI[11]

Vor dem Hintergrund all dessen verneige ich mich vor den Gottheiten, wenn ich ihre Tempel besuche. Auch wenn ich sie nicht in ihrer tiefsten Wirklichkeit erfahre, verneige ich mich vor dem, was sie für mich repräsentieren, nämlich eine Macht und eine Liebe, die für den Verstand unbegreiflich ist, aber für das Herz spürbar. Alle diese Wesen haben verschiedene Qualitäten. Sie sind eigentlich Bewusstseinszustände, in die wir uns versetzen können. So wie ich es verstehe, sind sie keine physischen Wesen, sondern Bewusstseinswesen – Bewusstseinszustände, die uns zur Verfügung stehen, weil sie ein Teil unseres eigenen WAHREN SELBST sind. Sie ermöglichen uns, durch Liebe in sie einzutreten.

Es heißt, dass alles im Klang des NAMENS enthalten ist. Wenn wir den NAMEN so sehr von Herzen wiederholen, wie wir nur können, wird uns alles, was wir wissen müssen, von innen offenbar werden; alles, was geschehen muss, wird geschehen, ohne dass wir darüber nachdenken oder es intellektuell verstehen müssen. Alle NAMEN stammen aus der gleichen Quelle. Indem wir diese NAMEN wiederholen, beschwören wir diese unseren Herzen innewohnende Präsenz herauf.
Shirdi Sai Baba hat gesagt, dass *Namasmarana* oder das beständige innere Wiederholen des NAMENS letztendlich Gott ist, der sich in uns seiner selbst erinnert. Die Macht der Präsenz Gottes liegt im NAMEN:

[11] Aus *The Rumi Collection,* hrsg. von Kabir Helminski (Shambhala Publications, Inc.).

77

*»Mit dem einfachen Wiederholen beginnend, wird die darin verborgene göttliche Macht allmählich, aber unausweichlich offenbart und führt zu einer unaufhörlichen Erhebung des Herzens, die auch die Ablenkungen auf der Oberfläche des Lebens überdauert.«[12]*

Ich liebe diesen Ausdruck »allmählich, aber unausweichlich«. Er bedeutet: Selbst wenn wir im Zug entgegen der Fahrtrichtung entlangrennen, werden wir trotzdem mit dem Zug am Bahnhof ankommen. Ich habe in meinem Leben so viel Zeit damit verbracht, in die falsche Richtung zu laufen, und schließlich dennoch festgestellt, dass ich trotzdem am richtigen Platz angekommen bin.

Trotz der Tatsache, dass wir die wahre Bedeutung dieser NAMEN nicht kennen, bewirkt ihre Wiederholung also etwas anderes, als wenn wir immer wieder »Frank, Frank, Frank« sagen würden. Wenn wir »Frank« wiederholen, erinnern wir uns an jeden Frank, den wir je kannten. Viele innere Bilder tauchen auf. Aber welche inneren Bilder erscheinen, wenn wir *»Ram«* sagen? Wahrscheinlich keine konkreten. Und darum geht es. Der echte Ram ist keine Person, die wir aus dem täglichen Leben kennen. Der echte Ram lebt in unseren Herzen und durch die Wiederholung des NAMENS stimmen wir uns auf diese Essenz in uns ein. Wenn es etwas ist, das wir uns im Kopf vorstellen oder ausdenken können, wird es uns nicht jenseits unseres Kopfes bringen. So befreit uns die Wiederholung des NAMENS von unseren Gedanken und lässt uns auf tiefere Art gegenwärtig werden.

Maharaj-ji sagte: »Rams Gestalt verließ diese Welt, Krishnas Gestalt verließ diese Welt, aber der NAME bleibt. Durch die Rezitation des NAMENS wird alles erreicht.« Er schüttelte den Kopf und wiederholte: »Alles wird erreicht.«

Eine Frau sagte mal zu mir: »Du redest nicht viel über Gott.«

Ich antwortete: »Das stimmt.« Dann fragte ich sie: »Was ist Gott?« Sie meinte, sie wisse es nicht.

Und ich erwiderte: »Ich auch nicht, deswegen rede ich nicht darüber.«

[12] Aus *Mysticism in Medieval India* von Shankar Gopal Tulpule (Harrassowitz).

Durch die Wiederholungen des NAMENS wird uns das, was innen ist, enthüllt und direkt und persönlich offenbart. Mir erscheint es daher nicht lohnenswert, meine Zeit damit zu verbringen, über etwas zu spekulieren, das wir unmöglich mit dem Verstand begreifen können. Ich kann Gott nicht durch Nachdenken finden.

Ich fange da an, wo ich bin. Ich bin hier, ich weiß, dass ich hier bin. Und was ist im Hier? Wer ist hier? Das will ich wissen. Ich bin davon überzeugt, dass das, was in mir lebt, diese göttliche Wirklichkeit ist. Ich muss sie nur entdecken. Dieser Weg ist eine persönliche, individuelle Suche jedes Einzelnen. Es ist eine Reise des Geistes, die nicht unbedingt etwas mit organisierten Religionen zu tun hat. Wir können im Geist leben; damit meine ich, dass wir das, was bereits in uns lebendig ist, überall erkennen werden.

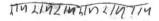

# LILA

Für Leute wie uns, die sich mit ihrem Körper und ihrem Verstand identifizieren, ist es schwer, das Konzept von *Lila,* dem göttlichen Spiel, zu begreifen. Es heißt »Spiel«, weil es im Handeln keine selbstsüchtigen Motive gibt. Das *Lila* Gottes oder der großen Heiligen, das heißt ihr Tun in der Welt, dient einzig dem Wohlergehen anderer. Es enthält keine persönlichen Motive. Das Handeln der Heiligen entsteht aus dem Bewusstsein der Einheit allen Lebens und aus dem Mitgefühl mit allen Wesen. Es ist uns unmöglich, es vollständig zu verstehen.

In gewisser Weise kann man es mit einer guten Erzieherin vergleichen. Sie spielt mit den Kindern, erzählt ihnen Geschichten und bringt sie dazu, rechtzeitig zu Bett zu gehen, ohne dass die Kinder merken, dass ein Erwachsener auf sie aufpasst, der für ihre Sicherheit sorgt. Doch wenn es ein Problem gibt, laufen die Kinder zur Erzieherin, und diese hat die Kraft und die Weisheit, mit der Situation angemessen umzugehen. Die *Lilas* (Handlungen) der *Avatare* (erleuchtete Wesen) sind ganz ähnlich. Sie tun, was sie für uns tun, als wären sie einer von uns. So schützen sie uns, inspirieren uns und bringen uns auf den richtigen Weg. Aber wenn wir in Gefahr oder in Not sind, zeigen sie uns einen tieferen Aspekt ihrer selbst oder ihre wundersamen *Siddhis* (Kräfte). Sie sind *in* dieser Welt, aber nicht *von* dieser Welt. Wenn sich die Göttlichkeit manifestiert, sprechen wir von *Lila.*

Auf dem Weg der Verehrung können wir uns auf die *Lilas* des Verehrten beziehen. *Ram Lila* und *Krishna Lila* sind Sammlungen von

Geschichten, die davon berichten, was diese göttlichen Wesen während ihrer Inkarnation getan haben und welche Spiele sie spielten.

Dada war einer von Maharaj-jis großen, alten Devotees. Oft übersetzte er für uns Westler. Sein eigentlicher Name war Sudhir Mukerjee, aber Maharaj-ji nannte ihn »Dada«, das bedeutet »älterer Bruder«. Einmal rief Dadas Frau ihn bei seinem ursprünglichen Namen, doch Maharaj-ji meinte zu ihr: »Wenn er für mich Dada ist, ist er auch für dich Dada«, und von da an nannten ihn alle nur noch »Dada«.

Dada erklärte oft, wenn wir bei Maharaj-ji seien, spielten wir traumverloren unseren Teil in seinem Spiel mit, aber wenn wir fern von ihm seien, könnten wir uns an die vielen Szenen erinnern und uns daran nach Herzenslust ergötzen.

Mit Maharaj-ji zusammen zu sein – das war, als wäre man ein Schauspieler, der vergessen hat, dass er gerade spielt. Doch dieses Stück wurde von einem erwachten Wesen verfasst, einem voll bewussten Autor, der auch so tat, als wäre er nichts als ein weiterer Mitspieler. Alles, was er verfasste, diente dazu, uns aufzuwecken und uns zu der gleichen Erkenntnis, Freiheit und Liebe zu führen.

Eines Tages saßen wir mit Maharaj-ji in Brindavan. Eine Reihe Westler war gerade von einem Meditationskurs gekommen. Einer von ihnen saß mit sehr aufrechtem Rücken und geschlossenen Augen da. Maharaj-ji sah mich an und bat mich, ihn zu fragen, was er tue. Ich tat, wie geheißen, und ohne die Augen zu öffnen, murmelte der Angesprochene: »Ich meditiere.«

Ich erklärte Maharaj-ji, was er geantwortet hatte.

»Oh?«, erwiderte dieser. »Frage ihn, ob er echte Meditation sehen will.«

Als ich dem Mann die Frage überbrachte, öffnete er die Augen und bejahte.

Maharaj-ji rief einen seiner engen Devotees zu sich, Gurudatt Sharma, und bat ihn, sich hinzusetzen und zu meditieren. Gurudatt, ein Familienvater, setzte sich, kreuzte seine Beine und schloss die Augen. Maharaj-ji trug mir auf, den Westler zu rufen und ihn aufzufordern, Gurudatt zu berühren. Der Mann stupste Gurudatt sanft an der Schulter.

»Nein, nein«, meinte Maharaj-ji, »stoße ihn!«

Er tat das, aber Gurudatt saß vollkommen unbeweglich da, fest wie ein Berg.

Dann forderte Maharaj-ji den Westler auf, Gurudatt Mund und Nase zuzuhalten, was er tat. Es war offensichtlich, dass Gurudatt nicht atmete.

Maharaj-ji sah den Westler an und sagte: »Das ist Meditation.«

Dann bat er mich und einen anderen Westler, Gurudatt hochzunehmen und in einem der nahen Zimmer aufs Bett zu legen. Nachdem wir das getan hatten, setzten wir uns wieder zu Maharaj-ji. Nach ein paar Minuten stand Maharaj-ji auf, ging in jenes Zimmer und schloss die Tür hinter sich. Etwa eine Viertelstunde später kamen die beiden Arm in Arm wieder heraus. Sie stützten sich aufeinander wie zwei Betrunkene, trunken vor Seligkeit. Maharaj-ji ließ sich wieder auf seinem *Takhat* nieder und Gurudatt setzte sich zu seinen Füßen auf den Boden. Maharaj-ji sah den Westler erneut an und fragte: »Hast du verstanden?«

Der Westler verneinte.

»Willst du es noch einmal sehen?« Ohne die Antwort abzuwarten, forderte er Gurudatt auf, wieder zu meditieren. Und Gurudatt ging wieder in Meditation.

Nach ein paar Minuten sollten wir ihn noch einmal in jenes Zimmer tragen.

Ich weiß nicht, wie es diesem Westler erging, auf mich machte diese Demonstration jedenfalls einen starken Eindruck und ich nahm mir vor, Gurudatt zu fragen, wie ich selbst so meditieren lernen konnte.

Am nächsten Tag gab mir Maharaj-ji eine Gelegenheit. Er bat mich, Gurudatt für irgendetwas in eine nahe Stadt zu fahren. Während der Fahrt fragte ich ihn, ob er vorher auch schon meditiert habe. Ich wollte wissen, was er da tat. Er antwortete nicht, also nahm ich an, dass ich keine Antwort erhalten würde.

Nach einer ganzen Weile begann er, leise zu erzählen: »Als ich vor langer Zeit zu Maharaj-ji kam, zeigte er sich mir gegenüber so liebevoll und zärtlich, dass einige der älteren Devotees äußerst verwundert waren. Ständig hielt er meine Hand, streichelte mich und sah mich mit größter Zuneigung an. Schließlich sprach ihn einer von ihnen an: ›Maharaj-ji, was ist mit diesem Typ? Wie kommt es, dass du ihm so zugeneigt bist? Ich bin schon viel länger bei dir und du hast mir noch nie diese Art von Liebe gezeigt.‹ Maharaj-ji antwortete nicht, aber der Devotee ließ nicht nach. Schließlich erklärte Maharaj-ji: ›Okay, du willst es wissen, ich sage es dir, aber ich werde es nur ein einziges Mal sagen.‹ ›Gut‹, meinte der Devotee. Wir waren nur zu dritt in jenem Raum. Doch genau in dem Augenblick, als Maharaj-ji zu reden begann, öffnete jemand die Tür und rief jenen Devotee. Er wandte den Kopf, um zu sehen, wer ihn gerufen habe. Als er sich uns wieder zuwandte, war Maharaj-ji mit seiner Rede fertig. Er sagte: ›Maharaj-ji, was hast du gesagt? Ich habe es nicht gehört.‹ Aber Maharaj-ji wollte es nicht wiederholen.«

Gurudatt sah mich einen Augenblick lang von der Seite an und fuhr fort: »Maharaj-jis Worte waren: ›Nicht nur in diesem Leben, nicht nur im letzten Leben, sondern Leben um Leben waren wir zusammen. Deshalb geschieht es so.‹«

Den Rest der Fahrt verbrachten wir schweigend.

Wie Namdev, der große Dichter und Heilige des 13. Jahrhunderts, schrieb, besaß er ein vollkommenes Wissen um die *Veden* (die alten indischen Schriften) und alle philosophischen Schulen Indiens. Er hatte das Ziel der Yogis gemeistert und die Freude der Verschmelzung mit der formlosen Gottheit erfahren; aber alle diese Erfahrungen hatte er durch die Gnade der Heiligen transzendiert und entdeckt, dass das Geheimnis in der Liebe Gottes liegt.

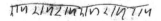

Maharaj-jis »Priester« bei seinem Dienst im Durga-Tempel in Kainchi, 1972
*(Mit freundlicher Genehmigung von Chaitanya)*

1972 wurde zu Ehren der Göttin Durga im Tempelkomplex von
Kainchi ein schöner neuer Tempel errichtet. Es war kurz vor dem
*Durga Puja,* dem neuntägigen Fest zu Ehren der Göttlichen Mutter. Die offizielle Eröffnung des Tempels sollte zwar erst im Frühjahr
stattfinden, aber Maharaj-ji wollte, dass die Devotees, die zum Fest
anreisten, die *Murti* (geheiligte Statue) der Göttin sehen könnten.
Also holte man einen Priester, der dort sitzen, ein paar *Pujas* (Gebete)
abhalten und *Prasad* (gesegnete Speiseopfer) austeilen sollte.

Nach ein paar Tagen kam heraus, dass der Priester aus der Spen-
denbox vor dem Tempel Geld stahl. Er erhielt ein paar Rupien und
wurde nach Hause geschickt. Ein zweiter Priester wurde geholt, doch
auch er wurde nach ein paar Tagen beim Klauen ertappt. Auch er
erhielt ein paar Rupien und wurde nach Hause geschickt. Als auch
der dritte Priester erwischt wurde, traten die Zuständigen vor Maha-

raj-ji und meinten: »Es gelingt uns nicht, einen Priester zu finden, der nicht stiehlt.«

Maharaj-ji klopfte sich auf die Brust und sagte. »Mein Priester wird nicht stehlen.«

»Dein Priester? Wer soll denn dein Priester sein?«

»Krishna Das!«

Man rief mich aus den hinteren Bereichen des Tempels, in denen ich die meiste Zeit trübsinnig in innerer Dunkelheit herumhing, und bat mich, beim Tempel zu sitzen und der Priester zu sein. Ich war überrascht, aber ich nahm es als ein Zeichen, wie Maharaj-ji seine Liebe zu mir zum Ausdruck brachte. Den größten Teil des Tages verbrachte ich nun dort und kümmerte mich um den Tempel. Eines Tages, während ich dort so saß, dachte ich so nebenbei: »Wenn ich sowieso hier sitze, kann ich ja auch ein paar Mantras lernen.« All die *Devi Pujas* – die Gebete und Gesänge an die Göttin, die ich heute singe – sind aus diesem Impuls hervorgegangen. Maharaj-ji sagte nie: »Lern das«, und doch ist es geschehen. *Lila.*

Eines der *Lilas,* die Maharaj-ji mit mir spielte, bezog sich auf meinen Namen. In meinen frühen Tagen mit Maharaj-ji nannte er mich einfach »Fahrer«. Er hatte mir Ram Dass' Autoschlüssel gegeben und mir aufgetragen, zu fahren. Also fuhr ich mit Ram Dass' VW-Bus umher. Wenn er etwas von mir wollte, rief er: »Fahrer!« Das schien eine Ewigkeit lang mein Name zu sein. Alle um mich herum bekamen schöne, heilige Namen. Ich hieß »Fahrer«. Schrecklich! Eines Abends schrieb ich in mein Tagebuch: »Ich glaube, so bleibt es wohl. Ich werde für immer ›Fahrer‹ heißen.«

Am nächsten Morgen, als ich zum Tempel kam, wurde ich in Maharaj-jis Zimmer gerufen. Er schaute mich an und sagte: »Arjun ..., nee ..., Krishna ..., nee ..., Krishna Das!«

Ich sagte: »Krishna Das?« Ich war ein Hanuman-Typ. Ich war ein Ram-Typ. Was sollte dieses »Krishna Das«-Zeug?

Er lachte. »Ist schon okay. Hanuman hat auch Krishna gedient.«

*Krishna Das* bedeutet »Diener Krishnas« oder »Diener Gottes«. Das Wort »Das« heißt »Diener«. Es stammt aus der Hanuman-Tradition und weist auf eine Haltung des hingebungsvollen Dienstes an Gott hin. In Indien gibt es verschiedene Formen, Liebe und Verehrung zum Ausdruck zu bringen. Wenn Devotees den Weg des *Dasya bhav* gehen, bedeutet es, dass sie sich als Diener Gottes sehen. Andere Traditionen betonen andere Aspekte der Beziehung zu Gott: Liebender/ Geliebter, Kind/Elternteil, Freund/Freund. In der *Mahabharata* wird davon erzählt, dass Krishna Arjuna im großen Krieg als Wagenlenker diente. Arjuna ist der Held der Guten, und Krishna ist sein Freund und eben auch Gott. Sie überleben all diese schrecklichen Schlachten. In jenen Tagen schossen sie mit geheimen Mantras vergiftete Pfeile ab, die wie Atombomben wirkten. In diesem tödlichen Krieg blieb Arjunas Wagen unbeschädigt. Am Ende des Krieges kommt jedoch der Augenblick, wo Krishna plötzlich drängt: »Arjuna, schnell, spring sofort vom Wagen!« Arjuna springt und Hanuman machte einen Satz aus der Flagge des Wagens heraus – einer weißen Flagge mit einem roten Affen darauf. In diesem Augenblick zerbarst Arjunas Wagen in eine Million Stücke. Krishna erklärt: »Hast du nicht bemerkt, dass dein Wagen in diesem ganzen Krieg von so vielen Geschossen getroffen wurde und doch nie Schaden nahm? Das war nur möglich, weil Hanuman all diese Geschosse in sich aufgenommen hat.«

Bei einer anderen Gelegenheit begegnen Hanuman und Krishna einander und Krishna sagt: »Oh, ich weiß, was du willst«, und verwandelt sich in Ram. Hanuman war monogam, verstehen Sie, was ich meine? Er schaute nie einen anderen Avatar an.

Es stellte sich heraus, dass ich ganz gut damit leben konnte, »Krishna Das« genannt zu werden.

⁙⁙⁙

Manchmal war Maharaj-jis *Lila* einfach komplett verblüffend. Es gibt Augenblicke, in denen wir mit absoluter Sicherheit wissen, dass das Geschehen nichts mit uns und unseren Entscheidungen zu tun hat. Im Herbst 1970 war ich mit Ram Dass und einer Gruppe Westlern in Bodh Gaya (das ist jener Ort in Indien, wo Buddha unter dem Baum saß und Erleuchtung fand). Wir hatten hintereinander an fünf zehntägigen *Vipassana*-Kursen teilgenommen und hatten das Gefühl, es war an der Zeit, Maharaj-ji wiederzufinden. Jemand war mit einem Mercedes-Reisebus nach Bodh Gaya gekommen und bot an, uns alle mit zurück nach Delhi zu nehmen. Wir beschlossen, nach Delhi zu fahren, um dort vielleicht herauszufinden, wo Maharaj-ji sein könnte.

Die Fahrt nach Delhi war lang. Einer der Westler im Bus war bei der *Mela* (riesige Versammlung zu einem bestimmten astrologischen Zeitpunkt) in Allahabad gewesen und meinte: »Dort sind Millionen von Babas und Sadhus, die ihr Bad im Fluss nehmen. Da könnten wir doch Pause machen. Es liegt auf dem Weg.« Weil es nicht sicher war, ob wir es an diesem Tag noch bis Delhi schaffen würden, wenn wir bei der *Mela* hielten, war Ram Dass dagegen. Und als Ältester war Ram Dass der Boss.

Daraufhin begann eine Riesendiskussion; jeder im Bus gab seine Meinung zum Besten. Lange Zeit blieb Ram Dass bei seiner Ansicht, wir sollten unsere Reise fortsetzen, doch schließlich gab er nach. »Also gut, aber wir halten nur ein paar Minuten, dann fahren wir weiter.«

Als wir jedoch an der großen Wiese ankamen, wo die *Mela* zehn Tage zuvor stattgefunden hatte, war sie völlig leer. Die zehn Millionen Menschen, die dort gefeiert hatten, waren wohl alle nach Hause zurückgekehrt. Der Bus fuhr eine große Schleife über den Platz, um wieder zur Straße zurückzufahren, als jemand sagte: »Schaut mal, da ist ein Hanuman-Tempel! Lasst uns doch hingehen, uns einmal vor Hanuman verneigen und dann weiterfahren!«

Der Bus fuhr zum Tempel, und als wir den kleinen Pfad am Rand der Wiese entlangrumpelten, rief plötzlich jemand: »Seht mal, da ist Maharaj-ji!« Und tatsächlich, da ging er in die entgegengesetzte Richtung, und er sah aus, als lachte er in sich hinein. Er schaute noch nicht einmal auf, als wir an ihm vorbeifuhren. Später erzählte uns Dada, der neben ihm ging, Maharaj-ji habe gesagt: »Oh, sie kommen«, und sei weitergegangen.

Der Bus hielt an, wir liefen alle zu Maharaj-ji. Er sagte nur: »Folgt mir, folgt mir.« Dann stieg er mit Dada in eine kleine Fahrrad-Rikscha und fuhr auch schon durch all diese kleinen Gassen, gefolgt von einem riesigen, glänzenden Mercedes-Bus voll verrückter Westler.

An einem Haus stiegen sie aus der Rikscha und gingen hinein. Wir wussten nicht recht, was tun. Doch während wir unschlüssig neben dem Bus standen, kam Dadas Frau heraus und rief: »Kommt rein, kommt rein und esst! Heute Morgen hat uns Maharaj-ji schon aufgetragen, für sechsundzwanzig Leute mehr zu kochen.« Und da standen wir, 25 Leute plus Fahrer. Wir genossen eine herrliche Mahlzeit und hatten eine wundervolle Zeit mit Maharaj-ji. Es war meine erste Begegnung mit Dada, mit dem ich in den folgenden Jahren noch viel Zeit verbringen sollte.

Innerlich ging ich immer wieder die Ereignisse der letzten beiden Tage durch – die ganze Planung der Reise nach Delhi, um Maharaj-ji zu finden. Ich dachte an die lange Diskussion, ob wir nun bei der *Mela* anhalten sollten oder nicht. Wenn ich es wirklich hätte begreifen können, hätte ich erkannt, dass er die ganze Geschichte eingefädelt hatte, und vielleicht hätte sich mein Verstand dann ergeben. Ich denke oft: Wäre ich damals schon reif dafür gewesen, hätte dieses Wunder genügen können, um meinen wankelmütigen Verstand für immer dahinschmelzen zu lassen!

Im Bus, auf der Suche nach Maharaj-ji, 1971
*(Mit freundlicher Genehmigung von Jagganath Das)*

Als Maharaj-ji Dadas Haus in Allahabad verließ, beschlossen einige von uns, mit Swami Muktananda durch Südindien zu reisen, bis wir Maharaj-ji wieder treffen könnten. Maharaj-ji hatte Ram Dass gesagt, dass er ihn in Brindavan treffen würde, also hielten wir auf dem Weg dort an. Maharaj-ji war nicht da, so fuhren wir weiter gen Süden nach Ganeshpuri, Swami Muktanandas Ashram in der Nähe von Bombay. Nachdem wir dann mit Swami Muktananda ein paar Wochen auf Pilgerreise waren und viele heilige Stätten besucht hatten, reisten wir wieder Richtung Norden, um Maharaj-ji zu finden. Wir wollten eigentlich in die Berge, nach Nainital, aber eingedenk der Worte von Maharaj-ji beschlossen wir, dass wir es noch einmal in Brindavan probieren sollten. Also machten wir einen Umweg dorthin. Kurz vor Brindavan verabredeten wir, die Nacht in Krishnas Geburtsort Mathura zu verbringen, wo es ein gutes Gästehaus gab. Am Morgen fuhren wir dann die halbe Stunde weiter nach Brindavan. Ich saß am Steuer und verpasste eine Ausfahrt, sodass wir einen Umweg durch den geschäftigen Basar machen mussten, was uns etwa zwanzig Minuten später am Tempel ankommen ließ.

Doch der Tempel war verlassen. Der *Chaukidhar* (Wachmann) meinte, dass Maharaj-ji nicht da sei und er auch keine Idee habe, wo er sein könne. Wir waren alle sehr enttäuscht; ich ließ den Kopf hängen, als wir wieder zum Fahrzeug zurückgingen. Gerade als ich den Anlasser betätigen wollte, kam ein kleines Auto quietschend vor uns zum Halten: Maharaj-ji stieg aus. Ohne auch nur einen Blick in unsere Richtung zu werfen, ging er vor uns über die Straße zum Tempel, während wir staunend und mit offenem Mund im Wagen saßen.

Viele Jahre später, 1989, besuchte ich die *Kumbh Mela* in Allahabad. Bei meinem Besuch in Maharaj-jis Lager traf ich Gurudatt Sharma, jenen Devotee, mit dem Maharaj-ji damals in Brindavan aufgetaucht war. Wir hingen gemeinsamen Erinnerungen nach und ich fragte, ob er sich an jene plötzliche Ankunft erinnere. Er wusste genau, was ich meinte, und erzählte die Geschichte aus seiner Perspektive:

»Ich war mit Maharaj-ji im Haus eines Devotees in Lucknow. Es war spät am Abend; die meisten Devotees waren nach Hause zurückgekehrt. Ich war gerade eingeschlafen, als ich ihn laut nach mir rufen hörte. Wir saßen eine Weile zusammen, dann schickte er mich wieder schlafen. Kurz nachdem ich eingeschlafen war, hörte ich ihn erneut rufen und ging zu ihm. Ich schlief mit mehreren Devotees in einem Raum, aber kein anderer wachte auf. Er meinte, er fühle sich nicht müde, er wolle mit mir plaudern. Also redeten wir eine Weile, dann schickte er mich wieder zu Bett. Gerade als ich zum dritten Mal einschlafen wollte, hörte ich ihn wieder rufen. Als ich bei ihm ankam, griff er meinen Arm und sagte: ›Chalo!‹ [Gehen wir!] Wir weckten den Fahrer und waren schon nach kurzer Zeit unterwegs. Maharaj-ji brachte den Fahrer dazu, die ganze Nacht mit halsbrecherischer Geschwindigkeit durchzufahren. Am Stadtrand von Brindavan hielten wir an und saßen zwanzig Minuten lang am Straßenrand, bis er wieder losfahren wollte. Als wir am Tempel ankamen, ging ich an seiner Seite. Erst als ihr in den Tempel kamt, merkte ich, dass ihr da wart.«

Es war ein *Lila* mit ausgezeichnetem Timing.

# GLÜCKSGEFÜHLE UND
# BUDDHA-NATUR

Maharaj-jis Gegenwart erweckte in mir ein Wohlgefühl, das ich nie zuvor erlebt oder das ich zumindest vollkommen aus meinem Bewusstsein verloren hatte. Es dauerte viele Jahre, bis ich begriff, dass dieses Wohlgefühl nicht von seiner körperlichen Anwesenheit abhing, sondern schon immer in mir war. In seinem Buch *Going on Being* schreibt der buddhistische Psychiater Mark Epstein über die unerhörte Bedeutung der Erkenntnis dieses inneren Wohlbefindens, und er erläutert das mit einer Geschichte von Buddha.

Den Lehren folgend, die ihm zu seiner Zeit zur Verfügung standen, hatte sich der zukünftige Buddha derart schweren Übungen unterzogen, dass er sich fast zu Tode gehungert hatte. Seine Entbehrungen waren so groß, dass seine Haut abblätterte, sobald er sich kratzte, und wenn er sich entleeren musste, stürzte er zu Boden und konnte sich lange nicht wieder erheben. Er fühlte sich dem Tod nahe und dachte: »Ich kann nicht weitergehen, und doch habe ich nicht gefunden, was ich suche. Könnte es noch einen anderen Weg zur Erleuchtung geben?«

Und in diesem Augenblick erinnerte er sich an die Zeit, als er ein Junge gewesen war und im kühlen Schatten saß, während sein Vater in der Nähe beschäftigt war. Zu jener Zeit war er mühe- und absichtslos in einen tiefen, meditativen Zustand der Seligkeit eingetreten. Während ihn die Erinnerung an diesen warmen, angenehmen Zustand durchflutete, fragte er sich, ob das wohl der Weg zur Erleuchtung sein könnte. Er durchdrang das Wesen dieses Glücksgefühls und erkannte, dass es nicht von außen kam und auch nicht durch das Beenden einer leidvollen Erfahrung entstand. Er erkannte: Diese Art von Wohlgefühl ist eine Qualität dessen, wie die Dinge sind; es ist natürlich – ein selbstverständlicher Bestandteil unserer wahren Natur.

Wenn solche Glücksgefühle ein Bestandteil unserer Natur sind, was ist dann geschehen? Warum haben wir keinen Kontakt zu diesem einfachen Glück? Warum rennen wir umher und versuchen, diese imaginierte Leere in uns zu füllen, die unersättlich scheint?

Als der Buddha nach seinem Erwachen aus dem Dschungel kam, war ihm sehr klar, dass es immer eine gewisse Unzufriedenheit in unserem Leben geben wird – egal was wir tun, wohin wir gehen oder wer wir sind. »Tja, Mönche! Das Zeug bringt's nicht!«, sagte er, wenn auch in etwas anderen Worten. Und wissen Sie was? Das Zeug soll auch gar nichts bringen. Es ist Zeug. Zeug kann uns Vergnügen bereiten, aber Vergnügen ist nicht von Dauer. Es hat auch seine Kehrseite: das Leiden. Wenn das Vergnügen vorbei ist, kommt das Leiden. Wenn das Leiden vorbei ist, kommt Vergnügen. So funktioniert es. Wir klammern uns an das Vergnügen und versuchen, Leiden zu meiden, aber sie sind zwei Seiten derselben Münze.

Ich kann mich nicht erinnern, dass in der Familie, in der ich aufgewachsen bin, irgendjemand wirklich glücklich war. Keiner meiner Verwandten fühlte sich mit sich selbst oder seinem Leben wohl. Obwohl doch, es gab jemanden: Tante Bella. Sie starb, als ich noch recht klein war. Ich bin ihr nur ein- oder zweimal begegnet, aber wann immer ihr Name fiel, sagte sofort jemand hinterher: »Oh, sie war eine Heilige.« Was ihre Heiligkeit ausmachte, war einfach, dass sie sich als Einzige meiner gesamten Familie nie beklagte. Sie kennen vielleicht den Witz von den zwei alten jüdischen Damen, die in einem Feinkostladen stehen, und der Verkäufer spricht sie an: »Nun, meine Damen, gibt es irgendetwas, das in Ordnung ist?«

Warum erscheint es uns als ein so revolutionäres Konzept, unser Leben an dem auszurichten, was uns guttut? Warum verbringen wir so viel Zeit damit, nicht das zu tun, was wir gerne tun würden, und über das zu klagen, was wir tun? Wenn wir unserem Wohlgefühl folgen, wenn wir unserem *Herzen* folgen und tun, was uns glücklich macht, dann wird uns das in die richtige Richtung führen.

Einmal fragte ich Sri Siddhi Ma, der Maharaj-ji die Sorge um seine Tempel und Devotees hinterließ: »Ma, soll ich meditieren?«

Sie sagte: »Weißt du, in all den Jahren, die ich mit Maharaj-ji verbracht habe, hat er mich nie aufgefordert, zu meditieren. Er meinte, Meditation sei nichts, wofür man sich willentlich entscheidet, sondern ein Zustand, in den wir natürlich eintreten, wenn wir Hingabe üben und den NAMEN wiederholen.« Und dann fügte sie hinzu: »Was tust du gerne: singen oder meditieren?«

Ich dachte: »Nun, ich singe gerne.«

Das Komische ist: Ich hatte nie daran gedacht, dass das Chanten, das ich so mochte, für mich von tiefem spirituellem Nutzen sein könnte. Warum? Weil ich es gerne tat. Es rief dieses ganze Thema von Selbstvertrauen hervor: »Wenn es Spaß macht, ist es nicht gut für dich« – das hatte mich schon meine Mutter gelehrt!

Unsere westliche Kultur neigt dazu, unsere Fähigkeit, uns auf unsere eigene Intuition zu verlassen, völlig zu zerstören. Niemand sagt Kindern, sie sollen sich auf ihr Empfinden verlassen. Doch darum geht es bei diesem ganzen Weg: die Fähigkeit zu entwickeln, zu erkennen, was uns wirklich in eine positive Richtung bewegt, und dem dann zu folgen. Denn dieses Gefühl der *Richtigkeit* führt uns tiefer und tiefer dorthin, wo *alles* richtig ist: zu Gott, unserem WAHREN SELBST. Das *sind* wir. Wir haben es vergessen, deswegen sind wir so sehr damit beschäftig, es wiederfinden zu wollen.

*Den Fisch im Wasser*
*quält der Durst:*
*Ich höre davon*
*und breche in Lachen aus.*

*Was du suchst,*
*ist hier zu Hause:*
*Und doch ziehst du trüben Sinns*
*durch Wälder und Felder ...*

KABIR[13]

Erhalten wir, was wir vom Leben wünschen? Gibt es in unserem Leben genug Liebe? Werden wir zu guten Menschen? Fühlen wir uns mit anderen verbunden oder sind wir isoliert und ängstlich? Wie auch immer unsere Antworten auf diese Fragen lauten mögen – der eigentliche Dreh- und Angelpunkt ist dies: Glauben wir wirklich, dass es einen Weg gibt, der Veränderung bringt? Wenn nicht, dann stecken wir da fest, wo wir eben sind. Wie ein Bettler, der in seinem Verschlag über einem vergrabenen Schatz lebt, sind wir durch unsere Ideen von uns selbst begrenzt.

Unsere Überzeugungen verändern sich in der Regel durch eine von zwei Möglichkeiten: Entweder wir kommen mit jemandem in Kontakt, der spirituell das zu haben scheint, was wir suchen; wir erhaschen durch diese Person eine Ahnung und dann machen wir uns auf die Suche. Oder unser Unwohlsein wird so überwältigend, dass wir es nicht mehr aushalten; es muss etwas geschehen: Das zwingt uns, das Gefängnis unserer Überzeugungen zu verlassen und nach einem anderen Weg zu suchen.

Ich wurde einmal von einer Journalistin für ein Musik-Magazin interviewt. Sie fragte mich, was ich davon hielte, dass die großen Rockstars heutzutage Yoga und Meditation machten – ob ich das einfach für eine Marotte hielt. Ich sagte: »Nein, im Gegenteil. Das sind die Könige und Königinnen unserer Zeit. Sie haben die Mittel und

---

[13] Aus *Kabir: The Weaver's Songs,* übersetzt von Vinay Dharwadker (Penguin Books India).

die Macht, sich die wildesten Wünsche und Bedürfnisse zu erfüllen. Wenn solche Leute Yoga, Chanten und Meditation üben, dann weil sie die direkte, persönliche Erfahrung machen, dass es ihnen etwas gibt, das ihnen selbst ihre heißesten Eskapaden nicht gegeben haben.« Das ist echte Weisheit. Diese Rockstars haben alle Extreme erkundet, und manche von ihnen sind dabei auf die Wahrheit gestoßen. Ich finde das großartig.

Wenn wir auf dem Weg fortschreiten, verändert sich unser Verständnis von Glück genauso wie unser Verständnis von uns selbst und unsere Beziehungen zu anderen. Die echten Ergebnisse spiritueller Praxis zeigen sich im Alltag. Wir werden freundlicher und angstfreier – mitfühlendere und liebevollere Menschen. Der Wunsch entsteht, anderen zu helfen. Wir müssen glücklich sein, um Glück zu vermitteln. Wie können wir jemandem helfen, wenn wir nicht das tun, was uns glücklich macht? Ein *Bodhisattwa* ist jemand, der die Verbundenheit aller Wesen erkannt und der gelobt hat, um der Freiheit aller Wesen willen in der Welt zu bleiben. Er weiß, dass es keine Freiheit für den Einzelnen gibt – keine letztendliche Freiheit –, bis alle Wesen frei sind. Er spürt das Leiden anderer als sein eigenes und tut, was er kann, um dieses Leiden zu lindern. Er hat in sich tiefstes Glück erfahren und will nur, dass wir alle daran teilhaben.

Dieser tiefgründige Zustand ist uns allen zugänglich – und darum geht es.

*Wer in seinem Herzen*
*von Seligkeit entflammt ist*
*und den Kummer fühlt,*
*den jede Kreatur erleidet, und sich*
*jede Freude und jedes Leid zu eigen macht:*
*Den nenne ich den höchsten Yogi ...*

Bhagavad Gita

Unser Problem ist, dass wir ein schlechtes Ziel haben. Wir laufen bei unserer Suche nach diesem kostbaren Glück in die falsche Richtung. Solange wir uns an Dinge klammern und hoffen, daraus Glück zu gewinnen, wird es immer auch Leiden geben. Jeder Heilige, der je gelebt hat, hat uns gelehrt, nach innen zu schauen. Jesus sagte: »Das Reich Gottes ist in euch.« Echtes inneres Glück hat keine Kehrseite. Echtes Glück – wahre Liebe – das ist es, was wir *sind*. Unsere Buddha-Natur. Unser wahres Sein. Alles, was außen ist, muss verschwinden. In Wahrheit sind wir das, was nie kommt oder geht. Je besser wir uns danach ausrichten, desto leichter werden wir dorthin gelangen.

Der Weg zur Erleuchtung, der Weg zu wahrem Glück geht durch das Wohlgefühl, das jeder in sich hat. In Indien bin ich jeden Tag aufgestanden, habe mich angezogen und zu Maharaj-ji gesetzt und auf meine große Erleuchtungserfahrung gewartet. Ich hatte gesehen, wie einige seiner engen indischen Devotees wie Gurudatt Sharma oder K.C. Tewari in *Samadhi* (sehr tiefer Bewusstseinszustand) gelangt waren, während sie neben ihm saßen oder zu ihm sangen, aber mir widerfuhr nichts dergleichen. Nichts passierte! Er schaute mich an, kicherte, brachte mich zum Lachen, warf mir Früchte zu, und ich wartete auf den großen Knall!

Eines Tages erkannte ich plötzlich, wie lächerlich meine Vorstellung von Erleuchtung war. Ich wartete darauf, dass er mich berühren würde, dass etwas geschehen würde, und dann wäre *ich* weg. Ich konnte mir nicht vorstellen, dass Erleuchtung oder Glück stattfinden könnte, während ich da bin. Ich wartete darauf, zu verschwinden, doch das geschah nie, ist immer noch nicht geschehen. Wie auch? Ich erkannte, dass die Wahrheit genau das Gegenteil ist. Es gibt keine Zeit und keinen Ort, zu dem wir *nicht* sein werden, nie. Die absolute göttliche Gegenwart ist in unseren Herzen. *Sie ist immer da.*

Auf einer gewissen Ebene wissen wir alle, wie es sich anfühlt, sonst würden wir nicht danach suchen. Spirituelle Praxis, die in der richtigen inneren Haltung ausgeübt wird, stärkt das Wohlbefinden. Wir müssen lernen, wie wir es in uns nähren können. Es gibt keinen anderen Weg. Es gibt keine andere Richtung, diese Liebe zu finden, als in dieser Präsenz zu sein. Alles andere ist da draußen. Wir können die Welt um uns herum nutzen, um uns gut zu fühlen, und wir können darin sehr pfiffig werden, doch wenn das alles ist, was wir kennen, dann ist es nicht genug. Wenn wir zur Quelle von allem wollen, zum inneren Sein, dann wird alles, was wir brauchen, zu uns kommen. Alles wird sich im Lauf der Zeit erfüllen. Wie Maharaj-ji sagte: »*Ram Naam karne se, sab pura hojata.* [Durch das Wiederholen des Namens Ram (Gott) kommt alles zur Vollendung.]«

Ich bin bei einem tibetischen *Lama* (Lehrer) gewesen, der viele Westler gelehrt hat. Er bemerkte, dass wir Westler in der Regel nicht mit diesem inneren Sinn für Wohlbefinden in Kontakt sind. Wir tun uns schwer damit, einfach mit uns selbst einverstanden zu sein. Regelmäßige spirituelle Praxis hilft uns, die Kraft zu entwickeln, alles loszulassen, was uns im täglichen Leben unglücklich macht. All die Täuschungen, all die Zurückweisungen, Verletzungen und Frustrationen – all das bleibt an uns haften. Um es loszulassen, müssen wir in etwas Halt finden, das tiefer reicht als all diese Dinge. So können wir unsere Herzen zugänglich machen. Wenn wir fürchten, verletzt zu werden, können wir uns nicht wirklich auf das Leben einlassen.

Letztendlich leben wir dann in einem Zustand, in dem unser Herz so weit, so offen für Liebe ist, dass alles und jeder frei kommen und gehen kann, ohne verurteilt oder abgewiesen zu werden. Der Dalai Lama sagte einmal: »Ich denke, man könnte sagen, dass ich ein schweres Leben hatte. Bereits in sehr jungen Jahren wurde ich gezwungen, politische und spirituelle Verantwortung für mein Volk zu übernehmen. Und ich musste zusehen, wie Millionen meiner Leute unter der chinesischen Unterdrückung litten und starben. Aber ich bin glücklich.« Nach einem Angriff der Chinesen auf sein Volk beschrieb er seine Gefühle folgendermaßen: »Es gibt in meinem Geist verstörende Gedanken, aber mein Herz ist stark.« Es zerstörte weder ihn noch seinen Seelenfrieden. Trotz allem, was ihm, seinem Volk und seinem Land angetan wurde – Millionen hingemetzelt, das Land verloren –, kann er sagen: »Aber ich bin glücklich.« Er hat diese Art von Glück und Frieden in sich gefunden, die nicht kommen und gehen, die nicht von äußeren Dingen abhängen. Das ist eine andere Art von Glück, als wir es uns meistens vorstellen. Doch er versichert uns, dass wir sie auch erfahren können.

Im Winter 1971 waren wir mit Maharaj-ji in Brindavan. Zusammen mit den anderen Westlern wohnte ich in einem sauberen, billigen Gästehaus nicht weit vom Tempel. Mein Zimmer war auf der Straßenseite. Jeden Morgen erwachte ich davon, dass ein blinder Sadhu vorbeiging, der ständig *Radhe Radhe Radhe Shyam, Govinda Radhe Radhe* sang! (Ich ahnte ja nicht, dass ich viele Jahre später CDs aufnehmen und eine Version dieses Gesangs einspielen würde.)

Eines Nachts stolperte ich auf dem Weg zurück in unser Gästehaus in ein Schlagloch und verrenkte mir das Knie. Als ich am nächsten Morgen erwachte, war es geschwollen und schmerzte. Ich dachte, ich sollte ins nächste Spital gehen und prüfen lassen, ob alles in Ordnung war.

Wir hatten damals die Anweisung, erst nach vier Uhr nachmittags zum Tempel zu kommen, aber ich hatte das Gefühl, ich sollte Maharaj-ji sagen, dass ich ins Spital fahre. Also half mir einer meiner Guru-Brüder, zum Tempel zu humpeln. Ich stützte mich stark auf ihn, als wir über den Hof gingen. Maharaj-ji saß auf einem *Takhat*; nur Gurudatt Sharma war bei ihm. Wir ließen uns nieder und ich streckte mein Bein unter das *Takhat*, da ich mein Knie nicht beugen konnte. Maharaj-ji fragte mich nicht, warum ich so früh gekommen sei, also schwieg ich. Ich freute mich einfach, bei ihm zu sein.

Nach ein paar Minuten erhob sich Maharaj-ji und ging vom *Takhat* weg. Gurudatt hielt seine Hand. Je weiter sie sich von uns entfernten, desto stärker stützte er sich auf Gurudatt. Mit jedem Schritt begann er mehr zu humpeln, als könne er kaum noch laufen. Plötzlich merkte ich: Er übernimmt das Karma von meinem Knie! In diesem Augenblick wandte er sich um und ging rasch zum *Takhat* zurück. Er setzte sich, schaute mich an und sagte. »Dachtest du, ich hätte Schmerzen? Wolltest du mir helfen?« Und er tätschelte mir den Kopf.

Nach einer Weile bemerkte er das Notizbuch, in dem ich mir Zitate und Geschichten aus heiligen Büchern notierte. Er nahm es und begann, es durchzublättern. Darin standen Zitate aus vielen verschiedenen Traditionen: Hinduismus, Christentum, Sufismus, Buddhismus. Auf einer Seite hielt er inne und fragte: »Was ist das?«

Es war mir ziemlich peinlich, denn er zeigte auf eine Hymne aus der tibetischen buddhistischen Tradition: den *Gesang des Mahamudra* von Mahasiddha Tilopa. *Mahamudra* bedeutet wörtlich übersetzt »große Geste« oder »großes Symbol« und steht für die Einheit von Suchendem und Universum. Buddhisten glauben nicht an »Gott«, und hier saß ich in einem dem Affengott Hanuman gewidmeten Tempel. Ich fühlte mich, als hätte man mich sozusagen beim Klauen spiritueller Bonbons ertappt. »Das ist buddhistisch«, murmelte ich verlegen.

Maharaj-ji sagte: »Übersetze es für mich.«

Also übersetzte Gurudatt, der perfekt Englisch sprach, die ersten paar Verse. Maharaj-ji unterbrach ihn und sagte: *»Thik.* [Richtig, stimmt.]« Nicht zu fassen!

Er blätterte weiter und fand ein Bild von sich. Er fragte: »Wer ist das?«

»Maharaj-ji, das bist du!«

*»Nahin.* [Nein.] Das ist Buddha!« Dann schloss er das Buch und gab es mir zurück.

Ich war ganz verwirrt und begriff nicht, was er sagen wollte.

Später am gleichen Tag saßen wir alle um ihn herum. Ich war mit meinem Knie beschäftigt und grübelte, warum ich es verletzt hatte und welche Bedeutung das haben mochte. Maharaj-ji erzählte jedem von meinem Knie und der Verletzung. Er nahm wieder mein Buch zur Hand und blätterte es durch. Diesmal suchte er sich ein anderes Zitat aus (übrigens konnte er angeblich kein Englisch):

»*Und damit ich mich wegen der hohen Offenbarungen nicht überhebe, ist mir gegeben ein Dorn ins Fleisch ... Seinetwegen habe ich dreimal zum Herrn gefleht, dass er von mir weiche. Und er hat zu mir gesagt: Lass dir an meiner Gnade genügen; denn meine Kraft ist in den Schwachen mächtig.« (2. Korinther 12,7–9)*

Für mich bedeutete das: Die Kraft und Schönheit der göttlichen Liebe strahlt eben genau in unserer schlichten Menschlichkeit. Wir müssen in der Welt nichts Besonderes sein, um dieser Gnade teilhaftig zu werden.

Jahre später waren Dr. Larry Brilliant und seine Frau Girija in Sikkim. Larry und Girija waren auch westliche Devotees, und durch Maharaj-jis Anregung arbeitete Larry für die Weltgesundheitsorganisation an dem Projekt, durch das die Pocken ausgerottet wurden. Während ihres Aufenthaltes in Sikkim gingen Larry und Girija zum *Darshan* seiner Heiligkeit, dem 16. Karmapa und Leiter der Kagyu-Linie des tibetischen Buddhismus, der als einer der großen Heiligen der heutigen Welt gilt. Der Karmapa fragte sie nach ihrer spirituellen Praxis, worauf sie ihm ein Bild von Maharaj-ji zeigten.

Der Karmapa betrachtete das Foto: »Er ist ein *Bodhisattwa*. Er ist mit Sicherheit ein *Bodhisattwa*. Genauso wie Chenrezig (Avalokiteshvara) ein *Bodhisattwa* ist. Die Lehren aller *Bodhisattwas* sind gleich, selbst wenn sie anders zu sein scheinen. Er ist ein *Mahasiddha*.« Der Karmapa deutete auf die Statuen auf seinem Altar: »Dies sind tibetische Statuen von *Mahasiddhas*.« Er bat Kongtrul Rinpoche, Larry und Girija zu erklären, was *Mahasiddhas* sind. Ein *Mahasiddha* ist ein großes Wesen, das den höchsten Grad der Vervollkommnung erreicht hat, oft durch die Praxis des *Mahamudra*. Der Text, auf den Maharaj-ji an jenem Tag deutete, war der *Gesang des Mahamudra*.

Seine Heiligkeit der Karmapa sagte zu ihnen: »Ich kann euch nicht geben, was euch euer Guru geben kann, aber ich kann euch Zuflucht anbieten.« Damit bezog er sich auf die buddhistische Praxis des Zufluchtnehmens zu den drei Juwelen: Buddha, *Dharma* und *Sangha*. Als Larry und Girija fragten, ob sie Zuflucht nehmen könnten, ohne ihren Guru zu verlassen, meinte S. H. der Karmapa, dass sie ihren Guru nicht zu verlassen brauchten. Statt zu Buddha könnten sie Zuflucht zu Neem Karoli Baba nehmen.

# DIE FRÜCHTE DER ANHAFTUNG
## SIND TRÄNEN

Zum Winteranfang 1972 hielt sich Maharaj-ji in Dadas Haus in Allahabad auf. Meine Guru-Brüder und ich wohnten in der Nähe und konnten jeden Tag zu Besuch kommen. Zu jener Zeit mussten Ram Dass und viele andere der amerikanischen Devotees ihre Visa verlängern lassen, was immer eine schwierige Angelegenheit war. Als sie von irgendjemandem hörten, in Delhi gebe es einen bestechlichen Beamten, machte sich die ganze Gruppe auf den Weg. Sie erklärten Maharaj-ji ihren Plan und er ließ sie ziehen. Doch in Delhi erfuhren sie, dass sie alle aus Indien ausreisen mussten und nicht zurück nach Brindavan kommen konnten, um Maharaj-ji noch einmal zu sehen. Mein Visum war ebenfalls abgelaufen. Ich hatte es jedoch schon einmal verlängert; man muss immer zu dem Amt gehen, in dem man die erste Verlängerung beantragt hat, was in meinem Fall Gaya war. Deshalb reiste ich nicht mit den anderen nach Delhi. Ich brachte meine Taschen zu Dadas Haus und erklärte ihm, dass ich noch am selben Abend nach Gaya fahren wolle. Ich fragte, ob ich Maharaj-ji vor meiner Abfahrt noch einmal sehen könne. Kurz bevor ich zum Bahnhof aufbrechen wollte, kam Dada aus Maharaj-jis Zimmer und sagte, ich solle nicht fahren. Maharaj-ji hatte Dada erklärt, dass er mich zu einem seiner Devotees schicken würde, der in einer großen Stadt der höchste Polizeibeamte war, und dass sich dieser um meine Visumsverlängerung kümmern solle. Also blieb ich in Allahabad.

Als Maharaj-ji erfuhr, dass Ram Dass und die anderen Devotees Indien verlassen mussten, machte er eine große Geschichte daraus und erzählte es jedem: »Oh, Ram Dass und die anderen haben es auf den höchsten Ebenen versucht, aber sie wurden nach Hause geschickt. Doch Krishna Das war demütig, deswegen durfte er in Indien bleiben.« Der eigentliche Grund, weshalb ich nicht nach Delhi gefahren war, lag jedoch in den bürokratischen Regeln. Sonst wäre ich sicher genau wie die anderen nach Hause geschickt worden.

Nach einer Weile verließ Maharaj-ji Allahabad, um nach Südindien zu reisen. Ich befand mich in einer seltsamen Übergangssituation. Bis zu diesem Zeitpunkt hatte ich in Indien die meiste Zeit mit den Westlern verbracht, die gerade weggeschickt worden waren. Plötzlich stand ich alleine da. Ich fuhr zurück ins Vorgebirge des Himalaja, zu den wundervollen Kumaon-Hügeln, in denen ich mich immer zu Hause gefühlt habe. Ich dachte, ich würde dort bleiben und abwarten, bis Maharaj-ji im Frühjahr nach Kainchi zurückkehren würde. Nach meinem Eindruck war ein Teil meines Lebens abgeschlossen, aber ich wusste nicht, was als Nächstes dran war. Ich war glücklich, aber auch ein wenig ängstlich.

Etwa 15 Meilen außerhalb von Nainital gab es einen Hain mit einer kleinen Hütte, die damals K.K. gehörte und in der im Lauf der Jahre viele Heilige gelebt hatten. Ich holte mir von K.K. die Erlaubnis, ein paar Wochen dort zu wohnen, und zog mit einem Haufen von Vorräten an Milchpulver, Reis und Linsen dorthin. Man würde mich in Ruhe lassen, weil man wusste, dass ich ein Retreat machen wollte.

Am ersten Abend machte ich mir einen Tee und schaute dem Sonnenuntergang über der großen indischen Ebene zu. Es war ein magischer Augenblick. Das Rufen der Kinder auf der anderen Seite des Tals klang durch die Luft, in der Ferne bellten die Hunde. Das Licht war weich und lieblich. Überglücklich ging ich schlafen.

Mitten in der Nacht erwachte ich frierend, dann wieder vor brennendem Fieber schwitzend, dann wieder frierend. So ging es die ganze Nacht. Als der Morgen anbrach, hatte ich keine Kraft mehr, aufzustehen, also lag ich da, bis mir irgendwann klar wurde, dass tagelang niemand kommen würde. Ich konnte mich kaum bewegen und keiner war da – was tun? Mit der Logik des Fieberwahns beschloss ich, mich den Hügel hinab bis zur Straße zu rollen. Ich konnte nicht gehen, also kroch ich aus der Hütte und legte mich auf den Weg. Immer eine Schulter über die andere werfend, rollte ich bis zum Fuß des Hügels. Den ganzen Tag lang lag ich in einer kleinen Kuhle neben der Straße. Ab und zu kam ein Wagen vorbei, aber niemand sah mich. Die Sonne begann zu sinken und es wurde kühl. Es war Anfang März; in dieser Höhe konnte es nachts noch sehr kalt werden. Mir wurde klar, dass ich erfrieren würde, wenn ich weiter hier lag und mich niemand auflas.

Was tun? Ich sah keine andere Lösung, als mich mitten auf die Straße zu wälzen, damit man mich entdecken würde. Es gab dort eine leichte Steigung, an deren Fuß die Straße eine Kurve machte, sodass ich ein Gefährt, das den Hügel hinauffuhr, erst sehen konnte, wenn es schon recht nah war. So lag ich da, mit dem Gesicht im Straßendreck und ohne Kraft, mich zu bewegen, als ich die Schwingungen eines großen Fahrzeugs spürte, das sich den Hügel hinaufmühte. Ein großer, blauer Staatsbus kam um die Ecke. Während er sich mir näherte, dachte ich eine Weile, er würde mich einfach überrollen. Doch etwa drei Meter von meinem Kopf entfernt hielt er an, und alle stiegen aus, um zu sehen, was los war. Sie hoben mich auf und legten mich auf den Boden des Busses. Als wir die Stadt erreichten, schleppte mich ein kleiner nepalesischer Lastenträger wie einen Sack Kartoffeln durch den Basar und die Treppe hinauf zu K. K.s Haus. Ich sollte es über zwei Monate lang nicht mehr verlassen, weil ich eine sehr schwere Hepatitis durchmachte.

Irgendwann während dieser Zeit besuchten mich ein paar Westler aus Brindavan, wo sich Maharaj-ji nach seiner Rückkehr aus Südindien aufhielt. Da sie wieder zurückfahren würden, gab ich ihnen einen Brief an Maharaj-ji mit, in dem ich ihm für alles dankte und ihm den Gruß schickte, ich würde ihn dann im nächsten Leben wiedersehen. Ich fühlte mich so krank, dass ich wirklich dachte, ich könnte sterben, und ich war so schwach, dass es mir egal war.

Meine Freunde schrieben mir aus Brindavan, Maharaj-ji habe sehr gelacht, als er meinen Brief las, und gemeint: »*Sab thik hojaega.* [Alles wird gut werden.]« Er fragte sie auch, ob ich einen Brief aus den Staaten bekommen hätte und ob ich verheiratet sei. Nein, weder, noch.

Doch kurz darauf erhielt ich tatsächlich einen Brief aus den Staaten. Eine alte Freundin schrieb mir, dass meine Exfreundin Gail in Long Island in eine psychiatrische Klinik eingewiesen worden sei, nachdem sie sich in einer Kommune in Vancouver fast zu Tode gehungert hatte. Diese Freundin hatte Gail besucht und Gail hatte nach mir gefragt. Das überraschte mich, zumal wir unsere Beziehung vor einigen Jahren sehr unschön beendet hatten. Zwei Tage bevor ich nach Indien gereist war, hatte ich versucht, sie zu finden, um die Dinge vor dem, was ich als einen neuen Lebensanfang empfand, noch etwas zu glätten. Doch es war mir nicht gelungen, sie zu finden – es sollte nicht sein.

Während ich in meiner kleinen dunklen Ecke in K.K.s Haus lag und Gails Brief in den Händen hielt, fantasierte ich davon, zurück in die Staaten zu gehen, um Gail zu helfen, ja sie vielleicht sogar zu heiraten. Kurz darauf kam ein weiterer Brief aus den Staaten, in dem stand, dass Gail aus der Klinik geflüchtet war und sich vor einen Zug geworfen hatte. Sie war tot! Es traf mich sehr. Nach einer Weile wurde mir auch klar, dass Gail schon tot gewesen war, als mich der erste Brief nach zwei Wochen Postweg endlich erreicht hatte. Es war ein großer Schock für mich. Ich beschloss: Das Beste, das ich für sie tun konnte, war es, Maharaj-ji bei nächster Gelegenheit um seinen Segen für sie zu bitten.

Ein paar Wochen verstrichen und ich wurde allmählich wieder kräftiger. Dann kam die Neuigkeit, dass Maharaj-ji in die Berge zurückgekehrt sei. Die Dinge lagen jetzt etwas anders als zuvor. Während Ram Dass in Indien war, nannte Maharaj-ji ihn immer den »Oberbefehlshaber«; als Ältester von uns war er für die »Truppe« verantwortlich. Doch da Ram Dass und viele der Westler, die mir nahegestanden hatten, abgereist waren, kam ich bei meinem ersten Besuch nach meiner Krankheit zum ersten Mal allein im Tempel an.

Ich ging zu dem *Takhat,* verneigte mich vor Maharaj-ji und setzte mich auf die andere Seite das Hofs, wo wir immer mit Ram Dass gesessen hatten.

Nach etwa zwanzig Minuten fühlte ich mich zunehmend merkwürdig, weil ich so weit von ihm entfernt und ganz alleine saß. Ich schaute mich um, ob es irgendjemand bemerkte, und schlich zögerlich über den Hof zu ihm hinüber. Ich war sehr unsicher, deshalb hielt ich erst einmal den Blick gesenkt, nachdem ich mich nahe bei Maharaj-ji niedergelassen hatte. Nach ein paar Minuten hob ich langsam den Blick und rechnete schon damit, wieder auf die andere Seite des Hofes geschickt zu werden. Er redete mit einigen indischen Devotees und schien sich in keiner Weise daran zu stören, dass ich dort saß. Ich begann, mehr auf das zu hören, was mir mein Herz sagte, und eine tiefere, persönlichere Beziehung zu ihm zu entwickeln.

Nach wie vor war ich schwach, aber ich freute mich so sehr, Maharaj-ji wiederzusehen, dass ich Gail ganz vergaß. Ich fühlte mich auch emotional aufgewühlt und hatte viele intensive Träume. Maharaj-ji begann, mich täglich zu fragen, ob ich nicht heiraten wolle. Mir war dabei gar nicht wohl, denn ich hatte mich immer sehr bemüht, nichts zu tun, weswegen mich Maharaj-ji wegschicken konnte. Ich hatte erlebt, wie viele meiner Guru-Brüder und -Schwestern sich ineinander verliebten, und bevor sie es richtig merkten, waren sie – wie Maharaj-ji es nannte – »Freunde« geworden. Von da an wurden sie jeden Tag von Maharaj-ji geneckt: »Seid ihr Freunde? Ja, ihr seid jetzt Freunde? Wollt ihr heiraten? Ja, jetzt seid ihr verheiratet. *Jao!* Geht nach Amerika, besucht eure Eltern!« »Freunde« zu sein war zu einem Synonym mit einer Rückfahrkarte nach Amerika geworden.

Zweifellos verfolgten mich nach anderthalb Jahren Zölibat alle möglichen sexuellen Fantasien, doch ihr Feuer wurde immer wieder von der stärkeren Glut seiner Liebe aufgesogen. Ich war hin- und hergerissen zwischen den verrückten, lustvollen Fantasien meines Verstands und der friedvollen, süßen Zuflucht in seinem Herzen. Dieses Hin und Her wurde täglich stärker; ich versuchte verzweifelt, es zu überwinden. Ich verurteilte mich so sehr für meine Gefühle, dass es mir das Leben unerträglich machte.

Etwa eine Woche nachdem Maharaj-ji nach Kainchi zurückgekehrt war, träumte ich von Gail: Wir gingen zusammen die Straße entlang, die zu dem Haus führte, in dem ich aufgewachsen bin. Ich war ganz ruhig und liebevoll mit ihr, doch sie spielte verrückt und schimpfte: »Warum hast du mir nicht geholfen?« Ich redete sanft auf sie ein, als wollte ich sie von einem richtig schlechten Trip herunterholen. Als wir am Haus meiner Mutter ankamen, ließ ich sie aus irgendwelchen Gründen auf der Straße stehen und ging hinein. Der Klang der hinter mir zuschlagenden Tür weckte mich auf. Ich schwitzte, zitterte und fühlte ihre Anwesenheit im Raum. Sie hatte es fast ganz zurück geschafft; warum hatte ich sie auf der Straße stehen lassen? Ich war so aufgewühlt, dass ich keinen Schlaf mehr finden konnte.

Am nächsten Morgen lief ich so früh wie möglich zum Tempel und erzählte Maharaj-ji die ganze Geschichte von Gails Tod und von meinem Traum. Während Dada die Geschichte auf Hindi übersetzte, schloss Maharaj-ji die Augen und wiegte sich langsam vor und zurück. Dann sagte er: »Zwei Tage bevor sie starb, dachte sie an dich. Sie wollte dich sehen. Deswegen ist das jetzt zu dir zurückgekommen.« Er tätschelte mir den Kopf, gab mir seinen Segen und meinte: »Sie wird dich nicht mehr stören. Es wird ihr jetzt gut gehen. Es wird ihr gut gehen.«

Ich fragte ihn, ob sie das nächste Mal eine gute Geburt haben würde, und er bejahte es. Dann meinte er, sie habe sich von mir scheiden lassen, und fragte, ob mir der Tod meiner Frau etwas ausmache.

»Nein«, erwiderte ich. »Jeder muss sterben. Aber es macht mir etwas aus, dass sie so viel leiden musste.«

Er schaute mich an. »Warum hast du sie verlassen?«

Die Frage erstaunte mich. »Ich war damals noch sehr jung ... und eigentlich hat sie mich verlassen.« Doch während ich die Worte aussprach, wurde mir plötzlich klar, dass ich mich all die Jahre selbst belogen hatte. Tatsächlich hatte ich mich emotional von ihr zurückgezogen, also hatte sie sich einen anderen Freund gesucht. Ich schämte mich und konnte nichts sagen.

Er fragte weiter: »Was fühlen Menschen, wenn jemand stirbt?«
Und er schickte mich fort.

Am nächsten Tag kamen K.K. und die ganze große Sah-Familie nach Kainchi, um Maharaj-ji ihr jährliches *Puja* darzubringen. Wir drängelten uns alle in das Zimmer, um zuzusehen. Nach dem *Puja* schenkten sie ihm eine Decke. Wenn Maharaj-ji eine neue Decke annahm, dann legte er oft die alte, die er trug, ab und schenkte sie einem Devotee. Als er nun seine alte Decke abnahm, flammte die Gier danach in mir auf; ich wollte diese Decke um alles in der Welt. Maharaj-ji legte sich die neue Decke um und warf die alte einem anderen westlichen Devotee zu, der direkt neben mir saß. In mir dröhnte es wie ein Donnerschlag und mein Verstand klappte zusammen. Der dünne Faden, der mich während dieser ganzen Geschichte um Gail und Maharaj-jis ständiger Fragerei über Heirat und die Gefühle von Menschen, wenn jemand stirbt, zusammengehalten hatte, und die Tatsache, dass ich immer noch so viel von meinem eigenen Mist nicht sehen wollte – all das explodierte in meinem Kopf.

Maharaj-ji hörte es auch. Er drehte sich sofort zu mir und sagte: »Lies die *Bhagavad Gita*. Lies die *Gita*.«

Er deutete auf den Typ, der die Decke bekommen hatte, und sagte: »Gib Krishna Das eine *Gita*.«

Nachdem ich den Raum verlassen hatte, fühlte ich mich wie ein Planet, der seine Umlaufbahn verlassen hat und jetzt frei durchs All schwebt. Panik, Schuldgefühle und Ärger brachen wie Flutwellen über mich herein. Ich sah, dass sich K.K.s Familie auf die Rückfahrt nach Nainital vorbereitete, und dachte, ich würde mit ihrer Hilfe fliehen. Doch als ich durchs Tor ging, das die rückwärtigen Bereiche des Tempels von den vorderen Bereichen trennt, wartete Maharaj-ji an seinem Fenster auf mich. Er hatte mich ertappt.

»Wohin gehst du?«, fragte er.

»Ich will mit den Sahs nach Nainital fahren.«

»Warum?«

»Ich habe mich heute Morgen sehr aufgeregt und fühle mich so unrein und voller Verlangen. Ich will allein sein.«

»Denkst du viel an das Mädchen, das gestorben ist?«

»Nein.«

»Geh nicht. Dein Verlangen wird noch größer werden, wenn du alleine bist, und es wird dich überwältigen. Bleib unter Menschen, dann werden deine Verlangen gelindert.« Dann fragte er, ob ich eine der westlichen Frauen aus der Gruppe heiraten wolle.

»Nein.«

»Geh und setz dich hinten hin.«

Ich tat, wie geheißen.

Später an diesem Tag schaute mich Maharaj-ji an und sagte: »Zieh dich nicht zurück. Geh unter Leute.« Und er forderte mich wieder auf, die *Bhagavad Gita* zu lesen. Ich öffnete das Buch, und mein Blick fiel auf diesen Vers:

> *Ihre Seele ist verzerrt vor selbstsüchtigem Verlangen,*
> *und ihr Himmel ist ein selbstsüchtiges Verlangen.*
> *Sie haben Gebete für Vergnügungen und Macht,*
> *und der Lohn dafür ist irdische Wiedergeburt.*

Ich konnte es nicht fassen! Mehr Salz in meine Wunden. Alles in mir schrie vor Schmerzen.

Am nächsten Tag las ich wieder in der *Bhagavad Gita,* diesmal den Abschnitt, wo Krishna zu Arjuna sagt: »Die Seele wird nicht geboren. Sie stirbt nicht.« Mir fiel das Buch aus den Händen. Während ich auf den Boden starrte, erschien dort ein schwarzes Loch, das sich in eine dunkle, wirbelnde Wolke verwandelte und mich in sich hineinzog. Gerade als ich anfing, in diesem Loch zu verschwinden, kam einer meiner Guru-Brüder ins Zimmer und sagte mit leiser, zittriger Stimme: »Krishna Das, Maharaj-ji ruft dich zu sich!« (Zehn Jahre später saß ich mit dem gleichen Devotee in einem Restaurant in Berkeley in Kalifornien. Er fragte: »Habe ich dir je erzählt, was Maharaj-ji an jenem Tag wirklich gesagt hat? Er sagte: ›Schnell, geh und hol Krishna Das, bevor er sich umbringt!‹«) Der Sog in das schwarze Loch war gebrochen.

Während ich mich wie in einem Traum zur Vorderseite des Tempels bewegte, wo Maharaj-ji saß, begann ich zu weinen. Als ich bei ihm ankam, schluchzte ich unkontrollierbar und brach zu seinen Füßen zusammen. Dort hockte ich, den Kopf geneigt unter der Last eines Kummers, wie ich ihn nie zuvor gefühlt hatte, und weinte und weinte. Es fühlte sich an, als wäre mein Leben zu Ende. Ich konnte einfach keine Zukunft mehr sehen.

Irgendwann merkte ich, wie Maharaj-ji vollkommen ruhig über mir auf dem *Takhat* saß. Seine Stille hielt mich wie die weichen Arme einer Mutter. Er versuchte nicht, mein Weinen zu beenden, aber zwischen den donnernden Wogen der Seelenqual, die über mir zusammenbrachen, hörte ich, wie er sanft flüsternd meine Seele ansprach. Er begann zu reden, leise und schlicht. Mein lachender, witzelnder Guru war verschwunden – an seiner Stelle saß dort Krishna, der göttliche Wagenlenker, und sammelte still und behutsam die Lebensfäden seines gefallenen Devotees wieder ein.

Als meine Tränen irgendwann versiegt waren, begann er, sanft über Gail zu reden: Ich solle nicht um sie trauern. Er erinnerte mich: »Die Seele wird nicht geboren. Die Seele stirbt nicht«, und zitierte damit genau die Zeilen aus der *Gita,* die ich gerade gelesen hatte.

»Warum weinst du?«, fragte er.

»Ich kann dir nicht rein dienen. Ich bin voller Verlangen und denke nur an mein eigenes Glück und nie an andere. Ich bin so egoistisch ...«

Er unterbrach mich mitten im Satz: »Anhaftung! Das sind alles Anhaftungen! Du weinst wegen Anhaftungen. All diese Gedanken sind das Ergebnis von Anhaftungen. Die Früchte von Wollust, Ärger, Gier und Anhaftung sind Tränen. Jetzt erntest du die Früchte. So entsteht Weisheit.«

»Wie kann ich diese Dinge in mir verstehen und die Anhaftung auflösen?«

»Denk an Jesus. Für sein Volk, für sein Land und für die Menschheit gab er sein Leben. Er hätte heiraten und eine Familie gründen können, aber dann wäre er nicht Christus gewesen. Er dachte nie an sich selbst oder an sein Leben oder an seinen Tod, also starb er auch nicht wie ein weltlicher Mensch. Er wurde unsterblich. Der Tod der weltlichen Menschen ist nicht der echte Tod. Du kannst nur sterben, wenn du nicht an dich selbst denkst.«

Später erklärte mir einer der indischen Devotees: »Die Seele wird ein Mal geboren und stirbt, wenn sie mit Gott vereint ist. Viele Körper kommen und gehen, aber sie sind wie Gewänder, die getragen und abgelegt werden.« Ich verstehe es so, dass ein Heiliger wie Jesus in Bezug auf sein kleines Selbst stirbt, und wenn er dann seinen Leib als Opfer für andere gibt, stirbt er nicht wie eine weltliche Person – er verschmilzt mit Gott. Stirbt jedoch der Leib eines weltlichen Menschen, stirbt er nicht den wahren Tod des Ego, den »Tod« der Verschmelzung mit Gott.

Maharaj-ji fuhr fort: »Der Körper ist vergänglich. Das ist nichts, was man ahnen kann, es ist die *absolute Wahrheit*. Wenn du erkennst, dass der Körper vergänglich ist, denkst du nicht mehr daran, ihn in einen Fluss zu werfen, weil du weißt, dass das einfach unwirklich ist. Wenn ein Gewand zerrissen ist, wirft man es fort und grämt sich nicht darüber. Stirbt ein Körper, ist es genauso. Niemand kann für jemand anderen sterben. Jeder muss selbst sterben. Wenn jemand stirbt, weinen alle und trauern, aber nach ein paar Tagen isst und trinkt man wieder und ist fröhlich, als wäre nichts geschehen. Warum anhaften? Niemand wird für dich sterben. Es ist alles ein Spiel der Anhaftungen.«

»Ich will nicht heiraten, bevor ich in mir spüre, dass es gut ist und mich nicht von Gott wegführen wird.«

»Dieser Zeitpunkt wird kommen. Diese Erinnerungen vergehen. Eine Reihe von Anhaftungen wird durch eine andere ersetzt, so geht es immer weiter. An einem Tag bist du traurig wegen irgendetwas, aber du vergisst es wieder und wirst in eine ganz andere Reihe von Anhaftungen verwickelt. Wenn du aus einem Traum erwachst, erkennst du, dass es nur ein Traum war, und vergisst ihn. Du hältst deine Träume nicht für real und klammerst dich nicht an sie. So ist es auch mit der Welt. Die ganze Welt ist ein Traum, eine Lüge, eine Lüge, eine Lüge. Warum daran festhalten? Die ganze Schöpfung ist das Ergebnis von Anhaftung. Wenn alle Anhaftung weg wäre, gäbe es keine Welt! Sowohl Anhaftungen als auch ihre Auflösungen sind Handlungen Gottes.«

Und Maharaj-ji zitierte Kabir: »Illusion stirbt nicht, auch nicht der Verstand. Auch wenn so viele deiner Körper gestorben sind, stirbt die Hoffnung nicht, und auch nicht der Durst, sagt Kabir.«

»Ich bin voller Hochmut«, brach es aus mir hervor. »Ich denke immer nur an mich. Was kann ich mit meinem Leben anfangen?«

Er schaute mich an, lachte und schalt mich auf liebevolle Weise: »Was willst du tun? In den Fluss springen? Ha! Du kannst dich nicht umbringen. Weltliche Menschen sterben nicht.«

»Werde ich das alles je bewältigen?«

»Natürlich! Du bist bereits dabei. Darum geht es bei dieser Explosion. Diese Leiden werden vergehen, wie alle Anhaftungen vergehen. Eine Anhaftung wird durch eine andere ersetzt. Deswegen ist keine Anhaftung wirklicher als eine andere. Wenn es keine *Moha* [Anhaftungen] gibt, ist alles EINS.« Er klopfte mir sanft auf den Kopf. »Wenn du verheiratet bist, wirst du glücklich sein.«

»Maharaj-ji«, sagte ich, »ich will dich heiraten.«

Er lachte laut, richtete sich auf und schlug sich auf die Schenkel. »Das hört sich schon besser an! Aber Liebe und Anhaftung sind verschieden. Wenn du mich heiratest, kriegst du nur Liebe. Du kannst dann deine Anhaftungen nicht aufarbeiten und wirst nicht wirklich im Ehestand leben!«

Er lachte und lachte, während der Übersetzer, ein sehr anständiger Inder, damit rang, Maharaj-jis Gossensprache in gebildetes Englisch zu übersetzen, und nicht wusste, wohin mit seiner Verlegenheit. Als sein Lachen nachließ, legte Maharaj-ji eine Blume auf meinen Kopf und gab mir viel *Prasad*. In trockenem Tonfall erinnerte er mich: »Selbst Vögel haben Anhaftungen. Jeder, der im Körper ist, hat Anhaftungen. Wenn du stirbst, kannst du nichts mitnehmen.«

Zack! Er schlug mir auf den Kopf. »Jetzt ist er traurig, aber wenn er verheiratet ist, wird er glücklich sein!«

Er schaute mich direkt an und hob die Hände gen Himmel. »Also heirate! Du kannst Gott trotzdem rein dienen. Ein Mann kann ein *Brahmachari* [zölibatär Lebender] sein, wenn er sein Leben lang einer

Frau treu ist.« Und er wiederholte mehrmals: »Zwei Tage, zwei Tage ..., zwei Tage bevor sie starb, dachte sie an dich. Deswegen ist diese Anhaftung hochgekommen. Du musst wieder heiraten. Tränen der Freude an Gott sind anders als Tränen der Anhaftung.«

Ein Devotee, der dabeisaß, meinte: »Maharaj-ji ist meine größte Anhaftung.«

Maharaj-ji sagte: »Du bist auf der richtigen Spur!«

Er gab mir wieder einen Klaps auf den Kopf. »Jetzt bist du wieder in Ordnung! Warum schläfst du nachts nicht? Warum wanderst du umher? Wenn du verheiratet bist, wirst du schlafen.«

Ich fühlte mich, als wäre mir mein Leben zurückgegeben worden. Ich spürte hinter allem, was geschah, seine Hand, mit der er all dieses Karma zur Auflösung brachte.

Am nächsten Nachmittag saß ich im Dschungel auf einem Stein und fühlte mich immer noch etwas neben der Spur. Ich lief zu Maharaj-jis »Büro« und spähte durchs Fenster in den Raum. Er zog sich auf der anderen Seite empor und ich fragte: »Werde ich das alles je bewältigen?«

Er lachte und sagte: »*Thik hai*, es ist okay, es ist okay. Es wird jetzt besser, alles wird jetzt besser werden. Du bist Hanuman, trage Rot. Du bist Bajrangbali [anderer Name für Hanuman]. Wie ist dein Name?«

Ich konnte unmöglich den Namen »Hanuman« akzeptieren. *Er* war Hanuman. Also sagte ich: »Krishna Das.«

»Nein. Bajrangbali. Wie ist dein Name?«

»Krishna Das.«

»Nein! Bajrangbali.«

»Okay. Du willst, dass ich Bajrangbali bin? Kein Problem, aber merke dir, Bajrangbali lebte im Zölibat.«

Er lachte und lachte. Dann sagte er: »Okay, okay, du bist Janaka [im hinduistischen Epos *Ramayana* ist Janaka der weise König, dessen Tochter Sita den Gott Rama heiratet]. Du wirst *Yoga* [Einheit mit Gott] und *Bhoga* [irdische Vergnügungen] haben. Janaka war ein *Raja-Rishi*, ein König-Heiliger, ein *Gyani*, ein vollkommen erleuchtetes Wesen. Vergnügen und Leid, Geburt und Tod waren ihm eins.«

Und er fuhr fort: »Die mageren Zeiten sind jetzt vorbei. Jetzt kommen gute Zeiten. Jetzt kommen gute Zeiten ... *Sukh* [Glück] und *Dukh* [Leiden] sind eins. Es ist alles Gottes Wille.«

Von diesem Zeitpunkt an trug ich lange rote *Ulfies* (Gewänder) – in der Farbe Hanumans. Er trug mir auf, alles, was ich hatte, rot zu färben, sogar meine Unterwäsche!

# DIE VIELEN STIMMUNGEN
## DER LIEBE

Egal auf welchem Trip ich mich befand oder welche Färbung meine jeweilige Neurose hatte: Maharaj-ji ließ sich nie darin verwickeln. Er wies mich aber auch nicht zurück. Im Umgang mit anderen Menschen bringen wir unsere Trips zum Ausdruck und manche Menschen lassen sich darauf ein – dann haben wir eine Beziehung. Wenn jemand nicht auf unsere Trips eingeht, fühlen wir uns zurückgewiesen. Aber bei Maharaj-ji gab es keine Zurückweisung, auch wenn er sich nicht auf unsere Trips einließ.

In meiner Kindheit nutzte ich Krankheiten, um Aufmerksamkeit zu erringen – das funktionierte in meiner Familie gut. Wenn ich in Indien krank wurde, erwartete ich daher unbewusst, von Maharaj-ji besondere Aufmerksamkeit zu erhaschen. Während ich bei ihm im Tempel lebte und mich langsam von meiner Hepatitis erholte, bekam ich eines Nachts Fieber und dachte: »Oje, ich habe einen Rückfall.« Ich blieb also den ganzen Tag im Bett. Da ich Maharaj-ji sonst vier- bis fünfmal am Tag sah, erwartete ich, dass er nach mir fragen würde. Ich hoffte, er würde sagen: »Wo ist Krishna Das? Was ist los? Ist etwas nicht in Ordnung?«

Ich lag also in meinem Zimmer und wartete den ganzen Tag, dass mir jemand sagen würde, Maharaj-ji habe nach mir gefragt. Aber der Tag verging und nichts geschah. Am nächsten Morgen stand ich auf und beschloss, einfach zu ihm zu gehen. Ich fühlte mich immer noch nicht gut. Sobald er mich quer über den Hof erblickte, rief er: »Er ist krank! Bringt ihn weg! Bringt ihn sofort ins Krankenhaus! Sofort!« Ich wollte eigentlich nur zu ihm gehen und seine Füße berühren, aber er ließ es nicht zu. Ein paar Devotees fuhren mich ins Krankenhaus in Nainital, wo ich untersucht wurde. Sie behielten mich ein paar Tage da und erklärten dann, dass meine Leber jetzt wieder ganz gesund sei.

Da ich schwere Hepatitis gehabt hatte, hatte ich monatelang nur von trockenem Toast, Bananen und anderen langweiligen Dingen gelebt – kein Öl, keine Butter, kein Zucker, keine Gewürze, nichts Fettes. In Indien bedeutet das, man kann fast *nichts* essen. Als ich mit dem Gesundheitsattest des Arztes das Spital verließ, ging ich zur Haltestelle, um mit dem nächsten Bus zurück zum Tempel zu fahren. Ich saß an einem Chai-Stand. Schon ewig hatte ich keinen Chai mehr getrunken, also dachte ich: »Der Arzt hat mich für gesund erklärt, warum sollte ich nicht ein Tässchen Tee trinken?«

Während ich bestellte, bemerkte ich in meiner Nähe eine Platte mit einem großen Berg Samosas, dreieckigen frittierten Teigtäschchen mit Gemüsefüllung. Wenn Sie je Indisch gegessen haben, kennen Sie sie wahrscheinlich. Aber Sie haben noch nie solche Samosas wie diese gegessen: Sie waren um sechs Uhr morgens in Senföl gebacken worden – Senföl ist nur ein bisschen leichter als Maschinenöl – und hatten den ganzen Tag in ihrem Fett gelegen. Sie sahen aus, als wöge jede einzelne 30 Pfund. Aber da ich meine gute Gesundheit feierte, bestellte ich auch noch einen Teller Samosas und saß dort eine Weile, um mir Tee und Samosas munden zu lassen. Ich fühlte mich wie im Himmel.

Ich nahm den Bus zurück zum Tempel. Unterwegs kaufte ich noch ein paar Äpfel für Maharaj-ji. Als ich den Tempel betrat, saß Maharaj-ji allein. Ich ging zu seinem *Takhat,* legte ihm die Äpfel hin und verneigte mich. Als ich hochsah, beugte er sich zu mir und verzog das Gesicht in gespieltem Ärger: »Samosas, *nahin!* [Keine Samosas essen!]«, sagte er.

Solche Szenen passierten ständig. Und obwohl alle um Maharaj-ji ihre Geschichten laufen hatten, verlor er nur selten direkt ein Wort darüber. Doch er fand immer Wege, um uns zu zeigen, dass er es bemerkte und dass es ihm nicht wichtig sei. So ermöglichte er es uns, uns weniger damit zu identifizieren. Obwohl Maharaj-ji absolut alles über mich wusste, fühlte ich mich nie von ihm verurteilt. Ich hatte nie den Eindruck, dass er mich als nicht liebenswert empfand. Diese Art von bedingungsloser Liebe ist sehr selten. Wir denken alle, dass wir Liebe wollen. Wir sagen, wir wollen Liebe, aber wir lassen sie nicht an uns heran. Wir müssen die Liebe einladen. Aber wo haben wir Platz dafür? Unser Herz ist vollgepackt mit Ärger, Neid und Selbsthass.

Einmal war Ram Dass sehr wütend. Natürlich hatte Maharaj-ji die Flammen angefacht. Ram Dass stürmte zu ihm hin und Maharaj-ji fragte: »Was ist los?«

»Ich bin wütend.«

»Sag die Wahrheit und sei nicht wütend«, wies Maharaj-ji ihn an.

»Die Wahrheit ist, dass ich wütend bin und niemanden liebe.«

»Sag die Wahrheit, liebe jeden und sei nicht wütend.«

»Ich bin wütend«, beharrte Ram Dass stur. »Ich hasse alle. Ich bin so unrein. Ich habe keine Liebe in mir.«

Maharaj-ji forderte ihn auf, aufzustehen und sich langsam um sich selbst zu drehen. Dann sagte er: »Ich kann nichts Unreines sehen.« Er sah nur, was wir wirklich sind: Liebe. Er hatte keine Mühe, uns zu lieben und uns ihn lieben zu lassen.

Im Allgemeinen stellen wir unsere Herzen nur zur Verfügung, wenn wir von genau der richtigen Person in genau dem richtigen Augenblick genau den richtigem Impuls bekommen. Die restliche Zeit schauen wir Fernsehen oder tun, was wir sonst eben so tun. Wenn wir uns in jemanden verlieben, erscheint uns alles, was die Geliebte tut, wundervoll und staunenswert. Wir können unseren Blick kaum von ihr wenden. Wir denken an nichts anderes. Dann merken wir, dass sie nicht regelmäßig abwäscht und ihre getragenen Klamotten herumliegen lässt. Sie verhält sich auf eine Art, die uns verletzt, und wir verschließen uns. Bei Maharaj-ji gab es so etwas nicht. Doch manchmal schien Maharaj-ji wütend zu sein ..., *wirklich* wütend.

Einmal saßen wir hinten im Tempel mit ihm, als ein Mann namens Purnanand eintrat. Er lebte auf der anderen Straßenseite, gegenüber vom Ashram. Maharaj-ji kannte ihn seit vielen Jahren. Purnanand war genau genommen der Erste, mit dem Maharaj-ji sprach, als er vor langer Zeit in diese Gegend kam. An diesem Tag, als Purnanand zu uns hinten in den Tempel kam, richtete sich Maharaj-ji auf und fing an, mit voller Lautstärke loszubrüllen. Wir saßen alle völlig verblüfft da. Mit jedem Schritt, den Purnanand näher kam, schrie ihn Maharaj-ji nur noch wütender an. Der Mann verbeugte sich vor Maharaj-ji, der nun anfing, ihn auf den Rücken zu schlagen und mit allen möglichen Schimpfwörtern zu bedenken. »Raus hier! *Hap!*«, rief er schließlich, sodass Purnanand weglief, so schnell er konnte.

Als er weg war, kicherte Maharaj-ji vor sich hin. »Hihihi!« Seine Wut war einfach ein Teil seines *Lila* gewesen.

Später erfuhren wir die Geschichte. Purnanand hatte eine riesige Familie und keine Arbeit, also fand Maharaj-ji für ihn einen Job beim staatlichen Busunternehmen. Er brauchte nichts zu tun, außer die Busse zu zählen, die vorbeifuhren, und dafür erhielt er jeden Monat eine gewisse Summe Rupien, die reichte, um seine 13-köpfige Familie zu ernähren. An diesem Morgen hatte er seinen Lohn erhalten und alles für das Haschisch ausgegeben, das er ständig rauchte. Seine Familie würde den nächsten Monat hungern müssen. Maharaj-ji wusste alles, deshalb schrie er Purnanand so an. Natürlich gab er der Familie dieses Mannes Geld für den nächsten Monat, wie er es schon so oft getan hatte, aber nächsten Monat würde er ihn wieder ausschimpfen, wenn es sein musste.

Zu einem anderen Zeitpunkt war Dada allein mit Maharaj-ji. In der Ferne hörten sie die Schüsse des nahe gelegenen Übungsgeländes der Armee. Dada fing an zu lachen. Maharaj-ji fragte ihn, worüber er lache. Dada antwortete: »Darüber, dass du genauso bist wie die Armee.«

»Wie meinst du das?«

»Du feuerst immer nur mit Platzpatronen!«

Maharaj-ji brach in Lachen aus. »Du hast recht, Dada, ich bin wie die Armee, genau wie die Armee. Immer nur Platzpatronen.«

Doch es gab auch seltene Momente, in denen Maharaj-ji sehr, sehr still wurde. Eines Tages in Kainchi wurden wir zum Beispiel aus unserem Raum hinten im Tempel gerufen, wo wir einen großen Teil des Tages in »innere Dunkelheit« verbannt waren, denn wann immer wir uns nicht in seiner Gegenwart befanden, war uns, als wäre die Sonne verschwunden. Es war später Nachmittag und gewöhnlich verbrachten wir um diese Tageszeit noch eine Weile mit ihm, bevor der letzte Bus kam, mit dem wir nach Nainital fahren konnten. Wir drängten uns in Maharaj-jis Zimmer und ließen uns auf dem Boden vor seinem *Takhat* nieder. Still saßen wir da und betrachteten ihn staunend. Statt des fröhlichen, immer zu Späßen aufgelegten Gurus, den wir kannten und liebten, saß da eine lebendige Statue. Er befand sich in einer tiefen Innerlichkeit und schien nichts von dem zu bemerken, was sich um ihn herum abspielte. Wir waren alle tief beeindruckt, saßen schweigend da und badeten in seiner Essenz.

Nach einer Weile öffnete er die Augen und sagte leise: »*Jao!* [Geht!] Der Bus ist da.« Seine Augen schlossen sich wieder. Niemand bewegte sich. Es war, als wären wir im Boden verwurzelt. Nach ein paar Minuten öffnete er erneut die Augen und wiederholte sanft: »*Jao*«, und tauchte sofort wieder in sich ab. Wir harrten weiter dort aus und starrten auf die Schönheit und Majestät seines Seins. In seine Decke gehüllt, auf einer schlichten Holzliege sitzend, schien er der Mittelpunkt des Universums zu sein. Noch ein paar Minuten verstrichen. Ich konnte kaum atmen, doch ich schien auch keine Luft zu brauchen. Ich schwebte mitten im Raum, als wäre die Erde mitsamt ihrer Schwerkraft verschwunden.

Schließlich hielt es irgendjemand nicht mehr aus und platzte heraus: »Maharaj-ji, was ist das?«

Das brach den Bann. Er war wieder ganz da und sagte mit Nachdruck: »Es ist im Blut. Es ist im Blut. *Jao!* Geht!«

Alle verneigten sich, bewegten sich aus dem Raum, aus dem Tempel, in den Bus, zurück in die Stadt.

Einmal waren wir in Allahabad in Dadas Haus. Ich saß mit den anderen Devotees abends zusammen und wir warteten auf Maharaj-ji. Ich dachte, er sei in seinem Zimmer, und ging auf die Veranda. Es war schon dunkel. Als sich meine Augen an die Dunkelheit gewöhnt hatten, sah ich, dass Maharaj-ji ganz allein auf einem Stuhl saß und in die Nacht hinausschaute. Ich ging zu ihm, aber er schaute mich nicht an. Ich setzte mich zu seinen Füßen und ergriff eines seiner Beine, um es zu massieren. Völlig überrascht fuhr sein Kopf herum, um zu sehen, wer da sei. Seine Augen waren weit geöffnet und das Feuer des Zustands, in dem er sich gerade befunden hatte, strahlte noch aus ihnen. Er hatte keinen Filter darübergelegt – ich sah nichts als reine, pure Göttlichkeit – und eine Sekunde lang brannten sich seine Augen in die meinen. Ich begann zu explodieren, aber er milderte seine Intensität sofort. Er lächelte mich an und sagte: »*Tik*. [Alles gut.]« Dann bat er mich, zu gehen.

Statt zurück ins Haus, torkelte ich langsam in das nahe gelegene Gästehaus, wo wir Devotees schliefen. Immer noch unter dem Eindruck jenes Blicks kroch ich in meinen Schlafsack. Einer meiner Guru-Brüder las laut aus dem heiligen Buch der *Ashtavakra Gita* vor, und die letzten Worte, die ich vor dem Einschlafen hörte, lauteten:

> *Auf dem Ozean des Bewusstseins*
> *wird das Schiff des Universums umhergetrieben*
> *durch die Winde des Verlangens.*
> *Lass es kommen und gehen.*
> *Es hat auf dich keine Wirkung.*

Ich geriet sofort in einen Traum, in dem es Dienstag war, Hanumans Tag. Ich war ans Meer gegangen und lief die Küste entlang. Dort wartete ein Boot auf mich. Ich stieg ein und setzte mich. Ich hatte in den Bootsmann großes Vertrauen und war ganz gelassen. Langsam steuerte das Boot durch die rauen Wellen in die offene See hinaus. Während wir auf den Horizont zusteuerten, saß ich und betrachtete den aufgehenden Mond. Sein Schein breitete sich ekstatisch aus und tauchte alles in sein diffuses Licht. Wir warfen *Laddus,* Hanumans Lieblingssüßigkeit, als Gaben ins Meer, und die Götter nahmen unsere Gaben an.

Der Mond erhob sich nie ganz über den Horizont, doch sein Licht breitete sich in silberblauen, konzentrischen Kreisen in alle Richtungen aus. Es war eigentlich kein Licht, sondern silberne Strahlen der Seligkeit, die mich Sekunde um Sekunde durchdrangen. Diese Seligkeit war so intensiv, dass ich mich ein wenig fürchtete. Etwas hielt mich davon ab, es ganz in mich aufzunehmen, doch es war die intensivste Erfahrung, die ich je erlebt hatte. Auf der Ebene des Wachbewusstseins schien es etwas zu geben, das ich noch nicht getan hatte: eine Person oder ein Ding, etwas, das ich festhalten wollte, ein Verlangen oder etwas, das ich wissen wollte. Ich war dicht davor, mich ganz hinzugeben, aber doch noch nicht ganz. Ich wusste, dass das Schiff meines Lebens bestens geführt wurde. Das Gefühl, so entspannt und gelassen durch die Wellen gesteuert zu werden, war unbeschreiblich.

Dann veränderte sich die Szene. Ich war im Bett und las die *Ramayana*, was in mir sofort eine Assoziation zur vorigen Erfahrung herstellte. Tatsächlich las ich von dieser Erfahrung in dem Buch. Ich erkannte, dass dies der Weg war, um mit anderen Bewusstseinsebenen in Kontakt zu bleiben. Ich fühlte mich vollkommen erfüllt und im Einklang mit der Welt.

All das entstand aus einem sekundenbruchteillangen Blick in Maharaj-jis Wesen.

Er verbarg sich vor uns Devotees, weil wir das Strahlen seines wahren Wesens nicht ertragen könnten. Dada sagte gerne, Maharaj-ji habe zwei Decken: eine wollene, um seinen Körper zu bedecken, und eine innere, um sein Strahlen einzuhüllen. Große Heilige müssen sich verhüllen, weil ihr Licht zu hell wäre. Wir können es nicht aushalten – es wäre für uns unerträglich, um sie zu sein. Sie verhüllen sich mit verschiedenen Schleiern, damit wir ihre Gegenwart ertragen können. In der *Bhagavad Gita* wird erzählt, wie Arjuna die Fassung verliert, als Krishna ihm seine wahre Form zeigt; Arjuna fleht ihn an, sich zu verschließen und wieder einfach sein Freund zu sein.

Maharaj-ji wusste genau, was wir ertragen konnten, ohne Schaden zu nehmen. Er arrangierte alles perfekt ... und tut es immer noch.

# AMERIKA

Kurz vor Weihnachten 1972 lief uns Maharaj-ji mal wieder davon. Niemand wusste, wohin. Ich hatte das Gefühl, er könnte mit J.L. Barman, einem seiner Devotees aus Delhi, irgendwo zusammen sein. Barmans Fahrer schien etwas zu wissen, und zusammen mit einem Freund überredeten wir ihn, uns zu verraten, dass sich sein Boss in Bombay im Hotel Nataraj aufhielt. Er sagte jedoch nichts dazu, ob Maharaj-ji dabei sei oder nicht. Mein Freund kaufte uns Tickets und wir flogen nach Bombay. Am frühen Nachmittag kamen wir im Hotel an und setzten uns in die Lobby.

Nach ein paar Stunden kam Barman und entdeckte uns dort. »Krishna Das! Was machst du denn hier?«, rief er.

»Mister Barman, wir haben gehört, Maharaj-ji sei hier in Bombay.«

»In Bombay? Wirklich? Das wusste ich nicht. Ich muss jetzt noch mal los und ein paar Geschäfte erledigen. Geht doch in mein Zimmer, duscht euch und esst etwas. Wenn ich zurück bin, können wir versuchen, ihn zu finden.«

Mein Freund und ich gingen nach oben und blieben in Barmans Zimmer. Ich konnte nicht glauben, dass wir so weit gereist waren und nichts vorfanden. Wenn Barman nicht wusste, wo Maharaj-ji war – wie sollten wir ihn dann je finden? Ich schaute aus dem Fenster und fühlte mich elend, als sich die Zimmertür öffnete und Maharaj-ji hereinspazierte, gefolgt von Barman. Begeisterung!

Mein Freund und ich buchten ein Zimmer im Hotel, und Maharaj-ji suchte uns jeden Tag auf, um ein paar Stunden mit uns zu verbringen. Es war großartig, so mit ihm zusammen zu sein. Meistens lag er einfach auf dem Bett oder plauderte mit uns. Eines Tages saß ich am Fußende des Bettes, als Maharaj-ji sich plötzlich aufsetzte und mit sehr bestimmter Stimme sagte: »Gib mir den Samen. Gib mir den Samen, den dir der Lama gegeben hat.«

Ich hatte keine Ahnung, wovon er sprach. »Maharaj-ji, welchen Samen?«

Er wiederholte nur: »Gib mir den Samen. Gib mir den Samen!«

Ich war in Indien vielen großen tibetischen Lamas begegnet. Was meinte er nur? Dann erinnerte ich mich plötzlich: Vor etwa zwei Jahren hatte ich an einem Meditationskurs teilgenommen, und zwar in dem Dorf Bodh Gaya, das sich um den heiligen Baum, wo Buddha Erleuchtung fand, entwickelt hat. In diesem Zusammenhang hatte mich dort auch ein hochgeehrter alter Lama namens Khunu Rinpoche zum *Darshan* empfangen. Er war der Lehrer vom Lehrer des Dalai Lama und auch Seiner Heiligkeit selbst. Er lebte sehr bescheiden in einem kleinen Raum in einer tibetischen *Dharmasala* (Wohneinheit). Er war ein wundervoller, sanfter Mensch. Er gab uns Mantras und als wir gehen wollten, griff er in sein *Chuba* (Gewand) und zog einen alten Lederbeutel hervor. Daraus nahm er ein paar Samen des Bodhi-Baums, um jedem von uns einen zu geben. Ich wollte meinen Samen gerade wegstecken, als er mir auftrug, ich solle ihn gleich essen. Also gehorchte ich. Wir verbeugten uns und verließen den Raum.

Es war kaum zu glauben, dass Maharaj-ji diese Begebenheit meinte, aber es musste so sein. »Aber Maharaj-ji, ich sollte ihn damals aufessen.«

Er legte sich zurück aufs Bett und sagte: »Sehr gut. Nun wirst du erleuchtet werden.«

Während unseres Aufenthalts im Hotel bat mich Maharaj-ji einmal, den Gouverneur von Madhya Pradesh (indischer Bundesstaat) anzurufen. In jenen Tagen musste ein Anruf vorher bei der Vermittlung bestellt werden, dann musste man auf den Rückruf warten. Nach einer Weile klingelte das Telefon. Am anderen Ende der Leitung war jemand aus dem Büro des Gouverneurs. Ich sagte: »Ich rufe im Auftrag von Neem Karoli Baba an. Er möchte mit dem Gouverneur reden.«

Der Mann am anderen Ende ließ mich abblitzen: Der Gouverneur sei leider nicht zu sprechen. Ich meinte:»Okay«, hängte auf und erzählte Maharaj-ji, was man mir gesagt hatte.

Ungefähr zwanzig Minuten später erhob sich Maharaj-ji und ging ins Badezimmer. Sobald er die Tür hinter sich geschlossen hatte, klingelte das Telefon. Ich nahm den Hörer ab und hörte:»Hallo, hier spricht der Gouverneur von Madhya Pradesh. Kann ich mit Maharaj-ji sprechen?«

Ich lächelte über Maharaj-jis Spiel und sagte:»Tut mir leid, Maharaj-ji ist momentan leider nicht zu sprechen. Sie werden wohl warten müssen.«

»Ja, sicher, ich warte, kein Problem«, meinte der Gouverneur.

Während wir beide auf Maharaj-ji warteten, wurde mir klar, wie schwierig es für den Gouverneur gewesen sein musste, den Anruf zurückzuverfolgen, und wie dringend er Maharaj-ji wohl sprechen wollte. Nach etwa fünfzehn Minuten kam Maharaj-ji heraus und plauderte dann eine Weile sehr freundlich mit dem Gouverneur.

An Weihnachten waren wir immer noch in jenem Hotel. Weihnachten ist der Geburtstag meines Vaters, also meldete ich ein Telefongespräch zu ihm an. Ich hatte seit meiner Abreise aus den Staaten vor etwa zwei Jahren nicht mehr mit ihm gesprochen. Wir freuten uns beide sehr, miteinander zu reden. Später am gleichen Tag ging ich zu Maharaj-ji. Als ich mich vor ihm verneigte, fragte er:»Denkst du an deine Mutter?«

»Manchmal.«

»Denkst du an deinen Vater?«

Ich bekam ein komisches Gefühl im Magen. »Manchmal. Ich habe ihn heute angerufen.«

»*Accha.* Fahr zurück nach Amerika. Du hast da Anhaftungen.«

Ich war völlig schockiert. Ich wusste nicht, was ich sagen sollte, also stammelte ich:»Aber Maharaj-ji, ich lerne doch gerade Hindi.«

»Pech gehabt. Geh!«

Dann erhob er sich und ging ins Badezimmer. Ich wartete vor

der Tür auf ihn. Während ich dort stand, geriet ich immer mehr in Panik. Ich hatte nie daran gedacht, nach Amerika zurückzukehren. Nie! Er kam aus dem Badezimmer, nahm meine Hand und lachte, ohne mich anzusehen. »Anhaftung!«

Ich lachte auch, und plötzlich schien alles in Ordnung. Er meinte, ich solle zurückgehen, wenn mein Visum in zwei Monaten ablaufen würde.

Kurz bevor diese Frist vergangen war, fuhr ich nach Brindavan, um Maharaj-ji zu sehen. In dieser Zeit durften ihn keine Westler besuchen, weil die örtlichen Behörden dem Tempel wegen der Westler Schwierigkeiten bereiteten. Es waren Bestechungsgelder gefordert worden und Maharaj-ji hatte sie hinausgeworfen. Deswegen gab er uns keinen *Darshan* und ließ uns nicht in den hinteren Teil des Tempels, wo er lebte. Der vordere Teil des Tempels war öffentlich zugänglich, also hielten wir uns hinter dem Hanuman-Tempel auf und beobachteten ihn stundenlang über die Mauer hinweg.

Allmählich geriet ich in Panik, dass ich ihn womöglich vor meiner Abreise nicht mehr sehen würde. Ich hatte nur noch zwei Tage auf meinem Visum übrig und musste an diesem Tag abends nach Delhi fahren, um am nächsten Tag nach Amerika zu fliegen. Während wir Maharaj-ji im hinteren Bereich draußen sitzen sahen, begann einer von uns, *Jaya Jagadish Hare* zu singen, eine als *Arati* (Schwenken des Lichts) bekannte Hymne an den Guru. Wir hatten sie oft für ihn gesungen, während wir eine Butterlampe schwenkten – als Zeichen der Rückkehr des Lichts zu seiner Quelle.

Wir hatten diese Hymne in unseren frühen Tagen mit Maharaj-ji gelernt, als wir in Nainital wohnten und fast jeden Tag nach Kainchi fuhren. Wir hatten beobachtet, wie indische Devotees Maharaj-ji *Guru Puja* darbrachten, und wollten das ebenfalls tun. Wir konnten K.K. bewegen, uns zu helfen und uns die Hymne für das *Puja* beizubringen. Jeden Abend nach unserer Rückkehr ins Hotel kam er zu uns und wir übten gemeinsam. Nach einer Weile konnten wir es ganz gut und beschlossen, Maharaj-ji mit einem kompletten indischen *Puja* zu überraschen. Wir entwickelten große Pläne, um die ganze traditionelle Entourage aufzufahren: Blumen, Früchte, eine

*Arati*-Lampe mit Butterschmalz-Dochten, rotes Kum-Kum-Pulver für seine Stirn, eine Schale, um seine Füße mit *Panch Amrit* zu waschen, einer Mischung aus Milch, Honig, Joghurt, Zucker und Ghee. Wir waren ziemlich aufgeregt. Wir bestellten sogar 80 Pfund *Laddus,* Hanumans Lieblingssüßigkeit aus Kichererbsenmehl und viel Zucker, die am Dienstag in den Tempel geliefert werden sollten.

Am Montag, am Tag bevor unser großes Puja stattfinden sollte, waren wir wie üblich im Tempel und warteten darauf, dass Maharaji aus seinem Zimmer kommen würde. Plötzlich stürmte er heraus und setzte sich auf sein *Takhat.* Wie ein kleines Kind, das nicht länger auf seine Weihnachtsgeschenke warten kann, sagte er: »Macht die *Arati!* Macht die *Arati!*«

Natürlich hatten wir nichts dabei; uns blieb also nur, uns um ihn zu stellen und *Jaya Jagadish Hare* zu singen. Während unseres ganzen Gesangs saß er bewegungslos mit geschlossenen Augen da. Als wir fertig waren, standen wir noch eine ganze Weile und schauten ihn an, wie er weiterhin ganz still dasaß. Ich war voller Staunen. Ich weiß noch, dass mir durch den Sinn ging: »Ich hätte nie gedacht, dass ich meinen Guru mit diesen Augen sehen würde.« Zum ersten Mal wusste ich tief in meinem Herzen, dass er mein Guru war. Bis zu diesem Augenblick hatte ich *gedacht,* er sei mein Guru; ich hatte es gefühlt und gesagt, aber erst jetzt *wusste* ich es mit meinem ganzen Sein. Ich erkannte zutiefst, wie mein Leben in ihn und durch ihn floss und wie allumfassend er mich als Devotee angenommen hatte. Das *Puja,* das wir ihm am nächsten Tag darbrachten, fiel gegen diese Erfahrung natürlich unendlich ab.

Jetzt, am Ende meiner zweieinhalb Jahre in Indien, standen meine Guru-Brüder und ich hier singend vor dem Tempel. Er spähte über seine Schulter zu uns herüber und wandte sich dann wieder ab. Er begann, seinen Kopf im Rhythmus des Gesangs zu wiegen, dann distanzierte er sich wieder. Schließlich, als könnte er es einfach nicht lassen, wandte er sich uns zu und winkte uns herüber. Wir liefen zu ihm, so schnell wir konnten. Wir lachten und weinten miteinander, Früchte flogen in alle Richtungen – es herrschte völliges Chaos.

Ich saß da und dachte: »Morgen steige ich ins Flugzeug und fliege nach Amerika. Was mache ich da bloß?« Ich war völlig außer mir. Ein Teil von mir drängte mich, ihn zu fragen. »Ich muss ihn bitten, mir zu sagen, was ich tun soll. Ich meine: Was soll ich da?« Doch ein anderer Teil von mir fand das nicht richtig: »Nein, hab doch mal ein bisschen Vertrauen, du Hasenfuß! Was ist denn mit dir los? Geh einfach und sei voller Vertrauen! – Ich muss ihn fragen! – Geh einfach und vertraue! – Ich muss ihn fragen, ich muss ihn fragen ...« So ging es in mir hin und her, bis ich schließlich herausplatzte: »Maharaj-ji, wie kann ich dir in Amerika dienen?«

Eigentlich war es mir gar nicht wichtig, wie ich ihm in den Staaten dienen könnte. Ich fürchtete mich und machte mir Sorgen, was ich dort mit mir anfangen sollte, aber das konnte ich in diesem Augenblick weder mir noch ihm gegenüber eingestehen. Er wusste natürlich, was mir durch den Sinn ging, schaute mich an und verzog das Gesicht, als hätte er gerade auf eine Zitrone gebissen.

»Was? Wenn du fragst, wie du dienen sollst, ist es kein Dienst. Tu, was du willst!« In seiner typischen kryptischen, unergründlichen Art offenbarte Maharaj-ji die höchste Wahrheit. Wahrer, selbstloser Dienst muss aus der Tiefe des Herzens kommen, wo wir einfach *sind*, und hat nichts damit zu tun, was wir meinen, was wir tun sollten, weil es für uns gut wäre. »Tu, was du willst« war Maharaj-jis großes, vielschichtiges Geschenk an mich. Es trug mich durch meine ganze Lebensreise und schenkte mir die Freiheit, herauszufinden, was ich wirklich tun wollte. Aber all dies wusste ich damals noch nicht.

Moment mal. Tun, was ich will? Wie kann das dienlich sein? Tun, was ich will?

Ich traute meinen Ohren nicht. Ich wusste, was ich tun wollte. Und ich wusste, dass er wusste, was ich tun wollte. Während meiner ganzen Zeit in Indien hatte ich sexuell enthaltsam gelebt, fast drei Jahre lang. Als ich 1970 aus den USA abgereist war, hatte ich von Beziehungen die Nase voll. Ich beschloss, mir eine Pause zu nehmen. Drei Jahre lang hatte ich zölibatär gelebt. Als ich losfuhr, war ich dreiundzwanzig Jahre alt, jetzt war ich sechsundzwanzig. Die besten Jahre – nichts. Meine Güte, stand ich unter Druck!

Wie sollte das, was ich tun sollte, ihm zu Diensten sein? Ich saß völlig verblüfft da. Mein Verstand war wie ein Zug, der auf freier Strecke eine Vollbremsung hinlegt. Nach ein paar Augenblicken schaute er dann wieder zu mir herüber und lächelte mich liebevoll an. »Und, wie willst du mir dienen?« Dann brach er in Lachen aus und klopfte mir auf den Kopf. »Geh jetzt, geh. Heirate nicht in Amerika. *Jao* – geh!«

Mein Kopf war völlig leer. Es war Zeit für mich, nach Delhi zu fahren, um das Flugzeug zu erreichen. Ich verneigte mich und berührte ein letztes Mal seine Füße, und als ich wieder hochschaute, strahlte er mich an. »Also, wie wirst du mir in Amerika dienen?«, wiederholte er sanft.

Ich bewegte mich wie in einem Traum. Ich schwebte über den Hof und verneigte mich noch einmal aus der Entfernung vor ihm. Währenddessen hörte ich in der Tiefe meines Seins die Stimme meines Herzens leise flüstern: »Ich werde für dich singen. Ich werde in Amerika für dich singen.«

Hier meditiere ich mit Ram Dass und einigen anderen Devotees in Kausani im Himalaja: Adieu, ihr Träume vom Sadhu-Leben! Hallo, Amerika!
*(Mit freundlicher Genehmigung von Rameshwar Das)*

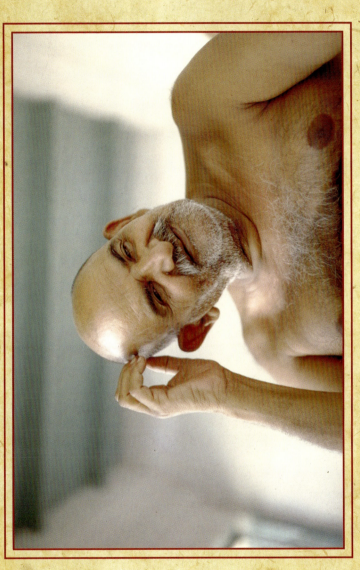

MAHARAJ-JI — "EVERYTHING WILL BE ALL RIGHT."

[MIT FREUNDLICHER GENEHMIGUNG VON BALARAM DAS]

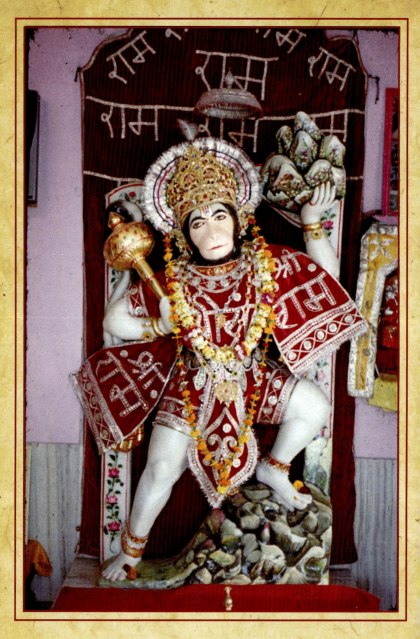

SRI HANUMAN, BRINDAVAN, 1972.

MAHARAJ-JI AUF EINER MAUER IM KAINCHI-TEMPEL.
*[PMIT FREUNDLICHER GENEHMIGUNG VON BALARAM DAS]*

MAHARAJ-JI—IN LIEBE VERSUNKEN.

DAS KAINCHI-TAL.

[MIT FREUNDLICHER GENEHMIGUNG VON ROY BONNEY]

HIGH IN NAINITAL, 1971.

*[MIT FREUNDLICHER GENEHMIGUNG VON MOHAN BABA]*

KRISHNA DAS AM YAMUNA-FLUSS, 1971.

[MIT FREUNDLICHER GENEHMIGUNG VON RAMESHWAR DAS]

SRI SIDDHI MA.

*[MIT FREUNDLICHER GENEHMIGUNG VON RAMESHWAR DAS]*

# Teil II

# Alles nach Hause bringen

Mit Ram Dass beim Dharma Festival in Boston, 1973
*(Mit freundlicher Genehmigung von Surya Green.)*

# SEX, DRUGS AND GRACE

Als Maharaj-ji sagte: »Heirate nicht in Amerika«, konnte ich das entweder so verstehen, wie er es meinte, oder so, wie es mir am besten passte. Natürlich wählte ich den zweiten Weg. In Indien gehen zumindest theoretisch Sex und Ehe Hand in Hand. Als er mir sagte, ich solle in Amerika nicht heiraten, forderte er mich ohne Zweifel auf, meine Enthaltsamkeit aufrechtzuerhalten. So war Maharaj-ji. Er sagte etwas ganz beiläufig, was für dich wichtig war, aber du musstest genau zuhören, um es mitzukriegen. Doch ich war auf dem Rückweg ins Schlaraffenland und wollte nicht hören, was er wirklich meinte.
Ich hatte in Indien enthaltsam gelebt, weil ich mit Liebe und Sex so meine Probleme hatte. Ich wollte sie abschalten, aber ich konnte es nicht. Die ganze Energie war immer noch da. Sie musste irgendwo hin, und es trieb mich schier in den Wahnsinn, dass ich nicht wusste, was ich tun sollte. Die Anhaftungen und die Identifikation mit den körperlichen Trieben und Emotionen halten das Gefühl der Getrenntheit von anderen Wesen aufrecht. Ich war nicht enthaltsam, weil ich mit Sex nichts mehr zu tun haben wollte. Im Gegenteil. Mein ganzes Leben lang hatte mein sexuelles Verlangen wie Feuer in mir gebrannt, aber ich fühlte mich nicht wohl dabei. Ich hatte nie eine Beziehung gehabt, in der ich mich emotional zufrieden gefühlt hatte.
Bei meiner ersten sexuellen Erfahrung war ich schrecklich nervös und angespannt. Als es vorbei war, sprang ich aus dem Bett und sagte zu der Frau: »Ich hol uns nur mal schnell unten ein paar Sandwiches«, und lief hinaus. Sobald ich die Tür hinter mir geschlossen hatte, lehnte

ich mich an die Wand und dachte: »Das ist es also, was die ganze Welt wie verrückt haben will?« Ich hielt mich dabei für sehr weise, aber tatsächlich war es einfach ein Ausdruck meiner neurotischen Unfähigkeit, es einfach zu genießen. Ich holte Sandwiches und ging wieder hinauf.

Durch meine Zeit mit Maharaj-ji kehrte ich jetzt als stärkere Person mit mehr Selbstsicherheit in den Westen zurück. Ich hatte das Gefühl, eine Menge von meinem neurotischen Ballast losgeworden zu sein, doch ich war mir nicht sicher, ob es der praktischen Anwendung standhalten würde. Es war lange her, dass ich einem anderen Körper auf sexuelle Weise nahe gewesen war. Ein enormer Abgrund schien mich von den »Objekten der Begierde« zu trennen. Es war mir unheimlich. Aber nach ein paar Monaten begegnete ich einer Frau, mit der ich zusammenkam. Wir hatten Spaß miteinander und sie zog bei mir ein. Wir hatten es uns gerade nett gemacht, als ein Brief von einem der westlichen Devotees von Maharaj-ji aus Indien ankam. Er schrieb mir, eines Tages habe sich Maharaj-ji umgesehen und gefragt: »Wo ist Krishna Das?«

»Du hast ihn nach Amerika geschickt.«

»Oh ..., was macht er so?«

Und mein Freund – Gott segne ihn! – antwortete: »Er singt.«

»Oh, er singt? Bitte ihn, zurückzukommen. Ich möchte ihn singen hören.«

Als ich den Brief las, war ich so glücklich, dass ich wie angestochen durch die Wohnung lief und immer nur rief: »Ich fahre zurück! Ich fahre zurück!«

Maharaj-ji hatte mir vor meiner Abreise unter anderem aufgetragen, bei meinem nächsten Indien-Aufenthalt ein Visum für ein Jahr und 1000 Dollar für meinen Lebensunterhalt mitzubringen. Während meiner ganzen Zeit in Indien hatte ich kein Geld gehabt. Die meisten Westler hatten kaum Geld, also gründeten jene, die etwas hatten, die sogenannte »Hanuman-Stiftung« und wenn wir Geld brauchten, nahmen wir es aus diesem Fonds. Ich hatte den Antrag für das Visum gestellt, sparte Geld – und meine Freundin war gerade bei mir eingezogen. Ein Teil von mir hatte es nicht so eilig, zu ihm zurückzukehren. Sie ahnen sicher, welcher Teil das war.

Ich schrieb an Maharaj-ji: »Ich bin bereit, zu kommen, aber du hast gesagt, ich solle ein Jahresvisum und 1000 Dollar mitbringen. Der Antrag für das Visum läuft und ich verdiene Geld. Soll ich warten oder soll ich sofort kommen?« Unbewusst wollte ich Zeit mit meiner Freundin herausschinden, schon allein weil es mindestens zwei Wochen dauern würde, bis ich eine Antwort erhielt. Mitte Juli kam dann der Brief, in dem stand: »Maharaj-ji sagt, komm im Dezember.« Ich hatte tatsächlich Zeit gewonnen, um meinen Spaß zu haben, und durfte trotzdem zurückkommen. Das Leben war großartig.

Doch dann starb Maharaj-ji am 11. September 1973. Ich hatte es vermasselt. Ich hatte es komplett vermasselt! Ich wusste, was er gemeint hatte, als er mir auftrug, in Amerika nicht zu heiraten, und ich hatte es ignoriert. Jetzt musste ich dafür zahlen: Ich würde ihn nie wiedersehen.

Er hatte mich nie um irgendetwas gebeten – nie wollte er irgendetwas und er brauchte auch nichts, von niemandem. Aber er hatte mich gebeten, zurückzukommen und für ihn zu singen, und ich hatte mich abgewendet. Ich hatte seine Liebe verraten. In meinem Kopf gab es keinen Zweifel daran, dass ich meine einzige Chance auf Glück in diesem Leben verspielt hatte. Bei ihm zu sein war das Einzige gewesen, das je für mich funktioniert hatte. Es war meine einzige Verbindung zur Liebe, und ich hatte sie missachtet.

Ich beendete die Beziehung zu meiner Freundin und flog wie viele andere westliche Devotees nach Indien zur Einäscherung, doch wir kamen zu spät. Also gingen wir in die Berge, um Zeit in seinem Tempel in Kainchi zu verbringen. An meinem ersten Morgen dort erwachte ich von einem Klopfen an der Tür. Ich öffnete. Draußen stand ein Mädchen mit einer Blume und einer Frucht. Sie sagte mir, Siddhi Ma habe mir diese Dinge gesandt, weil sie in dieser Nacht zum ersten Mal seit Maharaj-jis Tod von ihm geträumt habe und ich hätte dort im Traum bei ihm gesessen und gesungen. Ich war tief bewegt. Es besänftigte meine Pein für kurze Zeit, aber nichts konnte mir durch das hindurchhelfen, was jetzt auf mich zukam.

Als ich nach Amerika zurückkehrte, waren meine Freundin und ich nicht mehr zusammen, aber sechs Jahre später begannen wir wieder eine Beziehung miteinander, bekamen eine Tochter und heirateten. Für Maharaj-ji sind Vergangenheit, Gegenwart und Zukunft gleichermaßen sichtbar. Aus seiner Sicht hatten meine Freundin und ich tatsächlich geheiratet, als wir das erste Mal miteinander schliefen, auch wenn ich das zu jenem Zeitpunkt nicht gemerkt hatte. Die Bedeutung seiner beiläufig gegebenen Anweisung, in Amerika nicht zu heiraten, offenbarte sich mir auf schmerzhafteste Weise erst, als es schon zu spät war.

Er wusste es. Er wusste alles. Als er mich gebeten hatte, nach Indien zurückzukommen, hatte er mir eine Chance gegeben, meine Neigungen oder *Vasanas* zu überwinden und hinter mir zu lassen. Aber ich war unfähig dazu. Also musste mein Leben diesen Gang gehen; also blieb mir nichts, als mich mühselig durch das Tal des Todesschattens zu schleppen. Elf Jahre lang lebte ich in tiefster Verzweiflung. Mein Herz lag im Sterben um der Liebe willen, die ich verraten hatte. Es war schier unerträglich. Von außen schien mein Leben in Ordnung zu sein, doch ich konnte es nicht schätzen und bereitete mir selbst und anderen viel Leid. Ich fand nicht heraus, weil ich wirklich überzeugt war, dass für mich keine Hoffnung bestand, je wieder glücklich zu werden.

In meiner Zeit mit Maharaj-ji in Bombay setzte er sich eines Tages plötzlich auf und sagte völlig ohne Zusammenhang zu mir: »Mut ist etwas sehr Wichtiges.«

Mr. Barman, der dabeisaß, bemerkte: »Aber Maharaj-ji, Gott sorgt doch für seine Devotees.«

Maharaj-ji blitzte ihn kurz an und schaute dann zurück zu mir. Mit großer Nachdrücklichkeit wiederholte er: »Mut ist etwas sehr Wichtiges.«

Es gab Zeiten in meinem Leben, die so schwierig waren und so schmerzhaft, dass das Einzige, woran ich mich weiterhangelte, die Erinnerung an diesen Satz von ihm war. Ich hatte keinen Mut, doch allein die Erinnerung, wie er mich an jenem Tag angesehen hatte, half mir weiter.

Anfang der 1980er-Jahre wurde ich drogensüchtig. Freebase ist eine Form von Kokain, die man rauchen kann, im Gegensatz zum Schnupfen. Während dieser Zeit besuchte mich einmal meine Mutter für eine Woche in Kalifornien. Sie schlief im Wohnzimmer, das sich direkt über meinem Schlafzimmer befand. Nachdem alle zu Bett gegangen waren, schloss ich mich in einem begehbaren Kleiderschrank ein und rauchte die ganze Nacht Freebase-Kokain. Ich wusste nicht, dass meine Mutter Alkoholikerin war und nur ein paar Meter über mir genau dasselbe mit Alkohol machte. Kurze Zeit später begann sie eine Entziehungskur. Ich war vollkommen überrascht. Es machte großen Eindruck auf mich, aber er war nicht groß genug, als dass ich hätte aufhören können.

Wenig später starb eine alte Freundin von mir an einer Überdosis. Ich befand mich auf dem Weg nach Kanada, um K.C. Tewari zu sehen, der dort aus Indien zu Besuch war. Tewari war einer von Maharaj-jis ältesten, engsten Devotees und ein enger Freund von mir. K.C. und seine Frau, die ich »Ma« nannte, hatten mich nach Maharaj-jis Tod »adoptiert«. Sie machten mich zu einem Mitglied ihrer Familie und behandelten mich wie einen ältesten Sohn. Sie verköstigten mich und besänftigten meinen Geist, der unter der Abwesenheit von Maharaj-jis physischer Form so entsetzlich litt.

Auf dem Weg nach Kanada hatte ich bei meinem Vater in New York Halt gemacht. Ich schlief in dem Extrazimmer seines Apartments und rauchte die ganze Nacht Freebase. Ich brauchte alles auf, was ich hatte, und suchte panisch den Teppich nach Resten ab. Ich rauchte dabei sogar Wollfussel, als plötzlich jene Freundin, die an der Überdosis gestorben war, über mir im Zimmer sichtbar wurde. Ich begriff, dass sie durch mich auf einen Trip ging, dass sie meine Sucht nutzte und intensivierte. Wütend schrie ich: »Hau ab!«, und sie verschwand. Obwohl ich komplett neben der Spur war, erschütterte mich diese Erfahrung stark.

Am nächsten Morgen nahm ich das Flugzeug nach Montreal und fuhr dorthin, wo sich Tewari aufhielt. Ich hatte meinen indischen »Vater« lange nicht gesehen und es drängte mich sehr danach, bei ihm zu sein. Ich ging nach oben zu dem Zimmer, in dem er war, und sah, dass er mit jemandem sprach. Er kehrte der Tür den Rücken zu. Ich blieb stehen. Irgendwie fühlte es sich nicht richtig an. Ich begann sogar, ein paar Schritte zurückzugehen, als er sich umwandte, mit dem Finger auf mich zeigte und mit unbeschreiblicher Intensität und Nachdruck sagte: »Versprich mir, dass du mit dem Kokain aufhörst! Versprich es mir jetzt!« Seine Augen glühten wie Kohlen. Ich hatte keine Wahl – ich liebte ihn so sehr, ich musste es tun.

»Ja, ich verspreche es«, erwiderte ich. Und ich habe Freebase nie wieder angefasst. *It was all grace* – es war alles Gnade. Ohne die Tewaris wäre ich heute wahrscheinlich nicht mehr am Leben.

Damals, 1971, hatten einige der Westler aus unserer Gruppe in Indien Haschisch geraucht. Ich war nicht besonders involviert, aber ab und zu nahm ich auch ein wenig. Eines Tages standen wir an Maharaj-jis »Büro«-Fenster. Er plauderte und witzelte mit uns. Plötzlich wandte er sich mir zu, und mit der gleichen Intensität wie Jahre später K.C. sagte er: »Versprich mir, dass du das Haschisch-Rauchen aufgibst.«

Ich versprach es ihm, aber dann begann ich innerlich unsicher zu werden. »Aber Maharaj-ji«, wandte ich ein, »was soll ich denn machen, wenn ich zurück bin in Amerika und mir jemand auf einer Party Haschisch anbie...«

Er schnitt mir das Wort ab: »Wenn du noch nicht einmal so eine Kleinigkeit hinkriegst, wie willst du dann je Gott finden?« Und knallte mir das Fenster vor der Nase zu. Maharaj-ji war immer jenseits der Zeit. Ihm war nichts verborgen, er wusste um die Vergangenheit so gut wie um die Zukunft. Ich glaube, das war damals so eine Art Probelauf für das eigentliche Ereignis Jahre später.

Anfang der Siebziger hatte ich aufgehört, psychedelische Drogen zu nehmen, weil ich merkte, dass dieses ständige Auf und Ab der Entwicklung des Bewusstseins hinderlich war. Ein Teil von mir wusste, dass ich mein Herz läutern und mich meinen Problemen stellen musste. Ich musste lernen, mit mir so zu leben, wie ich eben war. Ich erkannte, dass die Eisblöcke in meinem Herzen im Lauf der Zeit schmelzen würden, aber nur, wenn ich den Schatten ins Gesicht sah, die sie dort hielten.

Praktiken wie das Chanten helfen mir, deutlicher zu erkennen, welche Kräfte unter der Oberfläche wirksam sind. Es ist wichtig, dass wir alle Geduld mit uns entwickeln. Wir müssen aufhören, hinter Dingen herzulaufen, von denen wir uns beseligende Erfahrungen versprechen, und erkennen, dass es unsere eigenen Geschichten sind, die uns davon abhalten, in Seligkeit zu sein. Ich habe kein Interesse mehr an vorübergehenden Erfahrungen der Ekstase durch psychedelische Drogen wie LSD, und ich muss mich nicht durch Drogen wie Kokain selbst auslöschen. Heute bin ich viel mehr daran interessiert, jenes in mir aufzulösen, was mich davon abhält, ständig in Liebe zu leben.

Vier oder fünf Monate, nachdem ich mit dem Kokain aufgehört hatte, war ich sehr verwirrt und verstört. Ich nahm keine Drogen, aber ich war sehr deprimiert und fühlte mich elend. Ich beschloss, nach Indien zu fahren, nur um wegzukommen. Es war im Herbst 1984, und ich kam in Kainchi gerade zum Beginn des großen *Durga Puja* an. Während der nächsten neun Tage wurden von morgens bis abends heilige Feuer-Zeremonien mit Mantras und Opfergaben an das Feuer abgehalten und viele Devotees waren dafür zum Tempel gekommen.

Bei meiner Ankunft dachte ich: »Jetzt kann ich einfach in mein Zimmer gehen und mich eine Woche lang nicht blicken lassen.« Doch zu meinem Schrecken hörte ich jemanden rufen: »Schaut mal, Krishna Das ist gekommen! Wie wundervoll! Komm, setz dich während der Feuer-Zeremonie zu uns!« Sie kannten mich aus den alten Tagen mit Maharaj-ji und wussten, dass er mich 1972 als *Pujari* (Priester) des Durga-Tempels angeheuert hatte. Alle waren begeistert, dass ich da war. Ich war nicht gerade begeistert, aber ich konnte nicht ablehnen. Sie baten mich so liebevoll, und ich wollte sie nicht verletzen.

Also saß ich den ganzen Tag neben dem Devotee, der das *Puja* gespendet hatte, und machte Opfergaben an das Feuer. Es war eine

Ehre, das zu tun. Wir sangen gemeinsam *Swaha* (das Mantra des Opferns), aber innerlich lautete mein Mantra eher: »Verflucht! Ich halte das nicht aus – *Swaha* – verdammt noch mal, ich will nur schlafen – *Swaha* – mein Rücken tut so weh ...« Ich hatte lange nicht mehr mit gekreuzten Beinen auf dem Boden gesessen. Alles tat mir weh. Über allem lag Rauch und Asche. Wir mussten auch jeden Tag fasten, bis die Zeremonie abends vorüber war. Ich war wirklich vom Regen in die Traufe gekommen.

Jeden Tag gab es zwischen dem morgendlichen und dem nachmittäglichen *Puja* eine zweistündige Pause. Am Ende der Morgenrunde kamen alle im vorderen Bereich des Tempels zusammen, um am *Takhat* von Maharaj-ji *Arati* zu singen, uns zu verneigen und uns dann zur Ruhe zu begeben. Ich stand daneben und sah zu. Ich fühlte mich völlig abgeschnitten von allem.

Eines Tages hatten sich alle nach dem *Arati* verneigt und zurückgezogen. Nur eine alte Frau war geblieben. Sie hatte sich verneigt und ihren Kopf auf das *Takhat* gelegt, aber sie erhob sich nicht. Sie war in den Zustand des *Samadhi* eingetreten. Als ich das sah, traf es mich wie ein Speer ins Herz. Ich dachte:»Diese Menschen leben in seiner Präsenz! Auch jetzt noch. Er ist für sie wirklich.« Es war ein Schock für mein System. Maharaj-ji war seit elf Jahren tot. »Für diese Menschen ist er gegenwärtig!« Ich war völlig erschüttert. Ich taumelte zur Seite und setzte mich. Ich fühlte mich weiter von ihm entfernt denn je.

Siddhi Ma saß in Maharaj-jis Zimmer. Vom Fenster aus sah sie mich und ließ mich rufen. Ich dachte: »Meine Güte, warum lassen sie mich nicht einfach in Ruhe sterben? Ich ertrage es nicht mehr.« Aber ich konnte mich nicht verweigern, also erhob ich mich und ging über den Hof zu Maharaj-jis Zimmer. Beim Eintreten sah ich Ma am Fußende seines Bettes auf dem Boden sitzen. Ansonsten war niemand anwesend. Als ich über die Schwelle ging, war mir, als schlüge mitten in meiner Brust ein Blitz ein. Wie ein vom Blitz getroffener Baum stürzte ich zu Boden. Mein Herz sprang auf und ich spürte die unbeschreibliche Süße von Maharaj-jis Präsenz. Unkontrollierbar fing ich zu weinen an und konnte nicht mehr aufhören. Er war zu mir zurückgekehrt.

In diesem Augenblick lief mein gesamtes Leben seit dem Augenblick, da ich von seinem Tod gehört hatte, vor meinem inneren Auge ab – jede Sekunde von elf Jahren in einem Augenblick. Ich sah alles, was mir widerfahren war, alles, was ich gedacht, gefühlt und getan hatte, all die Schmerzen und das Leid – aber ich sah es von einer ganz ruhigen, klaren Warte aus. Als ich hörte, dass er gestorben war, war eine Mauer um mein Herz entstanden und ich wollte ihn nicht mehr fühlen. Ich wollte keine Liebe mehr spüren. Eine große Mauer umgab mich, und ich ließ nichts durch sie hindurch. Im nächsten Augenblick sah ich, dass auf jedem Stein dieser Mauer ein Wort stand; wie Leuchtreklame standen dort Begriffe wie *Ärger, Schuld, Scham, Gier, Egoismus, Angst.* Daraus bestand die Mauer und ich saß dahinter als ihr Gefangener. Plötzlich wusste ich: *Wenn ich einfach auf diese Mauer schaue, wenn ich auf all diese Dinge achte, aus denen sie besteht, dann wird sie anfangen, sich aufzulösen. Ich brauche sie nur anzuschauen und aufhören, so zu tun, als gäbe es sie nicht, und sie wird verschwinden.*

Dann erkannte ich, dass die ganze Mauer für Maharaj-ji überhaupt keine Rolle spielte. Er war in der Mauer, über der Mauer, überall. Er hatte mich keine Sekunde lang verlassen. *Ich* hatte *ihn* verlassen! Ich hatte mich davor verschlossen, ihn zu spüren.

Ich lag immer noch schluchzend auf dem Boden. Siddhi Ma saß ganz still da. Ich dachte immer wieder: »Sie muss mich für verrückt halten.« Ich versuchte, mit Weinen aufzuhören, aber es ging nicht. Das machte es nur noch schlimmer. Dann kam jemand ans Fenster und sagte, sie warteten auf mich, um mit dem Nachmittags-*Puja* zu beginnen. Ich hatte überhaupt kein Gefühl für die Zeit, die verstrichen war. Ich befand mich in völliger Ekstase. Ich fühlte mich, als machte ich mitten in meiner Brust mit dem ganzen Universum Liebe, und mit jedem Atemzug wurde es tausendfach intensiver. Ich konnte kaum aufstehen. Immer noch schluchzend, ging ich zurück zu den *Swahas* und zum *Puja.* Ich befand mich in völliger Verzückung. Jede meiner Zellen tanzte. Der Devotee, der neben mir die Zeremonie durchführte, schaute immer wieder zu mir herüber und fragte schließlich: »Ist alles in Ordnung, Krishna Das?« Ich konnte nicht aufhören, zu weinen. In Indien ist es nicht gerade üblich, sich zu umarmen, aber er legte mir den Arm um die Schultern und klopfte tröstend auf meinen Rücken. »Ist jemand gestorben?«

Später am gleichen Tag sah mich Mrs. Soni, eine andere große alte Devotee von Maharaj-ji, weinend über den Hof gehen. Sie fragte ebenfalls, ob alles in Ordnung sei. Ich schaute sie an und versuchte, etwas zu sagen, aber ich konnte nicht. Die Tränen mühsam zurückhaltend, stammelte ich nur: »Maharaj-ji...!« Da rollte sie die Augen nach oben, bis ihre Pupillen in ihrem Kopf verschwanden, und stand sicher eine Minute lang zitternd auf diese Weise vor mir. Dann rollten ihre Augen wieder zurück, sie schaute mich an, sagte nur: »Genau!«, und entschwebte über den Hof.

Ich war im siebten Himmel. Ich wanderte im Tempel herum und genoss die Ekstase. Wenn ich merkte, dass die Intensität etwas nachließ, musste ich nur tief in mein Herz einatmen, dann nahm sie wieder zu. Es war großartig. Ich dachte: »Wie barmherzig Gott ist! Er schenkt mir nicht nur die Ekstase, er zeigt mir auch, wie ich sie aufrechterhalten kann. Das Leben ist herrlich!« So ging es ein paar Tage lang.

Dann erwachte ich eines Morgens – alles in mir war tot. Ich fühlte mich wie eine alte ausgebrannte Ruine, in die es hineingeregnet hat und wo die Hunde in die Ecken pinkeln. Bestürzt atmete ich, so tief ich konnte, aber nichts passierte. Ich brachte mich fast um bei dem Versuch, die Ekstase zurückzuatmen. Doch nichts ging. Ich flippte total aus, stürmte den Weg entlang und kletterte im hinteren Bereich des Tempels aufs Dach.

Kainchi sitzt wie ein gefasster Edelstein in einem Tal des Vorgebirges des Himalaja. Es gibt einen Bergbach, üppige grüne Berge und einen stahlblauen Himmel. Und mitten in dieser Szenerie stampfte ich verrückter Westler auf dem Dach dieses Gebäudes hin und her und schrie mir die Lunge aus dem Leib: »Wenn du mich wieder zumachst, dann mach mich gar nicht erst auf!«, schrie ich zu Maharaj-ji. »Dann lass mich gefälligst in Ruhe!« Sicher eine Stunde lang tobte ich da oben vor mich hin. Ich war außer mir vor Wut. Ich konnte es nicht ertragen – ich wollte meine Seligkeit zurück!

Tewari kam nach oben, um mit mir zu reden, aber ich schrie ihn an, bis er wieder hinabstieg. Schließlich sandte Siddhi Ma jemanden, um mich zu holen. »Siddhi Ma ruft dich!«

»Gut!«, dachte ich, »denn ich fahre nach Hause und werde ihr zuvor meine Meinung sagen!«

Sie saß in Tewaris Zimmer. Ich ging bis zur Tür und stand einen Augenblick lang stumm starrend da. Sie schaute zu mir auf und sagte etwas auf Hindi. Alle kicherten. Mit tiefer, wütender Stimme fragte ich: »Was hat sie gesagt?«

Sie hatte gesagt, ich sei wie ein kleines Kind, das ein Bonbon bekommen hat, es auf einen Happen hinunterschlingt und sofort das nächste will. Es sei nicht möglich, dass ich sofort das nächste bekäme. Aber ich solle mir keine Sorgen machen, ich würde eines Tages wieder etwas Süßes kriegen.

Es war, als schlüge mir Maxwells Silberhammer auf den Kopf. Ich war sofort wieder auf der Erde. »Oh, okay ...«, murmelte ich. »Ich glaube, ich lege mich jetzt mal hin, okay? Ja, äh ..., ich gehe mal in mein Zimmer, okay?«

Ich schlief vierundzwanzig Stunden lang durch, und als ich aufwachte, war ich wieder normal. Aber alles war anders. Ich hatte eine zweite Chance bekommen. Es war, als hätten sie gesagt: »Also gut, lasst den Kleinen leben.« Von diesem Zeitpunkt an wusste ich, dass es okay war, am Leben zu sein. Ich hatte es nicht vermasselt. Ich war in Ordnung. Es war in Ordnung, durch meinen Blödsinn zu gehen. Es war der Anfang eines neuen Kapitels in meinem Leben. Ich hatte es nicht vermasselt – ich hatte es nicht vermasselt! Welch eine Gnade!

Nachdem ich in die Staaten zurückgekehrt war, begab ich mich in Therapie.

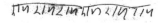

# MEIN FILM ÜBER »MICH«

Die Liebe, die ich in meiner Zeit in Indien von Maharaj-ji ausgehen spürte, war so außergewöhnlich und herausragend, weil sie *immer* da war. Weder kam sie mir nur dann zu, wenn ich gut war, noch hörte sie auf, wenn ich schlecht war ... Und er wusste alles. Ich konnte diese Liebe unmöglich verdienen. Natürlich ist dies das Wesen der Gnade: Niemand verdient sie. Deswegen ist es ja Gnade. Sie wird uns zuteil, wenn wir es am wenigsten erwarten: Sind wir am Ende unserer Weisheit und Kräfte und haben keine Ahnung, wie wir weitermachen sollen, dann kommen wir um eine Ecke – und da ist sie. Wir stolpern, fallen und sind drin. Wir sind immer von Gnade umgeben, aber wir fühlen sie nur selten. Sie ist der wahre Zustand des Universums. Wie Suzuki Roshi sagte: »Kommt, geht mit mir durch den Regen. Aber beeilt euch nicht. Es regnet überall.«

Was hält uns davon ab, den sanften Regen der Gnade zu spüren? Unsere endlose Obsession des »Ich, Mich, Meins«. Wir wachen morgens auf und beginnen, unseren Film zu schreiben: Was werde ich tun? Wohin werde ich gehen? Wie komme ich da hin? Ist das genug? Ist es zu viel? Was wird geschehen? Was ziehe ich an? Wie sehe ich aus? Ob er mich mag? Warum nicht? Den ganzen Tag. Mein Film über »Mich«. Wir schreiben ihn, führen Regie, produzieren ihn und sind die Stars. Wir schreiben Kritiken darüber und werden depressiv. Dann gehen wir schlafen und fangen am nächsten Tag wieder von vorne an. Ich habe es so oft erlebt. Doch jedes Mal, wenn ich den

Fernseher anschalte, geht es um nichts anderes: um mich, um meins und um meine Geschichten.

*Allmählich* (Schlüsselbegriff) und *unausweichlich* (weiterer Schlüsselbegriff) lösen spirituelle Praktiken wie das Chanten diese subjektive Version des Lebens auf, indem sie langsam die Anhaftungen aufweichen, durch die wir uns nicht nur von den Menschen um uns herum, sondern auch von der Schönheit in unseren Herzen getrennt fühlen. Alles, was wir im Leben tun, hat mit allen und allem anderen zu tun, aber weil wir in unserer eigenen kleinen Welt gefangen sind, berühren wir im anderen immer nur unsere Version des anderen, und er berührt seine Version von uns. Nur selten berühren wir einander wirklich.

Als ich 1997 mit dem Chanten umherzureisen begann, arrangierte eine Freundin von mir einen Auftritt in einem orientalischen Restaurant in Tuscon, Arizona. Ich sollte in einer kleinen Aufenthaltszone im Eingangsbereich des Restaurants singen. Gegenüber lag die Küche. Ich saß mit meinem Freund Bub, der für uns trommelte, auf dem Boden, während die acht oder neun Leute, die mit uns singen wollten, auf Stühlen entlang des Gangs saßen, wo die Gäste ins Restaurant gingen und die Kellner das Essen aus der Küche holten.

Die Gäste schauten uns befremdet an, Teller wurden hin und her getragen, Töpfe und Pfannen gewaschen, die Kaffeemaschine dröhnte, und ich saß da und sang und dachte: »Na, schlimmer kann es ja nicht kommen!« Falsch gedacht. Ich wollte gerade mit dem letzten Chant des Abends beginnen, dem *Namah Shivaya,* als zwei Riesenkerle indianischer Abstammung den Laden betraten. Sie waren sicher 1,90 Meter groß und über 130 Kilo schwer, und sie schienen ziemlich angetrunken. Direkt vor mir ließen sie sich auf zwei leere Stühle plumpsen und starrten vor sich hin. Ich dachte noch: »Im nächsten Lied werde ich alles geben – es könnte mein letztes sein.«

Ich begann zu singen. Und ich gab alles. Als Bub und ich fertig waren, endeten wir mit einem langen *Om.* Alles war still, nur das Klirren und Klappern aus der Küche war zu hören. Als ich die Augen öffnete, sah ich, dass einer der Kerle aufgestanden war, direkt vor mir stand und auf mich herabstarrte. Ich blickte zu diesem Berg von einem Mann auf und dachte: »Was nun, Maharaj-ji? Was hast du jetzt mit mir vor?« Dann begann der Mann zu sprechen.

»Ich bin ein Native [amerikanischer Ureinwohner] ... [Pause.] Ich war in Vietnam ... [Pause.] Ich weiß, ob etwas echt ist, wenn ich es erlebe ... [Laaaaange Pause.] Und deins ist echt, Mann.« Während er sich langsam entfernte, fing ich wieder an zu atmen.

Ich war so in meinem Film gefangen gewesen – in meinem eigenen Programm von »Wer oder was gefährlich ist« –, dass ich nicht wahrnehmen konnte, wer dieser Mann wirklich ist. Zu erkennen, wie tief ich selbst nach einem ganzen Abend des Chantens noch in meinen eigenen Projektionen verfangen war, machte mich ziemlich demütig.

Wir alle leben in gewissem Maße in unserem eigenen Universum. Es ist jedoch sinnvoll, sich bewusst zu sein, wie diese Programme unser Leben bestimmen und uns von anderen Menschen entfremden, weil wir sie nur aus der Ferne durch unsere Barrikaden hindurch wahrnehmen. Jeder bringt seine eigene Vergangenheit mit sich und trägt seine Zukunft in sich, in jedem Augenblick. Wir leben in der Annahme, wir seien das Wichtigste im Universum und alles andere existiere nur in Beziehung auf uns. Ich schaue Sie an und sehe Ihre Kleidung, Ihre Frisur und ziehe daraus eine Menge unbewusster Schlüsse über Ihre Person. Aber das Bild, das daraus entsteht, zeigt nicht Sie, sondern meine Version von Ihnen. So machen es die Menschen. Buddha sagte, dass das Vergleichen die letzte Art des Denkens ist, die sich auflöst. Wir vergleichen ständig: Sie ist größer als ich; er ist dies; sie ist das. Den ganzen Tag sehen wir uns selbst durch die Augen der anderen.

Bei einem meiner Besuche nach Maharaj-jis Tod saß ich in Kainchi mit einem der *Kirtan Walas* auf dem Dach. Dieser junge bengalische Trommler fragte nach meinem Leben. Er wollte wissen, ob ich verheiratet sei. Ich war es zu jener Zeit und bejahte, während ich an die Schwierigkeiten in dieser Beziehung dachte. Er seufzte. Dann fragte er, ob ich Kinder hätte. Wieder bejahte ich und dachte an all die Geschichten, die wir mit ihnen durchmachten.

»Oooh, und hast du ein Haus?«

»Ja«, antwortete ich und dachte an die Hypothekenzahlungen.

»Wow. Und ein Auto?«

»Zwei, um genau zu sein.«

»Wow!«

Er wollte all das haben, was ich hatte.

Ich sah ihn an und sagte: »Hey, du spinnst ja! Warum willst du all diese Probleme haben? Du brauchst nichts zu tun, als morgens aufzustehen, ein bisschen zu chanten und wieder schlafen zu gehen! Das ist alles. Du kriegst etwas zu essen, du hast einen Platz zum Schlafen. Wo ist das Problem?«

Er hielt mich für verrückt; ich hielt ihn für verrückt. Es war sehr interessant, vor allem vor dem Hintergrund, dass ich heutzutage nichts anderes zu tun habe, als morgens aufzustehen, ein bisschen zu chanten und abends schlafen zu gehen.

Eines Tages saß Maharaj-ji mit einigen seiner Devotees zusammen und begann, vor sich hin zu murmeln: »*Tul tul, nan nan, tul tul, nan nan*«, das bedeutet: »Zu viel, zu viel, zu wenig, zu wenig, zu viel, zu viel, zu wenig, zu wenig.« So redete er über eine Stunde lang. »Zu viel, zu viel, zu wenig, zu wenig, zu viel, zu viel, zu wenig, zu wenig ...«

Schließlich fragte ihn jemand: »Maharaj-ji, was sagst du da die ganze Zeit?«

»So geht es in euch zu! Das denkt ihr Leute die ganze Zeit.«

Als ein Mensch, der stark von Vorlieben und Abneigungen gesteuert wird, schaltet sich mein beurteilender Verstand sofort ein, wenn irgendetwas auftaucht. Ich denke sofort, ob es gut oder schlecht für mich ist, ob ich es mag oder nicht. Tewari sagte oft, dass der urteilende Verstand, der die Dinge aus unserer eigenen, beschränkten Sicht interpretiert, wie ein Passagier eines Bootes ist, das einen Fluss hinabtreibt ... auf einen Wasserfall zu. Er schaut auf das Ufer und meint, das Ufer bewege sich. Wir meinen, dass wir alles klar erkennen könnten, aber wir treiben auf einen Wasserfall zu. Tewari sah die

Welt völlig urteilsfrei und zeigte mir oft, wie es ist, wenn ich nicht in meinem Film gefangen bin.

Spirituelle Praktiken können den Film verlangsamen. Sie ermöglichen uns, allmählich mit dem, was wir als die äußere Welt wahrnehmen, eine Art Waffenstillstand auszuhandeln. Wir reagieren nicht mehr ganz so unmittelbar und instinktiv. Wir beschließen, nicht mehr alles blind zu glauben, was wir denken, und ein wenig Zeit verstreichen zu lassen, um zu erkennen, ob sich unsere Reaktion auf das bezieht, was wirklich geschieht, oder nur auf das, was wir meinen, was geschieht. Je weniger wir blind reagieren, desto mehr entwickeln wir uns zu einer friedvolleren inneren Haltung hin, in der wir uns wohler fühlen. Da liegt die Liebe verborgen. Dieser vorläufige Waffenstillstand ist wie ein Vorspiel. Wir nähern uns dem Geliebten in uns – dem Geliebten, der in jedem Wesen lebt – und wir fangen an, zu erleben, was es bedeutet, wirklich in Liebe zu leben. Wann immer wir eine spirituelle Praxis pflegen, ein heiliges Buch lesen oder irgendetwas tun, das uns öffnet, bürsten wir all das unbewusste, automatisierte Filmemachen gegen den Strich.

Wenn wir mit einer Praxis wie dem Chanten beginnen, glauben wir am Anfang oft nicht wirklich, dass es uns etwas bringen wird. Wir hoffen zwar irgendwie, dass es gut für uns ist, aber wir können uns nicht vorstellen, was das Ergebnis sein wird, und das ist gut so. Wenn wir es uns vorstellen könnten, wäre es einfach eine weitere Projektion unseres Verstands und nichts, was tief aus uns aufsteigt. Wir wissen, dass wir nach etwas suchen, und wir wissen, das wir uns nicht so fühlen, wie wir möchten, aber wir wissen nicht, wie wir uns fühlen werden, wenn wir anfangen, uns so zu fühlen, wie wir es uns erhoffen. Wenn diese Präsenz in uns – unsere wahre Natur, unser wahres Wesen, wer wir wahrhaftig sind, das EINE, das SELBST, Gott, Guru, Buddha-Natur – aufzutauchen beginnt, geschieht etwas, worauf wir nicht recht vorbereitet sind: Wir fangen an, glücklich zu werden. Das kann uns den ganzen Tag verderben ... Wenn wir all unsere Zeit auf unsere Versuche verwenden, glücklich zu werden oder das loszuwerden, was uns unglücklich macht, was sollen wir dann den ganzen

Tag tun, wenn wir morgens schon glücklich aufwachen? Mögen alle Wesen dieses Problem haben ...!

Wir fühlen uns zum Chanten hingezogen, weil wir darin etwas hören oder spüren, das sich richtig anfühlt. Davon wollen wir mehr. Als ich seinerzeit in New Hampshire zu Ram Dass ins Zimmer trat, hatte ich dieses Gefühl: »Ja, das ist richtig, das ist echt!« Ich kannte dieses Gefühl, aber ich hatte es noch nie so stark empfunden. Ich wusste auch nicht, wie ich es selbstständig in mir finden konnte. Viele Jahre vergingen, bevor ich mir selbst genug traute, um mich so tief auf mich selbst einzulassen. Doch wenn wir diesen Zustand einmal erfahren haben, suchen wir immer wieder danach, in allem, was wir tun. Wir finden Dinge, die uns helfen, in diesem Zustand zu bleiben. Wir probieren einfach alles, so wie ich es auch tat – Sex, Drugs and Rock 'n' Roll –, aber nichts funktionierte auf Dauer. Bis ich schließlich gezwungen war, in mir selbst nachzuforschen.

Unsere eigenen Sehnsüchte zwingen uns, nach etwas zu suchen, das uns dorthin bringt, und die Dinge loszulassen, die uns davon abhalten. Es ist alles hier drin – nicht da draußen. Aber es fällt uns schwer, weil wir so darauf programmiert sind, unseren Gefühlen und unserer Intuition zu misstrauen. Und es ist nicht leicht, diesen Zustand aufrechtzuerhalten, selbst wenn wir ihn gefunden haben. Wir müssen die inneren Programme löschen, die uns davon abhalten wollen, uns so zu fühlen, wie wir wissen, dass es möglich ist. Die spirituelle Praxis hilft uns, diese Programme zu finden und zu löschen.

Nachts sehen die Dinge ganz anders aus als tagsüber. Wir kennen das und akzeptieren es einfach. Wenn die Sonne morgens aufgeht und der Himmel hell wird, nehmen alle Dinge um uns herum schärfere Konturen an. Wir bewegen uns anders und handeln anders, wenn wir klarer sehen. Wenn die goldene Sonne dieser liebevollen Präsenz in unseren Herzen aufgeht, beginnt auch unser Leben, anders auszusehen. Verwirrung löst sich auf. Die Angst vor der Dunkelheit und was sich darin verbergen mag, verschwindet. Wir fangen an, uns zu entspannen, wir fühlen anders im Hinblick auf uns selbst und andere. Und unser Handeln richtet sich nach dem, wie wir sehen und fühlen. Niemand muss uns etwas darüber beibringen; wir lernen es einfach von innen heraus, dass alle guten Dinge in unserem Leben von alleine auftauchen, wenn die Sonne der Liebe aufgeht.

Indem wir beim Chanten diese Liebe rufen, endet der Bann des Films über »Mich«. Es erfüllt uns mit Licht und Präsenz, es schenkt uns Freiheit von unserer subjektiven Sichtweise, unserer persönlichen Version des Lebens. Letztlich erhebt es uns in den hellen Himmel des Herzens, wo wir klar sehen, dass wir alle Teil des großen Einen sind. Wir sind alle in diesem strahlenden Wesen, dieser unendlichen Präsenz. Es gibt nichts außerhalb davon. Dann haben wir unser Herz aus Gold endlich gefunden.

Siddhi Ma, zusammen mit Maharaj-ji
*(Mit freundlicher Genehmigung von Shrish Jagati)*

# BEZIEHUNGEN

Wenn Maharaj-ji uns Devotees ansah, spürten wir vollkommene Akzeptanz. Wir fühlten uns so sehr geliebt, dass es manchmal zum Fürchten war. Ich hatte so etwas noch nie zuvor erlebt. Wo ich herkomme, war Liebe immer etwas Bedingtes: Wenn du nett zu mir bist, bin ich nett zu dir. Und ich liebe dich nicht mehr, wenn du mich nicht mehr liebst. Mit Maharaj-ji war das anders. Er wusste, wer wir wirklich waren. Er wusste, was wir im Leben getan hatten, und es minderte seine Liebe nicht im Geringsten. Er sah durch unsere Persönlichkeiten hindurch, bis zum Göttlichen in uns, bis zu unserem wahren Wesen. Und die Kraft seiner Sicht ermöglichte es uns, unsere Geschichten hinter uns zu lassen und in diese Liebe einzutreten.

In der Sekunde, in der er wegsah, brach ich zusammen. Dann schaute er wieder zurück und kicherte. Es ist schrecklich, ein Narr zu sein. So närrisch nach Liebe. Ich konnte nichts dagegen tun, denn es war alles, wonach ich mich je gesehnt hatte. Wie ich mich fühlte, wenn ich bei ihm saß, entsprach genau meinen kühnsten Träumen von dem, was möglich sein sollte. Cool sein wurde völlig egal; ich lief auf ihn zu, so schnell ich konnte. Das Fürchterlichste dabei war, dass ich merkte, wie ich selbst alle zehn Sekunden zumachte. Da saß ich neben diesem Typen, der mich auf die unglaublichste Art liebte, und ich konnte nicht dabeibleiben. Ich habe es versucht, glauben Sie mir, ich habe es versucht!

Haben Sie schon mal gesehen, wie Kolibris in der Nähe dieser Zuckerlösungsspender bleiben? Solange Zucker verfügbar ist, bewegen sie sich nicht allzu weit weg. Oder nehmen wir einmal an, Sie sehen auf einer Party die perfekte Frau und denken: »Wow!« Dann werden Sie einander vorgestellt, Sie reden ein wenig miteinander und sie schaut Sie genauso an wie Sie sie. Doppel-Wow! Sie fassen Mut und fragen nach ihrer Telefonnummer – und sie gibt sie Ihnen! »Danke, ja ..., ich ruf dich an ..., ja, bestimmt.« Sie gehen nach Hause, aber Sie können die ganze Nacht kaum schlafen. Morgens um sechs sind Sie wach, aber es ist zu früh, um anzurufen. Sie warten, bis Ihnen der Zeitpunkt endlich richtig erscheint, dann rufen Sie an und sie sagt: »Ach, ich habe gerade an dich gedacht. Willst du nicht zu mir rüberkommen?« »Ja klar!«

Gehen Sie dann durch die Stadt? Bestimmt nicht. Sie mieten eher einen Hubschrauber, um schnellstmöglich bei ihr zu sein. Warum? Weil Sie wissen, dass Sie erwartet werden.

Es wartet hier drinnen auf uns, aber wir haben die falsche Telefonnummer. Wir wählen jede mögliche Kombination, in der Hoffnung, endlich durchzukommen. Und eines Tages sagen wir den Namen richtig, von ganzem Herzen, und die Verbindung kommt zustande. Das Chanten des NAMENS entfernt all jene Gedanken, die uns weismachen wollen: »Das passiert nie. Ich kann das nicht. Ich verdiene nicht so viel Liebe. Ich bin nicht genug. Ich bin nicht groß genug. Ich habe nicht genug Locken.« Was auch immer. All diese Geschichten, die wir uns erzählen, um uns abzuschalten, können wir loslassen, wenn wir eine spirituelle Praxis haben. Und übrig bleibt das, was schon immer da war.

Lama Surya Das hat gesagt: »Erleuchtung ist ein Zufall. Wir verbringen unser ganzes Leben damit, zu versuchen, diesen Zufall auszulösen.« Wir sehnen uns nach diesen zufälligen Augenblicken der Liebe, wo wir uns mit den Augen der Liebe als schön erkennen. Natürlich ist es immer möglich, sich so zu fühlen. Darum geht es ja. Wenn wir den Blick der Liebe entwickeln, dann sehen wir alles und alle so, wie Maharaj-ji es sah – auch uns selbst.

Es ist leicht, uns vorzustellen, wie es ist, wenn wir jemand anderen lieben. Wenn wir verliebt sind, wenn wir uns geliebt fühlen, gehen wir auf eine andere Weise durch den Tag. Im Außen ist alles wie immer, aber wir fühlen uns einfach besser, egal was gerade los ist. Und was, wenn wir selbst es sind, die wir lieben? Wie würde sich das anfühlen? Das ist schwer vorstellbar, stimmt's? Wir sehen uns selbst so kritisch und beurteilen ständig alles, was wir tun und sind. In der spirituellen Praxis haben wir eine Zeit, die genau dazu dient, solche Muster loszulassen.

Auf einem der *Metta*-Meditations-Retreats (*Metta* [ein Pali-Begriff] = Herzensgüte, liebende Güte, Barmherzigkeit) von Joseph Goldstein meinte ein Mann, der sich damit schwertat, gegenüber sich selbst Herzensgüte zu empfinden: »Ich möchte gerne der Mensch sein, für den mich mein Hund hält.« Können Sie sich vorstellen, wie es wäre, wenn wir so von uns dächten? Es wäre großartig!

Wir sind ständig mit allem in Verbindung. Es scheint, als liefe im Hinblick auf Beziehungen alles auf folgende Gleichung hinaus: In dem Maße, wie wir uns selbst lieben, sind wir auch fähig, andere zu lieben und uns selbst lieben zu lassen. Die meisten Inder, denen ich begegnet bin, haben solche Probleme nicht. Als sie Kinder waren, wurde ihnen keine Liebe vorenthalten, deswegen gehen sie als Erwachsene unkomplizierter mit Intimität und Liebe um. Sie erwarten nicht, dass der andere sie vor ihnen selbst rettet, vor ihrer Einsamkeit, ihrem Minderwertigkeitsgefühl – all das, was wir im Westen erwarten.

In jeder Beziehung, die ich hatte, versuchte ich, Maharaj-ji zu finden – meine Quelle, meinen Maßstab für das Gefühl der Liebe, nach dem ich mich so sehnte. Ich muss wohl nicht erwähnen, dass das meine Beziehungen erschwerte. Eines Tages saß ich mit einer Freundin zusammen, die sehr medial begabt ist, und wir sprachen über Beziehungen. Sie meinte: »Weißt du, deine Hauptbeziehung in deinem Leben hast du zu Maharaj-ji. Warum versuchst du, diese Beziehung in anderen Menschen zu finden?« In diesem Augenblick erkannte ich, dass Maharaj-ji das große Juwel in meinem Leben ist und dass alle meine anderen Beziehungen – Paarbeziehungen oder welche auch immer – kleinere Juwelen sind, die um das zentrale Juwel herum angeordnet sind. Solange ich nicht versuchte, sie zu einem großen Juwel zu machen, waren sie eigentlich ganz in Ordnung. Das war eine große Erkenntnis für mich.

Wir möchten uns mit anderen Menschen verbinden, in Beziehung sein, Gemeinschaft erleben. Wir möchten einen Partner haben und es genießen. Und wenn es intensiver wird, haben wir die Gelegenheit, uns unsere Geschichten anzusehen. Wir können dem nicht entgehen. Die meisten von uns vergessen, dass Liebe und Sex zwei verschiedene Dinge sind, und sind sehr enttäuscht, wenn Sex nicht zu Liebe führt.

Einmal erzählte ich Tewari von meiner Freundin. Ich erzählte lang und breit, wie sehr ich sie liebte. Als ich schließlich fertig war, lächelte er mich an: »Mein Junge, Beziehungen sind ein Geschäft. Mach deine Geschäfte! Genieße sie – das schadet nicht. Aber Liebe ist immer da, sie währt die ganzen vierundzwanzig Stunden jedes Tages.«

Tewari war glücklich verheiratet und hatte eine große Familie. Was er meinte, war: Wir *sind* Liebe. Liebe ist nichts, was wir von jemandem erhalten oder was wir jemandem geben. Man kann sich nicht verlieben oder entlieben. Liebe ist unser wahres Sein. Er wies mich auch darauf hin, dass ich immer noch in einem anderen Menschen nach der »perfekten« Beziehung, der »vollkommenen« Liebe suchte. Ich stellte mir vor, wenn ich sie »gefunden« hätte, wäre ich für immer glücklich. Ich habe mich über seine Worte so geärgert, dass ich tagelang nicht mit ihm sprach. Aber er hatte natürlich recht!

Was er meinte: Liebe ist nicht etwas, das wir von jemandem kriegen können. Sie ist immer da, doch wir können sie nicht finden, wenn wir außerhalb von uns suchen. Tewari sagte damit: Solange wir meinen, voneinander getrennt zu sein, sind unsere Beziehungen zu anderen eine Art »Geschäft«. Und in gewissem Sinne machen wir in unseren Beziehungen auch Geschäfte – wir setzen unsere Aufmerksamkeit und Zuwendung ein, um einen anderen Menschen zu bewegen, für uns das Gleiche zu tun.

Tewari hielt das nicht für schlecht. Er empfahl mir, es zu genießen, weil es völlig in Ordnung sei, meine emotionalen und physischen Bedürfnisse zu befriedigen. Er wies nur darauf hin, dass man aus einem Stein kein Wasser pressen kann und ich wohl mit herben Enttäuschungen rechnen müsse, wenn ich erwartete, dass mich eine Beziehung ewig glücklich machen würde. Wenn wir einen Teller Nudeln essen, erwarten wir ja auch nicht, ewig satt zu bleiben. Warum sollte eine Beziehung dies dann leisten? Warum denken wir, wenn wir uns verlieben, es sei »für immer«? Nun, vielleicht nennt man es deshalb im Englischen »falling (in love)« – sich verlieben, quasi »in die Liebe hineinfallen«.

Wir können einander Aufmerksamkeit, Zuwendung und Zärtlichkeit zukommen lassen, aber wahre Liebe finden wir nur in uns selbst. Sie ist in jedem, und sie ist in jedem gleich – sie ist das Wesen unserer Seele, unserer Seins.

> *Das Gefühl, das dich in einem Augenblick überwältigt*
> *und im nächsten entflieht,*
> *kann man nicht Liebe nennen.*
> *Liebe ist jenes, das in diesem Körper*
> *vierundzwanzig Stunden lang hell und lebendig bleibt.*
> *Alle verwenden den Namen der Liebe,*
> *aber keiner erkennt ihre wahre Essenz.*
> *Das, was alle vierundzwanzig Stunden währt, das ist Liebe.*
>
> KABIR[14]

Ich war einmal bei einer Unterweisung durch einen tibetischen Lama, der sich wunderte: »Warum meinen Westler nur, dass Beziehungen dazu da sind, uns glücklich zu machen?« Er konnte es nicht fassen!

In Beziehungen navigieren wir durch unsere Welt und andere navigieren durch die ihre. Wenn die anderen etwas tun oder sagen, worauf wir reagieren, dann fragen wir uns (oder die anderen) nur selten, wie es wirklich gemeint war. Meistens gehen wir selbstverständlich von unserer Version der Geschichte aus; wir schauen durch den Filter unseres Films auf das, was wir meinen, was der andere getan oder gesagt habe, und reagieren. Wir stellen das gar nicht infrage. Wir meinen: »Sie mag mich nicht, sie hält mich für einen Trottel.«

[14] Aus *Sufis, Mystics, and Yogis of India* von Bankey Behari (Bharatiya Vidya Bhavan).

Aber können wir sicher sein, dass unser Gegenüber das denkt? In 99 Prozent der Fälle haben andere keine Ahnung von dem, was sie in uns auslösen, und es verwirrt oder verletzt sie, wie wir reagieren. Beide Seiten stecken in ihren Programmen fest. So sieht unser Leben aus. Wir paddeln im Meer herum, stoßen aneinander und fragen nur selten, ob sich unsere Reaktion auf das bezieht, was wirklich geschehen ist, oder auf unsere Vorstellung davon.

Unser Leben ist voll unbewusst akzeptierter Überzeugungen darüber, wie die Welt ist. Als ich jung war, war meine Mutter oft verärgert, kritisch und schwer zufriedenzustellen. Wenn ich später eine Beziehung zu einer Frau hatte, nahm ich oft an, dass diese Frau mich kritisiert und nur schwer zufriedenzustellen ist. Ich habe viel durch diese alten Linsen interpretiert und reflexhaft angenommen, was andere wohl von mir halten, obwohl ich eigentlich keine Ahnung davon hatte. Zum Beispiel war ich am Anfang einer meiner Beziehungen so angespannt und nervös, dass ich nach unserem ersten Kuss dachte: »Wie ungeschickt von mir. Sie muss mich für einen kompletten Idioten halten.« Ich wurde ganz niedergeschlagen. Zum Glück sprachen wir später darüber und sie erklärte, es sei der schönste Kuss ihres Lebens gewesen! Und aus der Hölle wurde der Himmel.

Angenommen, ich hätte mich gerade von einer solchen reflexhaften Reaktion völlig aus der Spur bringen lassen. Nehmen wir an, ich hätte wahrgenommen: »Oh, sie hat sich von mir abgewandt«, was ich sofort übersetze in: Ich bin nutzlos und nicht liebenswert. Dann ärgere ich mich über die Zurückweisung und reagiere auf defensive Weise, was den anderen dazu bringt, ähnlich zu reagieren. So kann es null Komma nichts zum Streit kommen, ohne dass irgendjemand versteht, wie es dazu kam.

Wir müssen alle lernen, die Stärken, die wir in der spirituellen Praxis gewinnen, zu nutzen, um uns der unbewussten Programme bewusster zu werden, die unser Leben prägen. Heutzutage denke ich öfter: »Moment mal, vielleicht war es ja gar nicht so, wie ich annehme. Vielleicht bedeutete ihr Gesichtsausdruck nicht, dass ich sie nerve; vielleicht hat sie einfach Kopfschmerzen.«

Ich hatte einmal Gelegenheit, Roshi Philip Kapleau, Autor von *Die drei Pfeiler des Zen,* kennenzulernen. Er war einer der ersten Westler, die nach Japan gingen und dort intensiv praktiziert haben. Als ich ihn traf, litt er stark an Parkinson und hatte ständig Schmerzen und Krämpfe. Eine seiner Äußerungen ist mir sehr im Gedächtnis geblieben. Während er da saß und sich immer wieder unter Krämpfen wand, schaute er mir in die Augen und sagte mit großem Nachdruck: »Es spielt keine Rolle, wie viel man praktiziert. Wenn man es nicht ins tägliche Leben bringt, ist alles Zeitverschwendung.« Diese Weisheit stammte aus seiner tiefen Erkenntnis seines täglichen Kampfes mit Parkinson, und es traf mich direkt ins Herz.

Wir mögen es nicht, ängstlich umherzuwandern. Wir mögen es nicht, verletzt und getrennt durch die Welt zu gehen. Wir wollen nicht all diese Gefühle des Vertrauensbruchs und des Schmerzes mit uns schleppen, die wir in den Beziehungen unseres Lebens angesammelt haben. Egal wie viel Meditation, Chanten, Yoga oder andere spirituelle Praktiken wir üben: Es ist nicht leicht, unser Gefühl der Isolation und die Ängste aufzulösen, die in unserem täglichen Leben immer wieder auftauchen. Doch wenn wir wirklich singen oder wenn wir uns wirklich uns selbst oder anderen in liebender Güte zuwenden, können wir uns nicht gleichzeitig verurteilen. So entstehen Augenblicke, in denen wir unseren unbewussten Programmen Energie entziehen und uns nicht mehr damit beschäftigen, wie klein oder wie wenig liebenswert wir sind.

Es gibt in unserem täglichen Leben vieles, worüber wir uns sorgen müssen. Wir bewegen uns schnell und verlieren uns oft im unbewussten Fluss unserer Tage. Wir haben über die Dinge außerhalb von uns keine Kontrolle. Wir können nicht bewirken, dass sich die Menschen so verhalten, wie wir es gerne hätten. Wir können noch nicht einmal bewirken, dass wir selbst uns immer so verhalten, wie wir es gerne hätten! Die gute Nachricht lautet jedoch, dass unsere Gefühle der Minderwertigkeit, unsere Selbstkritik, nur *Geschichten* sind: Das ist nicht, wer wir wirklich sind. Geschichten kommen und gehen. Jenes, was nicht kommt und geht, ist es, was wir wahrhaft sind. Um das zu erfahren, brauchen wir eine spirituelle Praxis.

Wenn wir eine Praxis üben und anfangen, leichtere Seinszustände zu erfahren, erkennen wir, wie weh es eigentlich tut, wenn wir in unseren Beziehungen gierig, ängstlich, eifersüchtig und manipulativ sind. Wer leidet wirklich, wenn wir in einem dieser schweren Zustände stecken (und die meisten von uns kannten lange Zeit kaum etwas anderes!)? Wir selbst! Wir mögen unsere Schwere rechtfertigen und meinen, dass jemand anderes daran schuld sei, aber wir selbst sind es, die am meisten darunter leiden! In solchen Zeiten ist es sehr schwer, bei einer spirituellen Praxis zu bleiben. Wenn ich mich über etwas sehr aufrege, fällt es mir schwer, mich hinzusetzen und zu chanten. Manchmal muss ich eine Weile leiden, bis ich bereit bin, loszulassen und zu meiner Praxis zurückzukehren.

Einmal habe ich meine Tochter Janaki zum Haus ihrer Mutter zurückgefahren, von der ich zu diesem Zeitpunkt seit ungefähr zwei Jahren getrennt lebte. Als wir in die Auffahrt einbogen, meinte Janaki: »Es ist echt nicht leicht, mit Mom zu reden.«

Ich sprang sofort innerlich an und sagte: »Ja, ich weiß. Das ist einer der Gründe, weshalb sie und ich nicht mehr zusammen sind. Beziehungen sind harte Arbeit, weißt du?«

Sie schaute mich sehr direkt an und erwiderte: »Nein! Wie soll ich das auch wissen? Ich bin doch erst zehn!«

Ahaa.

# MUTTER PUJA

Wenn Leute in ihrer Beziehung Probleme hatten, sprachen sie manchmal mit Maharaj-ji darüber. Ein Paar gestand ihm: »Wir streiten die ganze Zeit.«

Maharaj-ji sah den Mann an und sagte mit großem Ernst: »Sieh einfach deine Mutter in ihr.«

Der Mann sah ihn ungläubig an. »Ich hasse meine Mutter!«

Maharaj-ji war verblüfft und fragte immer wieder: »Was hat er gesagt? Was hat er gesagt?«

Der große Heilige Shakaracharya schrieb einst eine Hymne zu Ehren der Göttin mit dem Titel »Möge die Göttin uns vergeben«. Darin wird eine Zeile häufig wiederholt: »Ein schlechter Sohn kann in die Welt geboren werden, aber niemals eine schlechte Mutter.«

Wir Westler lernen, dass wir geboren werden, eine Weile leben und dann sterben – das sei alles: Es gebe keinen größeren Kontext, kein umfassenderes Verständnis des Lebens. Für uns geht es im Leben vor allem darum, für uns selbst und die paar Leute zu sorgen, für die wir verantwortlich sind. Und zu sorgen bedeutet, so viel wie möglich zu kriegen. Und das war's dann. »Wer am meisten Spielzeug hat, ist der Größte.«

Wir haben keine Vorstellung davon, was Leben ist und was es bedeutet, lebendig zu sein. Wir haben keine Wertschätzung für die Möglichkeiten, die damit verbunden sind, dass wir einen menschlichen Körper haben. Stattdessen betrachten wir das Leben als einen ständigen Kampf, bei dem kein glückliches Ende in Sicht ist. Deshalb können wir das Geschenk des Lebens, das uns unsere Eltern und insbesondere unsere Mutter gegeben hat, nicht wirklich würdigen.

In Indien ist es unvorstellbar, die eigene Mutter zu hassen. Inder sind emotional ganz anders gebaut. Es gibt dort in den Familien eine Liebe, die in den meisten westlichen Familien schmerzhaft fehlt – und nicht nur unter den unmittelbaren Familienmitgliedern, sondern auch in der ganzen erweiterten Familie. Ich erinnere mich an die Hochzeit von Tewaris ältestem Enkel. Alle Cousinen und Cousins, Tanten und Onkel hatten sich für die Feier versammelt. Auf dem Rückweg von der ersten Zeremonie machte die Familie in Kainchi Halt, um sich von Siddhi Ma segnen zu lassen. Ich saß dort bei ihnen und staunte über die Liebe zwischen allen. Ich war sehr berührt und irgendwann drehte sich Ma zu mir um und sagte: »Siehst du? Das hast du verpasst, indem du in Amerika geboren wurdest.« Es war erschreckend wahr.

Ein paar Tage zuvor fragte ich sie, warum Westler sich so schwer damit tun, Liebe anzunehmen und Liebe zu fühlen. Sie antwortete: »Das ist wegen der *Samskaras* [Einfluss des von uns erzeugten Karmas]; sie können hilfreich oder hinderlich sein. Was deine Eltern gegessen haben, was sie gedacht haben, was du gegessen hast, all das hat Wirkung. Viele Eltern entziehen ihren Kindern auch die Zuwendung, wenn sich die Kinder nicht so verhalten, wie sie es wollen.« Die Kinder lernen dadurch, dass man Liebe wegnehmen und gegen sie verwenden kann. Siddhi Ma meinte, in indischen Familien sei das anders.

Als ich bei den Tewaris lebte, stellte ich erschüttert fest, dass sie eine funktionstüchtige Familie waren. Ich wusste gar nicht, dass es so etwas gab! Sie stritten und kämpften und waren auch mal nachtragend, aber es gab nie den Hauch einer Idee, dass Liebe zurückgehalten oder verloren gehen könnte. Niemand in der Familie fürchtete, dass ihn einer der anderen zu lieben aufhören könnte. Eine wundervolle Erfahrung für mich! K.C. und ich hatten oft intensive Auseinandersetzungen, bei denen wir einander anschrien und wütend wurden ..., und oft genug ging es dabei um Spirituelles! Er gab dann eine Äußerung von sich, sehr wohl wissend, dass sie mich aufreizen würde, und köderte mich damit: »Na, beißt du an? Schießt du zurück?« Er liebte es und ich auch. Es war ein unglaubliches Gefühl, mit jemandem Auge in Auge, Stirn an Stirn zu stehen, sich anzubrüllen und gleichzeitig im Blick des anderen vollkommene Liebe und Freude zu sehen.

In dem Haus, in dem ich aufgewachsen bin, hat nie jemand die Stimme erhoben, aber die Luft war angefüllt mit der Drohung emotionaler Gewalt. Ich lernte früh, den Weg von der Garage durch die Küche, die Treppe hinauf bis in mein Zimmer in voller Rüstung und Verteidigungsbereitschaft zu beschreiten. Um das Zusammenleben mit meiner Mutter zu überleben, musste ich in meinem Zimmer hinter der abgeschlossenen Tür ein eigenes, geheimes Leben entwickeln. Es war die einzige Art, wie ich ich selbst sein konnte. Dieses Muster wiederholte sich dann in meinen Beziehungen: Ohne mir dessen bewusst zu sein, suchte ich mir immer Frauen aus, vor denen ich mich schützen und verbergen musste, und wiederholte so die emotionale Situation meiner Kindheit.

Meine Eltern waren gute Leute, und beide hatten nicht die geringste Absicht, meine Schwester oder mich zu verletzen. Aber sie konnten sich selbst nicht lieben oder akzeptieren. Wie sollten sie es uns also lehren? Meine Mutter war wütend über ihr Leben. Sie konnte nicht zulassen, dass sie geliebt wurde, und sie konnte nicht anders, als diese Einstellung an mich weiterzugeben. Aber wir sind immer in Kontakt miteinander geblieben, wo ich auch war in der Welt. »Wie geht es dir?« »Ganz gut.« »Was läuft so bei dir?« »Dies und das.« Es gab Kontakt, auch eine gewisse Zuneigung, aber meine Mutter hatte unzählige Methoden, meine Liebe abzuwenden. Und wenn sie sie nicht abwehren konnte, feuerte sie mich ins nächste Universum. Ich kannte ihre Eltern, deshalb verstand ich, dass sie nicht wusste, wie sie anders leben könnte. Sie führte einfach die Familientradition fort.

Ich war seit zwei Jahren in Indien und erholte mich gerade von der Hepatitis, als mich Maharaj-ji eines Tages ansah und fragte: »Kommt deine Mutter nach Indien?«

»Wie bitte?« Ich war verwirrt. »Meine Mutter? Nach Indien? Nicht dass ich wüsste.«

Am nächsten Tag erhielt ich eine Mitteilung aus meinem Hotel, meine Mutter habe angerufen und wolle nach Indien kommen! Ich rief sie sofort zurück. »Hallo Ma, wie geht es dir?«

»Ich will kommen und dich mal wieder sehen.«

»Äh, ja, gut, ich muss aber noch Maharaj-ji fragen.«

»Wie bitte?«

Stellen Sie sich das vor: Sie sagen Ihrer Mutter, dass Sie erst Ihren Guru fragen müssen, ob es okay ist, dass sie Sie besuchen kommt! Aber so machte ich das. Ich wusste vor Schreck über ihren möglichen Besuch nicht, was ich sagen sollte; also gab ich ihr zu verstehen, ich würde sie am nächsten Tag zurückrufen.

Als ich Maharaj-ji erzählte, dass meine Mutter zu Besuch kommen wolle, meinte er nur: »Ach, wirklich?«

»Ja. Kann sie kommen?«

»Ja. Sag ihr, sie soll kommen.«

Später erfuhr ich, dass sie zu meiner Schwester gesagt hatte: »Ich fahre dahin, um deinen Bruder zurückzuholen.« Zum Glück klappte das nicht so, zumindest damals nicht.

Maharaj-ji verhielt sich meiner Mutter gegenüber sehr liebevoll. Ich hatte ihr empfohlen, ihm den besten Pullover mitzubringen, den sie finden könne, und sie hatte ihm einen sehr schönen, rotbraunen Rollkragenpullover mitgebracht. Er machte daraus eine große Sache und zog die indischen Devotees auf: »Ihr Leute hier kümmert euch ja gar nicht um mich. Schaut euch mal diese Frau an. Sie kommt so weit her und hat mir diesen schönen Pullover mitgebracht.« Er hat ihn lange getragen. Er nannte sie »Yasoda«, nach Krishnas Ziehmutter. Er gab ihr auch Blumen mit, um sie an Jesu Grab in Jerusalem niederzulegen. Sie wollte auf dem Heimweg nach Amerika über Israel reisen.

Es gibt ein Bild von ihr auf dem See in Nainital: Sie sitzt in einem Boot und sieht so schön aus, so friedvoll – ein ganz anderer Mensch, als sie zu Hause war.

Bevor sie Indien verließ, fuhr ich noch mit ihr in die Ebene, um das Tadsch Mahal zu besichtigen und ein bisschen herumzutouren.

Wir verabschiedeten uns in Kainchi und gingen über die Brücke zum Wagen, als sie noch einen Blick auf den Tempel und Maharaj-ji zurückwarf, plötzlich heftig in Tränen ausbrach und wie ein Kind weinte. Bis zu ihrem Tod hatte sie keine Ahnung, was ihr da an jenem Tag widerfahren war. Sie hat in ihrem Leben viel gelitten, aber wann immer sie jemand nach ihrer Indien-Reise fragte, nahm ihr Gesicht einen besonderen Ausdruck an und sie erzählte die Geschichte dieser Reise wie ein Kind, voller Staunen. Doch sobald sie damit fertig war, kehrte sie zu ihrem gewohnten Selbst zurück.

In den drei Wochen, die sie in Indien war, führte ich sie die ganze Zeit herum, besorgte ihr Essen und kümmerte mich um sie. Bevor ich sie dann zum Flugzeug brachte, trug mir Maharaj-ji auf: »Wenn du sie nach Delhi bringst, bringe ihr *Puja* dar – verehre sie als die Göttliche Mutter, die Göttin. Du musst dich vor ihr im Flughafen verneigen.«

Meine Mutter und ich mit Maharaj-ji, 1972 *(Mit freundlicher Genehmigung von S. Kagel)*

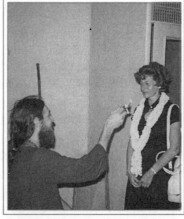

Wie mir Maharaj-ji aufgetragen hatte, knie ich hier im Flughafen von Delhi ehrerbietig vor meiner Mutter *(Mit freundlicher Genehmigung von S. Kagel)*

1997 stellte man bei meiner Mutter Lungenkrebs fest, aber man hatte es frühzeitig entdeckt; nach der Operation war sie ganz krebsfrei. Sechs Jahre später hatte sich jedoch ein neuer Krebs entwickelt, und als man es diagnostizierte, blieben ihr nur noch wenige Wochen zu leben. In jenen letzten Tagen ihres Lebens war ich praktisch die ganze Zeit bei ihr. Ich schlief im Gästezimmer ihrer Wohnung. Die Wände waren dünn; nachts hörte ich ihr Radio laufen. Ich erfuhr, dass sie den größten Teil der Nacht wach lag und sich Programme über Finanzplanung anhörte. Es tat mir weh, zu sehen, wie sehr sie immer noch von ihren Ängsten und Sorgen um Geld gefangen war. Sie konnte es nicht loslassen, sie konnte ihren Geist nicht zur Ruhe bringen. Während ich ihrem Ringen zusah, wurde mir die Bedeutung der spirituellen Praxis mit ganzer Macht deutlich.

Ich war sehr dankbar, dass ich meiner Mutter helfen konnte. Ich merkte, dass ich mein ganzes Leben lang darauf gewartet hatte, etwas für sie zu tun. Sie hatte mich immer auf Distanz gehalten, aber jetzt war sie so krank, dass sie zu schwach war, um mich wegzuschieben. Und manchmal schien es sogar so, als wollte sie es gar nicht. Sie war krank und ich war da, und sie konnte es sich zugestehen, unsere Gemeinsamkeit zu genießen. Wir kamen uns am Ende sehr nahe. Sie sagte mir, dass ich die beste »Krankenschwester« sei, die sie je hatte. Als sie ins Krankenhaus kam, saß ich bis spät in die Nacht bei ihr und zwischen uns strömte eine tiefe Liebe.

Aber sie war immer noch meine Mutter ... Einmal bat sie um einen Schluck Wasser. Als ich mich über sie lehnte, stieß ich aus Versehen gegen das Tablett auf ihrem Schoß. Sie schnauzte mich giftig an, sodass ich zurückwich, als hätte man mich in den Bauch getreten. Während ich mich wieder aufrichtete, wurde es mir plötzlich klar: Wahrscheinlich hatte sie sich schon immer so verhalten, seit ich ein kleines Kind war. Ich erschrak, weil ich keine Erinnerung mehr daran hatte. Mir wurde klar, dass ich mich nicht daran erinnerte, weil sich um die Art herum, wie sie mich behandelte, meine ganze Persönlichkeit entwickelt hatte. Es war so tief in mir verankert, dass ich es nicht sehen konnte, und doch wirkte es. Ich war verblüfft.

In den letzten Lebenstagen meiner Mutter wurde die Liebe zwischen uns sehr deutlich, wenn sie ein wenig wacher war und wir wirklich miteinander sein konnten. Es war, als würden wir uns endlich wirklich begegnen; wir liebten einander und vergaben uns gegenseitig vollständig.

Als sie schließlich dahinschied, bemerkte ich etwas anderes Erstaunliches: Meine Mutter hatte wie ein großer Elektromagnet gewirkt, der mich in einer emotionalen Form hielt, ähnlich wie Eisenspäne die Form des magnetischen Feldes eines Magneten nachbilden. Als sie tot war, hörte der Magnet zu wirken auf und meine Eisenspäne konnten eine mir gemäßere Gestalt annehmen. Die Kräfte, die seit meiner Geburt an mir gezogen und geschoben hatten, waren weg; ich fühlte mich, als hätte man mir bequemere Kleidung verpasst, Kleidung, die zu mir passt, zu dem, wie ich bin. Ich war frei, ich selbst zu sein und auf neue Art zu atmen. Meine Mutter war ebenfalls frei, auf ihren eigenen Wegen weiterzuziehen. Wir hatten einander voller Liebe freigesetzt und waren nicht mehr durch unsere emotionalen Programmierungen miteinander verstrickt. Es war eine sehr befreiende Erfahrung; sie kam so unerwartet, dass ich Monate brauchte, um zu verstehen, was vor sich ging.

Jede Generation programmiert die nächste. Vieles von dem, was wir über uns glauben, rührt aus dem her, was unsere Eltern über sich glaubten – was wiederum von ihren Eltern stammt. Ein Freund von mir sagte einmal: »Wenn deine Eltern hart waren, wirst du dich selbst hart behandeln.« Das war mir eine Offenbarung. Ich bin zu Hause fortgegangen, als ich 18 war, aber ich habe meine Eltern immer mitgenommen. Ich lebte mein Leben in ständigem Schutz vor der Dunkelheit und vor dem Unglück, das jeden Augenblick hereinbrechen konnte.

Wir nehmen auf, was uns unsere Mütter und Väter lehren – und wenn wir eigene Kinder haben, sehen wir mit Schrecken, wie wir das Verhalten unserer Eltern wiederholen, ihre Worte verwenden, ihren Tonfall nachahmen. Doch der Bann kann gebrochen werden.

Einmal hatte ich mich sehr über irgendetwas aufgeregt. Ich kam nach Hause, wo meine Tochter Janaki in der Küche saß. Während ich durch die Küche stürmte, bemerkte ich, dass sie den Abwasch nicht weggeräumt hatte, und fuhr sie so derb an, wie meine Mutter mich angeschnauzt hätte. Ich werde nie ihren Gesichtsausdruck vergessen. Sie war offensichtlich erstaunt, mich in so einer Verfassung zu sehen. Sie nahm es überhaupt nicht persönlich. Sie schaute mich einfach an, als wäre ich irgendein außerirdisches Wesen. Und weil sie nicht einstieg, reichten mir die paar Schritte durch die Küche, um zu erkennen, wie dumm ich mich verhielt, und umzuschalten. In ihrer Weisheit wollte sie mit dieser Tradition nichts zu tun haben, und damit befreite sie auch mich.

# METTA – DIE PRAXIS
# DER HERZENSGÜTE

Alles dreht sich um Liebe. Wir verlieben uns in uns selbst in demselben Augenblick, da wir unser wahres Wesen erkennen. Es geht gar nicht anders. Es ist so schön. Wenn wir wirklich glauben würden, dass wir liebenswert sind – dass wir tatsächlich die Liebe sind, die uns in unserem eigenen Herzen erwartet –, wäre jede Sekunde unseres Tages anders. Jede einzelne Sekunde. Sofort.

Zu einem gewissen Zeitpunkt meines Lebens meditierte ich viel im Sitzen. Jeden Tag ging ich in meine kleine Kammer, entzündete ein Räucherstäbchen und setzte mich auf mein schickes Meditationskissen. Eines Tages hatte ich gerade das Räucherstäbchen angezündet und wollte mich hinsetzen, als ich alles klar und deutlich vor mir sah: Ich erkannte, dass ich meditierte, um ein neues Ich zu erschaffen, weil ich mich so, wie ich war, nicht mochte. Meine Motivation war also letztlich Selbsthass. Wie soll aus Handlungen, die aus negativen Motivationen wie Ärger, Angst, Gier oder Scham entstehen, etwas Gutes hervorgehen? So können sich Neurosen auf die spirituelle Praxis auswirken. Es wäre gut gewesen, wenn ich nach dieser Einsicht in meine falsche Motivation weiter gesessen hätte, aber meine Selbstanklage war damals so stark, dass ich vor lauter Ärger über mich nicht weitermeditierte.

Eine Möglichkeit, negativen Emotionen entgegenzuwirken und die innere Entspannung zu fördern, sind freundliche Gedanken.

Die Praxis der *Metta*-Meditation hilft uns, unsere vorprogrammierten, automatischen kritischen Reaktionen gegenüber uns selbst und anderen kurzzuschließen. Durch die *Metta*-Praxis entwickeln wir die Fähigkeit, uns selbst und anderen Gutes zu wünschen – unabhängig davon, wie oder wer sie unserer Meinung nach sind.

Die *Metta*-Praxis entstand, als Buddha einige seiner Mönche zum Meditieren in einen Wald geschickt hatte. Die Baumgeister störten sie in ihrer Praxis, also kehrten sie zum Buddha zurück und baten ihn um Waffen, um diese Störenfriede zu bekämpfen. Der Buddha erwiderte, er wolle ihnen die mächtigsten Waffen der Welt geben, und er lehrte sie die Praxis der Herzensgüte. Die Legende berichtet, dass die Störgeister daraufhin zu Schutzgeistern des *Dharma* wurden.

Ein Ergebnis dieser Praxis ist, dass wir anfangen, andere Menschen weniger reaktiv zu beurteilen und stattdessen öfter eine Haltung der Freundlichkeit und liebenden Güte einnehmen. Im Lauf der Zeit gewöhnen wir uns an diese Lebenshaltung und säen weniger Samen negativer Geisteszustände aus. Einfach ausgedrückt: Wir werden glücklicher.

Die Mitbegründerin der Insight Meditation Society, Sharon Salzberg, lehrt auch die *Metta*-Praxis. Vor einigen Jahren hielt sie die Eröffnungsrede der Konferenz des *Yoga Journals*. Nach ihrem Vortrag bildete sich eine endlos lange Schlange von Leuten, die mit ihr reden wollten. Warum? Weil sie diesen Männern und Frauen den Raum geboten hatte, ihr eigenes Leiden und ihre Unzufriedenheit anzuerkennen. In ihrem Vortrag machte sie deutlich, dass es keinen Grund gibt, diese zu verbergen; dass sie vielmehr Teil des menschlichen Daseins sind, dass man sich ihrer nicht zu schämen braucht und dass man damit umgehen kann.

Westler nähern sich dem spirituellen Weg meistens über die körperliche Ebene und lassen die psychologischen und emotionalen Probleme außen vor. Doch es ist sinnlos, nach außen Perfektion und

Makellosigkeit zu demonstrieren, wenn wir innerlich leiden. Als Sharon erklärte, es sei in Ordnung, das zuzugeben, fühlten sich daher zahllose Menschen zu ihr hingezogen.

Als ich meinen ersten *Metta*-Kurs bei ihr machte, wurden wir zu meiner Überraschung nicht aufgefordert, uns hinzusetzen und mit unserem Verstand zu kämpfen. Stattdessen sollte ich dasitzen und die folgenden vier Sätze wiederholen:

> *Möge ich sicher sein.*
> *Möge ich glücklich sein.*
> *Möge ich gesund sein.*
> *Möge ich leichten Herzens leben.*

»Kinderspiel!«, dachte ich. Ich hatte keine Ahnung! Ich begann, die Sätze wie angewiesen zu wiederholen und zu versuchen, eine Verbindung zu ihnen herzustellen, sie also nicht abwesend zu wiederholen. »Möge ich sicher sein. Möge ich glücklich sein. Möge ich gesund sein. Möge ich leichten Herzens leben. Möge ich sicher sein ...« Ich spürte nichts. Totes Fleisch. Mir wurde klar, dass ich völlig unfähig war, mir selbst Gutes zu wünschen! Das war ein ziemlicher Schock und im Lauf des Tages brach ich mental immer mehr zusammen. Ich fragte mich, wie ich psychisch so deformiert sein konnte. Ich dachte: »Das wird nie was!« Aber ich machte weiter.

Am zweiten Tag sollten wir diese Sätze dann auf jemanden beziehen, der immer auf unserer Seite gewesen ist, an den wir uns immer wenden konnten, wenn wir Hilfe brauchten. Ich wählte jemanden aus meinem Leben, auf den diese Beschreibung passte, und fing an. In kürzester Zeit fühlte ich mich leicht und frei und voller Freude. Dieses wundervolle Gefühl hielt an, bis wir aufgefordert wurden, die Sätze wieder auf uns selbst zu beziehen. Sofort kehrten meine negativen Geschichten zurück.

Im Lauf der Woche wurden wir mit Weisheit, Humor und Freundlichkeit durch viele verschiedene Aspekte der Praxis geleitet und am Ende der Woche fühlte ich mich tiefer in meinem Herzen verankert. Wie das Chanten ist *Metta* eine subtile, tiefe Praxis, die sich besonders für Westler eignet – um uns zu helfen, uns Gutes zu wünschen. Das dringt direkt ins Zentrum all unserer Probleme vor.

Fragt man uns, würde kaum einer von uns meinen, dass es ein Problem sei, sich selbst Gutes zu wünschen. Schließlich wollen wir alle glücklich sein. Wir alle tun viele Dinge in unserem Leben, weil sie uns das Ersehnte bringen. Es scheint so, als würden wir für uns nur das Beste wollen. Aber wenn wir versuchen, es auch wirklich in uns zu fühlen, es direkt zu schmecken, bleibt nur ein bitterer Geschmack im Mund. Diese Praxis bringt alles ans Licht, all die geheimen Berge von Selbstkritik, die wir im Verborgenen gesammelt haben.

Jede spirituelle Praxis ist letztlich eine Gabe an uns selbst. Wenn wir praktizieren, sind wir nur für die Durchführung der Praxis verantwortlich: uns die Mühe zu machen, uns so tief wie möglich einzulassen. Wir sollten uns nicht als Versager fühlen, wenn sich unser Leben nicht durch die zwanzig Minuten Sitzen total verändert hat. Eine Gabe wird einfach gegeben. Wenn wir einem Hungrigen etwas zu essen geben, setzen wir uns auch nicht daneben, um ihn zu beobachten, ob er auch richtig kaut, verdaut und alle Vitamine und Mineralien aufnimmt. Das Chanten ist eine Gabe ans Universum.

Einmal gaben Sharon und ich gemeinsam ein Seminar in L.A. Es war so schön, dass ich am Ende sagte: »Ach je, ich wünschte, wir könnten alle irgendwo zusammenleben!« Und dann merkte ich: »Moment mal, das tun wir bereits. Auf der Erde!«

Nach dem Seminar kam jemand zu mir und fragte: »Ich weiß, was Sharon meint, wenn sie über *Metta* und das Angebot liebender Güte spricht – aber was ist mit dir? Was bedeutet es für dich?«

Ohne nachzudenken antwortete ich: »*Hare Krishna!*« Ich staunte selbst. Mein Chanten ist meine Gabe der liebenden Güte ans Universum. All diese Jahre war ich unbewusst davon ausgegangen, dass meine Praxis des Chantens etwas sei, das ich für mich allein tue. Jetzt erkannte ich, dass es sich in alle Richtungen auswirkt. Ich hatte gedacht, dass ich es nur tat, um meinen eigenen Kragen zu retten, wenn man so sagen will. Schließlich steckte ich bis zum Hals im Sumpf. Deshalb hatte ich mit dem Chanten angefangen. Doch meine Definition von »meinen Kragen« hatte sich durch die Praxis verändert.

Je mehr wir in uns selbst das Verlangen entwickeln, uns selbst und anderen Gutes zu wünschen – der Welt und uns selbst Gutes zu tun –, desto mehr sind wir fähig, diese guten Gefühle in unser Herz zu lassen. Gehen Sie mal in den Supermarkt und achten Sie auf die anderen Leute, während Sie Ihren Wagen durch die Gänge schieben. Niemand ist anwesend. Alle fahren auf Autopilot, sind innerlich ganz woanders, während sie gedankenlos Waren in ihren Wagen laden und durch die Gänge wandern. Das gibt Ihnen die Chance, durch die Regalreihen zu gehen und allen Gutes zu wünschen: »Mögen all diese Menschen glücklich sein, morgens aufwachen und alles haben, was sie sich im Leben wünschen.« Es macht ungeheure Freude, das zu tun. Wenn Sie danach den Laden verlassen, werden Sie vor Liebe dahinschmelzen.

Die Qualität unseres Lebens hängt stark davon ab, wie wir über uns selbst fühlen. Eine spirituelle Praxis sollte nicht darauf abzielen, ständig happy-happy-happy zu sein, ohne sich die Ursachen unseres Unglücklichseins oder unserer Unzufriedenheit anzusehen. Es geht darum, diese Spannung im Herzen zu lösen. Es geht darum, wahrzunehmen, was jemand anderes durchmacht, ohne sich zum Opfer des emotionalen Prozesses des anderen zu machen. Selbst wenn jemand heftig auf uns projiziert, ist es durchaus möglich, so gut bei sich selbst zu sein, dass wir einfach lächeln und im Stillen sagen können: Nein Danke. Haben wir zu uns selbst eine entspannte, wohlwollende Haltung, schmilzt alle Negativität, die andere auf uns richten, dahin, bevor sie uns erreicht. Indem wir nicht reagieren und uns nicht verschließen, helfen wir dem anderen auf natürliche Weise, seine Prozesse zu lösen.

Wenn wir zu sehen anfangen, wie wir alle miteinander verbunden sind und wie wir ständig auf alles und jeden um uns herum reagieren, beginnen wir, die Wahrheit zu erkennen: Solange wir nicht *alle* glücklich und *alle* sicher sind, kann niemand wirklich frei von Leiden sein. Ein *Bodhisattwa* ist ein großes Wesen, das die Interdependenz allen Lebens erkannt hat und sieht, dass durch unser Gefangensein in unserem wechselseitigen, das ganze Universum umfassenden Agieren und Reagieren niemand wirklich unabhängig ist und niemand frei ist, bis wir alle frei sind. Der *Bodhisattwa*-Eid ist das Versprechen großer Wesen, uns zur Verfügung zu stehen, bis wir alle frei und zu Hause sind.

Wir beginnen damit, auf unser eigenes Glück hinzuwirken, weil uns das am wichtigsten erscheint. Wenn wir praktizieren, verändert sich unser Selbstbild. Große Wesen *wissen,* dass wir alle EINS sind. Wir alle können tun, was ein *Bodhisattwa* tut. Es ist möglich, man muss nur praktizieren.

Praktizieren Sie, wenn Sie glücklich sind, praktizieren Sie, wenn Sie traurig sind, wenn Sie müde sind, wenn Sie wach sind, wenn Sie keine Zeit zum Praktizieren haben und wenn Sie Zeit zum Praktizieren haben. Man kann sich da nicht herauswinden. Man muss eine Zeit lang regelmäßig praktizieren, um die Fähigkeit zu entwickeln, Negativität aufzulösen und Positives zu kultivieren.

Mit den Worten von Anandamayi Ma:

> »*Wenn Sie einen schmutzigen Topf schrubben, wird allmählich sein* Swarup *[seine wahre Form] offenbar, dann wissen Sie, ob er aus Blech, Kupfer, Messing etc. ist. Durch das Wiederholen des* NAMENS GOTTES *wird Ihr eigenes* Swarup *offenbar. Tun Sie es daher immer, ob Ihnen danach ist oder nicht.*«[15]

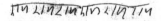

---

[15] Aus *Death Must Die.*

# TÜR ZUM GLAUBEN

Es gibt eine Geschichte von einem tibetischen Lama, der ein Kloster in Burma besuchte. In einem der Tempel sagte man ihm: »Unser Guru ist hier. Er hat sich hier zur Meditation niedergelassen und sich nie mehr wegbewegt. Schließlich haben wir diese *Stupa* [aus dem Grabhügel entwickeltes sakrales Bauwerk der Buddhisten] über ihm errichtet.«

Die Mönche hielten es für eine wundervolle Sache, dass ihr Guru so einen hohen Geisteszustand erlangt hatte. Aber der Lama wiegte den Kopf und sagte: »Oh, das ist aber schade.«

Überrascht fragten die Mönche: »Warum?«

»Er lernte zu meditieren, aber er lernte nicht, zu leben.«

Die spirituelle Praxis dient dazu, uns die Kraft zu geben, positiv zu leben, ein gutes Leben zu haben – ein gutes inneres Leben zu haben – und uns nicht in einem vorübergehenden, wenn auch vielleicht lange währenden meditativen Zustand zu verlieren. Um in einem friedvollen inneren Zustand zu leben, ist es unerlässlich, unsere Gedanken loszulassen. Um unsere Gedanken loszulassen, müssen wir unsere Aufmerksamkeit von ihnen abwenden können; also müssen wir unsere Aufmerksamkeit auf etwas anderes richten. Eine der wirksamsten Methoden besteht darin, unsere Aufmerksamkeit auf das Fließen des NAMENS zu richten. Wenn wir die Wiederholung des NAMENS üben, entwickeln wir die Fähigkeit, unsere Gedanken loszulassen und in einen tieferen, ruhigeren Geisteszustand einzutreten. Wir müssen es unzählige Male üben, aber jede Wiederholung stärkt uns darin.

Es gibt Übungen und Traditionen, in denen Mantras zu bestimmten Zwecken eingesetzt werden. Diese Mantras werden mündlich überliefert und die Worte müssen sehr akkurat ausgesprochen werden. Möchten Sie einen Zug anhalten – dafür gibt es ein Mantra. Möchten Sie reich werden – auch dafür gibt es ein Mantra. Diese Mantras werden persönlich übermittelt und müssen ganz korrekt ausgesprochen werden. Doch der NAME GOTTES entspricht unserer wahren Natur. Wir können unseren Partner mit »Liebling«, »Schatz«, »Mausebär« oder einer Million anderer Namen ansprechen – es wird immer die gleiche Person antworten. Das muss uns niemand beibringen. Wir *werden* zum NAMEN GOTTES, wenn wir tief in uns gehen.

Wenden wir uns dem tiefsten Ort in uns selbst zu, dann wird alles andere, was wir im Leben wünschen – unser wohltuendes Verlangen; Dinge, die unserem Leben förderlich sind –, allmählich zu uns kommen. Es heißt, dass Hanuman nicht nur Befreiung schenkt, sondern auch alles, was wir brauchen, alles, was gut für uns ist.

Der große Heilige Shirdi Sai Baba, der 1918 seinen Körper verließ, pflegte zu sagen: »Ich gebe den Menschen, was sie möchten, in der Hoffnung, dass sie eines Tages um das bitten, was ich geben möchte.« In gewissem Maß brauchen wir es, jenes zu bekommen, was wir möchten. Unsere grundlegenden Bedürfnisse müssen befriedigt sein, sonst können wir uns nicht auf etwas Tieferes konzentrieren. Maharaj-ji bemerkte immer wieder gerne: »Du kannst einem Hungrigen nichts über Gott erzählen. Gib ihm zuerst etwas zu essen.«

Ein gewisses Maß an sogenanntem Erfolg im Leben kann uns viel lehren, denn wenn wir die Augen offen halten, sehen wir: Zu haben, was wir wollten, vermittelt uns nicht das tiefere Gefühl, nach dem wir uns sehnen. Durch die Wiederholungen des NAMENS wird uns alles, wonach wir verlangen und was gut für uns ist, gegeben werden, und was uns verletzt, wird sich entfernen. So hat es Maharaj-ji gesagt und ich glaube ihm. Maharaj-ji redete nicht aus der Perspektive unserer beschränkten, weltlichen Sicht. Er wusste, wovon er sprach.

Er sagte auch: »Macht nur, singt euer gelogenes *Ram Ram,* euer falsches *Ram Ram.* Macht nur, singt! Eines Tages werdet ihr es *ein*

*Mal* richtig singen – dann werdet ihr frei sein.« Was bedeutet das? Was ist ein falsches *Ram Ram?* Vielleicht eines, das ohne die rechte Hingabe und Liebe gesungen wird.

Einmal wurde Maharaj-ji gefragt: »Soll ich den NAMEN GOTTES auch wiederholen, wenn ich nicht glaube und keine Hingabe spüre?«

Und er antwortete: »Nun, was kannst du machen? Etwas ist besser als nichts. Am Anfang ist man vielleicht nicht völlig bei der Sache, aber im Lauf der Zeit öffnet sich das Herz, und ein reines Verlangen entsteht. Kann man Gott mit menschlichen Augen sehen? Man muss göttliche Sicht haben, um ihn zu sehen, und die ist nur nach der Läuterung des Herzens möglich. Eine gute Lebensweise, Gebete und spirituelle Praxis sind dafür unerlässlich. Geh, rezitiere weiter *Ram Ram,* und eines Tages wirst du ihn von ganzem Herzen anrufen und du wirst gerettet sein.«

*Eines Nachts schrie ein Mann:*
*»Allah! Allah!«*
*Seine Lippen flossen über vor süßem Lobpreis,*
*bis ein Zyniker meinte:*
*»Und? Ich habe dich rufen gehört,*
*aber hast du je eine Antwort erhalten?«*

*Der Mann wusste darauf nichts zu sagen.*
*Er ließ das Beten und fiel in einen verwirrten Schlaf.*

*Im Traum sah er Khidr, den Seelenführer,*
*in üppigem, grünem Laub.*
*»Warum lobpreist du nicht mehr?«*
*»Weil ich nie eine Antwort erhalten habe.«*
*»Die Sehnsucht, die du zum Ausdruck bringst, ist die Antwort.«*

*Der Kummer, aus dem du rufst,*
*zieht dich zur Vereinigung.*

*Deine reine Traurigkeit,*
*die um Hilfe fleht,*
*ist die verborgene Schale.*

*Höre, wie der Hund nach seinem Herrn winselt!*
*Sein Jammern ist die Verbindung.*

*Es gibt Hunde der Liebe,*
*deren Namen niemand kennt.*

*Gib dein Leben,*
*um einer von ihnen zu sein.*

RUMI[16]

Wir neigen dazu, den NAMEN nur mit unseren äußeren Sinnen zu hören, nicht mit unserer inneren Wahrnehmung. Im Westen beschreibt ein Name die äußere Erscheinung von etwas: Wir schauen es uns rundherum an und benennen es. In Indien heißt es, dass der Name und das Benannte das Gleiche sind. Wir Westler sind so abgelenkt, dass wir die tiefere Wirklichkeit nicht ergründen können. Wir sagen *Ram Ram,* aber wir wissen nicht, was damit gemeint ist. In diesem Sinne ist es ein falsches *Ram Ram.* Der Beweis dafür, dass wir den NAMEN falsch sagen, ist, dass wir dabei keine tiefste Erfahrung der Wirklichkeit haben.

Bei vielen Anlässen wird zum Beispiel am Anfang das Mantra *Om* rezitiert. *Om* ist die Totalität des Universums – der Klang, die Schwingung von all den Milliarden von Wesen und Dingen, aus denen das Universum besteht. In der Bibel wird es das »Wort« genannt. Aber wer von uns hat schon eine direkte Erfahrung von »Das Wort war bei Gott und Gott war das Wort«, wenn er *Om* singt? Das nennt Maharaj-ji das falsche *Ram Ram.* Es liegt im NAMEN, im *Om,* aber wir merken es eben noch nicht.

---

[16] Aus *The Essential Rumi* von Jalai Al-Din Rumi, übersetzt von Coleman Barks und John Moyne (HarperOne).

Mein Freund Sri Sacinandana Swami sagte einmal: »Du solltest werden wie ein Blatt auf dem Fluss des NAMENS, ohne eigenen Willen, ganz der Macht und dem Willen des Flusses anheimgegeben. *Japa* [Wiederholung des NAMENS] sollte nicht nur mit dem Mund erfolgen, nicht nur mit dem Geist, sondern mit einem liebevollen Herzen.«

Ich fragte: »Aber wie können Westler dieses liebevolle Gefühl finden, wenn unsere Herzen vom Leben so gebeutelt wurden?«

Er antwortete: »Der NAME wird dein Herz von seinen Narben läutern und reinigen. Dann kann sich die Liebe offenbaren, die in deinem eigenen Herzen lebt.«

Zuerst haben wir vielleicht nur die leise Hoffnung, dass die spirituelle Praxis der Herzensgüte für uns wirksam sein könnte. Aber je mehr wir kleine Veränderungen in unserem Leben bemerken, desto mehr wird aus unserer Hoffnung Vertrauen und schließlich Glaube. Der Komödiant George Carlin trat mit einem berühmten Sketch über Wörter auf, die man im Fernsehen nicht sagen darf, weil manche Menschen sie als störend oder verletzend empfinden. Im Lauf der Jahre habe ich auch so eine Liste von Wörtern angelegt, bei der sich Westler unwohl fühlen. Und ganz oben auf der Liste steht das Wort »Glaube«.

Bei uns im Westen bezieht sich der Begriff »Glaube« in der Regel auf etwas außerhalb von uns, das nicht direkt bewiesen oder erfahren werden kann, das man eben glauben muss. Auf dem Weg des *Dharma,* dem Weg zu echter Freiheit, hat Glaube nichts mit blindem Übernehmen zu tun, sondern beruht auf dem sehr persönlichen Verständnis, dass das, was wir suchen und ersehnen, tatsächlich existiert und gefunden werden kann. Dieses kleine bisschen Glaube ist alles, was nötig ist, um mit dem Erwachen zu beginnen. Wenn wir irgendetwas mit dem sogenannten spirituellen Weg zu tun haben, dann nagt da bereits etwas in uns: ein Verlangen nach einer tieferen

Liebe, eine Sehnsucht nach einem Hafen für unser Herz. Irgendwo in uns, selbst vor unserem bewussten Denken verborgen, *glauben* wir. Es heißt, als menschliche Wesen werden wir von unseren eigenen Herzen durch Sehnsucht in unser Herz gezogen.

Glaube und Hoffnung sind zwei verschiedene Dinge. Wir mögen hoffen, dass sich die Dinge zum Besseren wenden, auch wenn wir nicht recht glauben, dass es möglich ist. Angenommen, wir befinden uns in einem völlig dunklen Raum. Wir haben keine Ahnung, wo wir sind oder wie wir dorthin geraten sind. Wir wissen nicht, ob es einen Ausweg gibt, aber wir hoffen es natürlich. Plötzlich geht eine Sekunde lang das Licht an und wir sehen eine Tür. In diesem Augenblick beginnt sich unser Leben zu verändern. Für mich war diese Tür die Begegnung mit Ram Dass. Es war, schlicht gesagt, das Erwachen des Glaubens. Es kommt auf vielfältige Weise zu uns, aber wenn es da ist, verändert es alles. Selbst wenn das Licht wieder verlöscht, wissen wir jetzt, dass es eine Tür gibt, und wir werden nicht ruhen, bis wir sie gefunden haben.

Glaube beruht auf unserer eigenen Erfahrung, nicht auf dem, was wir gelesen haben oder was uns jemand erzählt hat. »Das fühlt sich richtig an. Das mache ich.« Aus meiner persönlichen Erfahrung begann ich zu erkennen, dass es in der spirituellen Praxis des NAMENS eine Wahrheit gibt. Ich kenne bei Weitem nicht die ganze Wahrheit, und ich habe viele Fehler gemacht. Aber nach einer Weile habe ich gelernt, darauf zu vertrauen, dass ich durch die Praxis des Chantens besser in der Lage bin, hier zu sein und mit dem umzugehen, was gerade ansteht, auch wenn ich mich vielleicht immer noch fürchte. Dieses Selbstvertrauen ist die Kraft, die aus der spirituellen Praxis entsteht.

Wenn ich meine Lehrer anschaue, sehe ich dieses ruhige Selbstvertrauen in ihnen. Ich sehe, welche Erfahrungen sie gemacht haben müssen, um solche Stärke und Weisheit auszustrahlen. Sie wissen, dass sie sich ganz auf sich verlassen können. Sie wissen viel umfassender als ich, was die Wirklichkeit ist, und dass es einen wirklich guten Weg gibt, in der Welt zu leben. Wenn ich auf ihre Erfahrung vertraue, stärkt das meinen Glauben – einen echten, lebendigen Glauben.

Wie der heilige Paulus sagte: »Denn aus Gnade seid ihr selig geworden durch Glauben.« Deswegen riet Maharaj-ji jenem Mann, den Namen weiter zu wiederholen. Bleiben Sie also bei Ihrer spirituellen Praxis, selbst wenn Sie meinen, dass es Ihnen an jeglicher Hingabe fehlt. Schon das Tun ist Hingabe. Durch die beständige Wiederholung dieser NAMEN wird die in uns verborgene Präsenz enthüllt. Das Juwel ist schon da, es liegt nur unter all unseren Geschichten begraben. Diese Praktiken *schenken* uns nicht uns selbst, sie *enthüllen* uns selbst.

> *Gefangen im Sturm, von Wellen zerschlagen,*
> *getrieben von den Winden der Selbstsucht,*
> *geriet das Schiff meines Lebens aus dem Kurs ...*

> *Mein Atem steigt in mir auf,*
> *der Atem meines Herzens,*
> *der süße Atem.*
> *Der heilige Atem führt mich hinein.*

> *Jetzt flaut der Sturm ab*
> *und das Wasser wird ruhiger.*
> *Ich habe eine Zuflucht für mein Herz gefunden:*
> *in dem Hafen des NAMENS.*

KRISHNA DAS

Die Geschichte von Ramana Maharshi schenkt uns noch mehr Glauben an das, was möglich ist. Ramana Maharshi war ein Heiliger, der 1950 seinen Körper verließ. Sein Vater starb, als er noch ein kleiner Junge war, sodass er bei seinem Onkel aufwuchs. Er war ein gewöhnlicher Junge und spielte mit den anderen Kindern. Eines Tages jedoch saß er allein im Wohnzimmer seines Onkels, als er plötzlich das Gefühl hatte, zu sterben. Das unmittelbare Bevorstehen seines Todes zog seinen Geist nach innen. Er fragte sich:

*»Jetzt ist der Tod gekommen. Was bedeutet er? Was stirbt? Nur dieser Körper stirbt. Und ich begann sofort, den Tod durchzuspielen. Ich hielt den Atem an und presste meine Lippen aufeinander und sagte zu mir: Dieser Körper ist tot. Er wird zum Scheiterhaufen getragen und zu Asche werden. Aber wenn der Körper tot ist, bin ich es dann auch? Ist dieser Körper ›Ich‹? Ich bin der Geist, der den Körper transzendiert. Das bedeutet, ich bin das unsterbliche* Atman *[UNIVERSELLES SELBST].«*[17]

In diesem Augenblick erwachte er zum WAHREN SELBST, zu Gott.

Später sagte Ramana Maharshi, seit diesem Augenblick habe sich sein Bewusstsein nie verändert, er habe immer im vollkommenen Bewusstsein des SELBST gelebt, in der Wahrheit. Er verließ das Haus seines Onkels und wanderte zum heiligen Berg Arunachala in Südindien, der seit Jahrtausenden als lebendige Verkörperung Shivas verehrt wird. Dort errichteten seine Schüler irgendwann einen Ashram für ihn und er verbrachte den Rest seines Lebens in der Nähe dieses Berges. Als er im Sterben lag, weinten seine Schüler: »Oh, Bhagavan, du verlässt uns!«

Er schaute sie mitfühlend an und sagte: »Wo sollte ich denn hingehen? Ich bin hier.«

Als Ramana Maharshis Mutter ihn viele Jahre, nachdem er von zu Hause fortgegangen war, in Arunachala wiederfand, wollte sie ihn bewegen, mit ihr heimzukommen. Er sagte zu ihr:

*»Der alles Lenkende steuert das Schicksal der Seelen im Einklang mit ihrem* Prarabdha-Karma *[Bestimmung in diesem Leben als Ergebnis der Handlungen in vergangenen Leben]. Was nicht geschehen soll, wird nicht geschehen, wie sehr du dich auch bemühst. Was geschehen soll, wird geschehen, wie auch immer du es zu verhindern suchst. Das ist sicher. Daher ist es am besten, still zu sein.«*[18]

---

[17] Aus *Face to Face with Sri Ramana Maharshi*, hrsg. von Laxmi Narain (Sri Ramana Kendram).
[18] Ebenda.

Das ist eine sehr tiefgründige Aussage. Als Erstes gilt es in seiner Erklärung zu erkennen, dass alles, was jetzt geschieht, auf vergangenen Handlungen beruht und dass die Zukunft davon abhängt, wie wir uns jetzt verhalten. Schlicht gesagt hat alles seine Ursache. Glück hat seine Ursachen, Unglück hat seine Ursachen. Manche Ursachen sind leicht zu verstehen, andere nicht. Das ist die Grundlage des sogenannten Karmas. Die Gesetze des Karmas sind subtil, aber es ist offensichtlich: Wenn unsere momentanen Gedanken wie Wellen sind, ausgelöst durch einen Sturm, der weit draußen auf dem Meer in unserer Vergangenheit stattgefunden hat, dann bestimmt unsere Art, diesen Wellen zu begegnen, wie lange sie noch weiterlaufen. Wenn wir uns hilflos von ihnen umherwerfen lassen, erzeugen wir noch mehr Wellen. Wenn wir einen Weg finden, nicht zu reagieren, können wir die Wellen beruhigen. Das erzeugt dann eine friedvollere Gegenwart und Zukunft.

Wenn Ramana uns lehrt, still zu sein, meint er damit nicht, dass wir schweigen sollen. Er bezieht sich vielmehr auf die große Stille des SELBST, auf die Stille Gottes. Er rät uns, in der Präsenz Gottes, unseres WAHREN SELBST, gelassen zu bleiben und aus diesem tiefen Zustand der Erwachtheit mit allem umzugehen, was uns begegnet. Zunächst müssen wir diese Präsenz jedoch finden. Dafür brauchen wir viel Einsatz und Gnade. Aber sie kann gefunden werden – egal wo wir leben und wie unser Leben aussehen mag. Johannes vom Kreuz hat es so ausgedrückt:

>»Ein Wort hat der ewige Vater gesprochen und dieses Wort war Sein Sohn; und Er spricht Ihn zu uns im ewigen Schweigen. Und im Schweigen soll die Seele dieses Wort vernehmen.«[19]

---

[19] Aus *The Living Flame of Love* vom heiligen Johannes vom Kreuz (Cosimo Classics).

Viele Westler versuchen, sich in eine östliche Form zu bringen, als
wäre das spiritueller. Wir sind fasziniert von Geschichten über Yogis
mit magischen Kräften, die jahrelang in Höhlen meditieren. Uns entgeht jedoch, dass wir bereits in einer Höhle wohnen würden, wenn es
uns bestimmt wäre, dort zu leben. Wenn es zur fixen Idee wird, alles
zurückzulassen und im Himalaja in einer Höhle zu leben, brauchen
wir gar nicht erst hinzufahren. Selbst wenn wir die Höhle fänden,
würden wir doch alles mit uns mitbringen. Unser Verstand hört nicht
auf, zu arbeiten, nur weil wir kein Fernsehgerät haben. Einsam und
ohne jede Ablenkung springen uns unsere Geschichten unmittelbar
ins Gesicht und wir haben keine Werkzeuge, um damit umzugehen.
Wozu also?

»Entsagung« ist ein weiterer oft missverstandener Begriff. Entsagung bedeutet nicht neurotische Selbstverleugnung. Das Sanskrit-
Wort *Vairagya* bedeutet übersetzt: »das natürliche Wegfallen der
Faszination durch weltliche Dinge«. Maharaj-ji hat oft gesagt, wenn
der rechte Zeitpunkt gekommen ist, wird die Anhaftung wegfallen.
Er forderte nur selten jemanden auf, Dinge aufzugeben, an denen
sie hingen, selbst wenn sie ihnen schaden konnten. Alles in unserem
Leben hat seinen Grund. Viele Haushaltsvorstände, Leute mit Familie, erwachen und erkennen Gott – es widerfährt nicht nur Mönchen
und Enthaltsamen. Viele verschiedene Wege führen zum gleichen
Ziel: Liebe fließt in Liebe.

Ramana Maharshi war ein *Gyani,* er folgte dem Weg des Wissens oder der Selbsterkenntnis. Er sagte, *Gyanis* erführen *nach* der
Erleuchtung, was *Bhaktis* (die dem Weg der Ergebenheit und Hingabe folgen) auf dem Weg *zur* Erleuchtung, zum Verschmelzen erleben. Die einen erleben all die Seligkeit und die Liebe nach Vollendung der Reise, die anderen schon auf dem Weg. Aber es ist alles das
Gleiche. Es ist alles EINS.

»Alles EINS«
(Mit freundlicher Genehmigung von Balaram Das)

Oft saßen wir bei Maharaj-ji und er schaute uns an und hielt einen Finger hoch, als wollte er uns schelten. Wir wussten, dass er alles wusste – Vergangenheit, Gegenwart und Zukunft –, deshalb hatten wir jeweils keine Ahnung, worauf er sich gerade bezog. War es etwas, das wir getan hatten, gerade taten oder tun würden? Eines Tages fragte ihn schließlich jemand: »Maharaj-ji, was bedeutet es, wenn du das tust?«

Er sah uns eindringlich an und hielt seinen Zeigefinger vor uns hoch. Dann hob er alle fünf Finger einzeln hoch, wedelte damit herum und hielt schließlich wieder den Zeigefinger empor. Und er sagte: »Viele Namen, viele Formen ... *Sab ek,* alle EINS.«

Eine Welle auf dem Meer besteht aus nichts als Wasser. Die Oberfläche des Meeres wird vom Wind bewegt und bildet Formen, die wir »Wellen« nennen. Auf einer Ebene ist das ganz verständlich, aber es ist auch wahr, dass die Welle nichts ist und nie etwas anderes war als Wasser. Wenn wir uns mit der Welle identifizieren, glauben wir: »Ich bin eine Welle.« Wenn wir uns mit dem Wasser identifizieren, gibt es nur Wasser, und das Wellige wird als etwas Relatives erkannt. Als Menschen identifizieren wir uns mit dem Körper (der Welle) und fühlen uns von anderen Körpern (Wellen) getrennt. Wenn wir tiefer in uns gehen, befreien wir uns von dieser Denkungsart und erfahren, dass wir das Meer des Einsseins sind. Das Chanten bringt uns der Erkenntnis dessen, wie die Dinge *unterhalb* der Oberfläche sind, näher, denn die NAMEN kommen von dem Ort, der tiefer liegt als die Wellen.

Das EINE, das SELBST, Gott, das reine Bewusstsein, das mich durch Ihre Augen anschaut, ist das gleiche reine Bewusstsein, das Sie durch meine Augen ansieht. Einssein bedeutet jedoch nicht, dass wir unsere Individualität nicht würdigen sollen. Je bewusster wir uns des Einsseins sind, desto mehr spiegelt sich das in unserem individuellen Leben wider. Dann sind wir nicht mehr nur mit unserer kleinen, getrennten, individuellen Welt beschäftigt und harmonischere Qualitäten können in unser Leben fließen.

Wir können uns aus dem Gefühl der Getrenntheit nicht herausdenken, aber wenn wir eine spirituelle Praxis üben, reißen wir die Mauern, die wir um unser Herz errichtet haben, allmählich nieder. Wir werden mehr wir selbst, nicht weniger. Was haben wir schon zu verlieren, außer Angst und Unzufriedenheit? Alles, was uns zurückgehalten oder beschränkt hat, fängt an, aus unserem Leben zu verschwinden. Wir werden zu Frieden. Keine Anstrengung ist nötig, ihn aufrechtzuerhalten. Das ist Liebe. Echte Liebe. Das ist Herz. Dieser Zustand, diese Präsenz, ist Herz. Es ist kein Gefühl, das kommt und geht – es ist, was wir *sind*.

Einmal fragte ich einen Heiligen, den ich besuchte: »Wie kann ich meinem Guru näherkommen?« Er sah mich völlig verblüfft an und antwortete: »Was jetzt gerade durch deine Augen schaut, ist dein Guru.«

*Lass deine Gedanken vorüberfließen, ruhig;*
*bleib mir nah, in jedem Augenblick;*
*vertraue mir dein Leben an, denn ich*
*bin du, mehr als du selbst es bist.*

BHAGAVAD GITA[20]

Für mich ist Maharaj-ji diese Präsenz der Liebe, dieser Zustand der Liebe. Als ich körperlich bei ihm war, war sie nur da, in jenem Körper. Aber jetzt ist diese Liebe überall. Wohin ich auch schaue – wenn ich hinschaue, kann ich sie finden. Und wenn ich singe, denke ich dabei nicht an seine physische Form. Ich singe für dieses Jetzt, dieses Hier, diese Präsenz der Liebe. Diese Präsenz öffnet sich und wird tiefer und tiefer und tiefer.

Sie ist eine tiefere Version unserer selbst, tiefer, als wir selbst es von uns kennen. Wir werden mehr zu uns selbst. Wir fühlen uns wohler mit uns selbst, entspannter, gelassener. Sie kann nicht irgendwo anders sein, als wo wir sind. Unmöglich. Sie ist immer präsent. Zu lernen, wir selbst zu sein, das Leben als Lehrer zu betrachten und nicht als etwas, das uns nun mal widerfährt – all das beruht auf dem Glauben, dass es da etwas zu lernen gibt, etwas, wohin wir uns entwickeln können. Wie es schon in dem alten Spruch heißt:

*Ohne Gnade kein Glaube.*
*Ohne Glaube keine Hingabe.*
*Ohne Guru keine Gnade.*

༄༅། ༄༅།ༀ་ཨ་ར་པ་ཙ་ན་དྷཱིཿ

---

[20] Aus *The Enlightened Heart,* hrsg. von Stephen Mitchell (Harper Perennial).

Dada in seinem Haus in Allahabad, 1980

# IN DEN FUSSSPUREN DER LIEBE: DADA

Es gibt jene, von denen wir lernen können: zuverlässige Beispiele des Glaubens und der Ergebenheit. Dass wir überhaupt etwas über einen Weg wissen, verdanken wir nur den großen Wesen, die vor uns gegangen sind. Aus Liebe und Güte haben sie uns Fußstapfen hinterlassen, denen wir folgen können, Fußspuren der Liebe. Abgesehen von der Zeit, die ich mit meinem Guru verbringen durfte, hatte ich das Glück, vielen großen Heiligen meiner Generation begegnet zu sein. Ich verneige mich vor ihnen allen und danke ihnen für das, was sie sind und wie sie mich inspiriert haben. Ich hatte auch die wundervolle Gelegenheit, viel Zeit mit den älteren Devotees von Maharaj-ji zu verbringen. Viele von ihnen kannten ihn fast ihr ganzes Leben lang, und sie ließen mich viele Jahre, nachdem er seinen Körper verlassen hatte, großzügig an ihrer Liebe und Weisheit teilhaben.

Sudhir Mukerjee, den Maharaj-ji »Dada« nannte, war einer der leitenden Ökonomie-Professoren an der Universität von Allahabad. Vor seiner Begegnung mit Maharaj-ji glaubte er nicht an Gott und nahm an keinen religiösen Aktivitäten oder Ritualen teil.

Eines Tages wollte seine Frau Kamala – sie wurde »Didi«, das heißt »ältere Schwester«, genannt – aus dem Haus gehen. Dada saß mit Freunden zusammen und fragte sie, wohin sie wolle. Sie erklärte, im Haus gegenüber sei ein Baba zu Besuch; sie habe vor, zu seinem *Darshan* zu gehen. Sowie der Baba Kamala sah, schickte er sie fort. Sie mochte nicht fortgehen, also blieb sie sitzen. Nach wenigen Minuten sagte ihr der Baba wieder, sie solle gehen, aber sie blieb. Da sprach er sie mit Namen an: »Kamala, die bengalischen Freunde deines Mannes sind da; geh und serviere ihnen den Tee. Ich komme morgen wieder.« Also musste sie gehen. Nach ihrer Heimkehr erzählte sie Dada von der Geschichte. Er staunte und wurde neugierig. Er beschloss, den Baba am nächsten Tag zu besuchen.

Sobald Dada am Morgen den Raum betreten hatte, in dem der Baba saß, erhob sich dieser, nahm ihn an der Hand und ging rasch mit ihm aus dem Haus und über die Straße. Als sie Dadas Haus betraten, sagte der Baba: »Von nun an werde ich bei euch wohnen.« Um einen von Dadas Lieblingssätzen zu verwenden: »Könnt ihr euch das vorstellen!« Das nennt man *Lila!*

Dieser Baba war Maharaj-ji und von diesem Zeitpunkt an wohnte er, wann immer er in Allahabad war, in Dadas Haus. Im Lauf der Zeit wurde Dada zu einem seiner engsten und am meisten bevorzugten Devotees. Dada hat über sein Leben mit Maharaj-ji zwei Bücher geschrieben: *By His Grace* und *The Near and the Dear*. Darin erzählt er viel von den älteren Devotees Maharaj-jis, die ihn unter ihre Fittiche nahmen. Es war Dada, der mir im Wesentlichen beibrachte, wie man ein ergebener Devotee ist.

Für mich war es ähnlich wie für viele andere Westler: Die Tiefe von Dadas Liebe und Ergebenheit gegenüber Maharaj-ji war unergründlich, und Geschichten über Maharaj-jis *Lilas* strömten ihm von den Lippen wie ein Fluss in der Regenzeit. Wir badeten in der Liebe, der Freude und dem Humor, der sich in alle Richtungen verbreitete, wenn Dada sprach. Es gab immer wieder neue Geschichten, aber selbst jene, die ich schon hundert Mal gehört hatte, brachten mich immer wieder tief in die Präsenz meines Gurus.

In einem Sommer hielt sich Dada während der Sommerferien seiner Universität in Kainchi auf. Er verbrachte den ganzen Tag mit Maharaj-ji. Zu jener Zeit rauchte Dada noch Zigaretten. In gewissen Abständen schaute Maharaj-ji ihn an, machte eine Bewegung, als würde er rauchen, und sagte: »Dada, geh und nimm dir deine zwei Minuten.« Zusammen mit zwei anderen Westlern, die im Tempel lebten, wartete ich in einem unserer Zimmer auf ihn. Wir hatten *Chai* vorbereitet und seine Lieblingszigaretten mitsamt einem Aschenbecher besorgt. Dada setzte sich zu uns, trank und rauchte und erzählte Geschichten von Maharaj-ji. Es war wie im Himmel. Plötzlich hielt er mitten im Satz inne, wandte den Kopf in Richtung von Maharaj-jis Räumen und drückte die Zigarette aus. Dann erst hörten wir Maharaj-ji »Dada!« rufen. Es geschah viele Male. Dada spürte, dass sich Maharaj-jis Ruf in seine Richtung wandte, und war bereits auf dem Weg zur Tür, wenn seine Stimme unsere Ohren erreichte.

Während meiner Jahre in Indien hielt sich Maharaj-ji im Winter meistens in Dadas Haus in der Church Lane in Allahabad auf. Er nannte es sein Winterlager. Viele der westlichen Devotees verbrachten den Winter irgendwo in der Nähe, nahmen am *Darshan* teil und wurden mit unglaublichen Mengen an Essen gefüttert, das die örtlichen Devotees bereitstellten. Es war wie ein Hauptbahnhof der Liebe: Den ganzen Tag kamen und gingen Devotees und ständig wurde Kirtan gesungen. Alle lächelten und waren glücklich, in Maharaj-jis Nähe zu sein.

Während dieser Zeit nannte Maharaj-ji mich »Fahrer« und ich trug die Schlüssel des VW-Busses ständig bei mir. Insgeheim hoffte ich, dass ich eines Tages Gelegenheit haben würde, Maharaj-ji irgendwohin zu chauffieren. Und tatsächlich, als ich eines Nachmittags bei Dada zur Tür eintrat, fragte mich Maharaj-ji, ob ich die Schlüssel bei mir hätte.

Ich bejahte, worauf er sagte: »Na, dann los.«

Wir gingen aus dem Haus zum VW-Bus. Dada hielt Maharaj-ji an der Hand und öffnete für ihn die Beifahrertür. Der Sitz war recht hoch, sodass er sich mit Schwung hinaufbefördern musste und sich dabei ziemlich stark den Kopf am Türrahmen anstieß. Ich bekam einen furchtbaren Schreck und rief: »Dada! Hast du das gesehen?!«

Dada schloss die Tür hinter Maharaj-ji, sah mich an und sagte nur: »Er hat es absichtlich getan. Jetzt fahr los.« Das ist Ergebenheit! In Dadas Welt war alles, was geschah, Maharaj-jis Werk, und alles, was er tat, geschah mit Absicht. Er akzeptierte alles als Maharaj-jis *Prasad,* als seine Gabe. Wenn jemand kam, dann weil Maharaj-ji ihn gerufen hatte. Wenn jemand ging, dann weil Maharaj-ji ihn weggeschickt hatte.

Als ich ihn kennenlernte, war Dada bereits ein »gut gebackener« Devotee und zweifelte nicht im Geringsten daran, dass Maharaj-ji Gott in menschlicher Form war. Den meisten Westlern mag das extrem erscheinen, aber für Dada war dies Maharaj-jis Welt und alles und jeder tanzte nach seiner Pfeife.

Auf dem Weg der Ergebenheit tauchen wir so tief in die liebende Präsenz ein, dass es zu *Hingabe* wird. Allerdings ist es keine Hingabe, die man tun kann – sie geschieht, wenn wir in der Liebe reifen. Hingabe bedeutet das Gleiche wie »ganz im Augenblick sein«. Maharaj-ji pflegte zu sagen: »Guru, Gott und SELBST sind EINS.« Ganz hier zu sein bedeutet: Wir ruhen in diesem Bewusstsein; wir gehen aus diesem Bewusstsein heraus mit allem um, was geschieht, und nehmen alles so an, wie es ist. Selbstverständlich versuchen wir weiterhin, jenes zu verändern, was der Veränderung bedarf, aber unser Tun entsteht aus einer anderen Haltung, frei von jeder Erwartung. Wenn wir uns noch Sorgen machen, angespannt und ängstlich sind, haben wir uns nicht wirklich hingegeben. Plappert der Verstand weiterhin wie besessen vor sich hin und glauben wir immer noch alles, was er uns weismachen will, haben wir uns nicht wirklich hingegeben. Hingabe ist das Ziel auf dem Weg der Ergebenheit. Für mich bedeutet Hingabe, mich in der Liebe zu verlieren.

Jedenfalls ging es Maharaj-ji offenbar gut; also stieg ich in den Wagen und fuhr los. Ich war so aufgeregt! Ich sollte zum Sangam fahren, dem Zusammenfluss der drei heiligen Flüsse (Ganges, Yamuna und der unsichtbare Sarasvati). Dort finden immer die großen *Melas* statt. Während der ganzen Fahrt gab sich Maharaj-ji sehr nervös und ängstlich: »Pass auf! Pass auf! Langsamer! Vorsicht! Siehst du den Mann dort? Fahr ihn nicht um!« So ging es die ganze Zeit. Als wir endlich am Ziel ankamen und ich anhielt, meinte er nur: »Gut. Jetzt lass uns zurückfahren.« Ich wendete und fuhr ihn zurück nach Hause. Das war's. Es war das einzige Mal, dass ich Maharaj-ji chauffieren durfte.

Kurze Zeit danach fuhr ich mit Ram Dass und zwei anderen Devotees von Allahabad nach Delhi. Ich saß am Steuer, als wir zu einer scharfen Kurve kamen, direkt neben einem Wasserreservoir. Mir war klar, dass ich viel zu schnell fuhr; wir würden es nie um die Kurve schaffen und direkt ins Wasser rauschen. Genau in diesem Augenblick kam ein heftiger Windstoß und drückte uns zurück auf die richtige Straßenseite, in Sicherheit. Ich erinnerte mich sofort daran, wie Maharaj-ji sich den Kopf am Auto gestoßen hatte. Ich spürte, er hatte gewusst, dass dies geschehen würde, und uns damit vor dem sicheren Tod gerettet.

In den Jahren nachdem Maharaj-ji seinen Körper verlassen hatte, verbrachte ich viel Zeit in Dadas Haus in der Church Lane. Es war ein Segen, bei ihm sein zu dürfen, vor allem weil er über nichts anderes sprach als über Maharaj-ji. Er war völlig in Maharaj-jis Liebe versunken. Bei ihm zu sein, war ansteckend und erhebend und öffnete in mir neue Kanäle der Liebe. Die Intensität seiner Ergebenheit gegenüber Maharaj-ji sprang auf mich über. Er zeigte mir, dass es möglich war, tief in Liebe zu leben, und dass man dafür keine besonderen »Auszeichnungen« brauchte. Dada war einfach ein Mensch, der außergewöhnliche Liebe ausstrahlte und uns alle, die wir in Maharajjis Namen kamen, mit Güte und Freundlichkeit umfing.

Zu einem gewissen Zeitpunkt eines meiner Besuche hatte Dada wohl das Gefühl, dass ich ihn zu sehr verehrte. Er sagte: »Krishna Das, ich bin dir vielleicht ein oder zwei Schritte voraus, und du bist vielleicht anderen ein oder zwei Schritte voraus, aber wir sind alle noch auf dieser Seite – nur *er* ist schon jenseits.«

Ein anderes Mal, als ich in Dadas Haus in Allahabad ankam, holte er den Schlüssel zu meinem Zimmer und ich folgte ihm die Treppe hinauf. Inzwischen war er über achtzig Jahre alt und bewegte sich nur noch sehr langsam. Als wir oben angekommen waren, seufzte er: »Oh, Krishna Das, es ist so schwer, hochzukommen …« Und während er den Schlüssel ins Schloss steckte, drehte er sich mit einem spitzbübischen Lächeln zu mir um und meinte: »… und so leicht, abzusteigen.« Wir lachten beide. Er neckte mich, weil er mich davor warnen wollte, ein zu aufgeblasenes spirituelles Ego zu entwickeln.

1989 kam ich nach Allahabad mit der Absicht, an der *Kumbh Mela* teilzunehmen. Während dieser Zeit wollte ich im Camp eines Heiligen wohnen, den ich kennengelernt hatte. Ich reiste ein paar Tage früher an, um ein wenig Zeit bei Dada zu verbringen. Dada verstand nicht, warum ich zur *Mela* wollte und überhaupt Zeit mit anderen Heiligen verbringen wollte, aber er sagte nichts dazu. An jenem Tag, als ich umziehen sollte, schickte der Heilige einen seiner Schüler, um mich und einige andere Westler zu seinem Camp zu bringen. Dieser Bote war sehr hochnäsig und arrogant und benahm sich gegenüber Dada respektlos, obwohl dieser viel älter war als er.

Dada packte mich am Arm, zog mich in den Raum, den er für Maharaj-ji bereitet hatte, und schloss die Tür hinter uns. »Krishna Das, ich muss dir etwas zeigen.« Im Zimmer stand ein alter *Almirah* (Schrank). Er langte oben auf den Schrank, zog einen Schlüssel herunter und öffnete damit die Tür. Er griff tief hinein und holte etwas heraus, das in ein schäbiges altes Tuch gewickelt war. Er hielt es vor mich und fragte: »Siehst du das?«

»Nein. Was?«

Er wickelte es aus und zeigte mir eine matte, zerbeulte, billige kleine *Lota* (Aluminiumschüssel). Eindringlich blickte er mich an und fragte wieder: »Siehst du das? Er hat es mir hinterlassen, als er gegangen ist. Siehst du das?«

»Nein, Dada, ich sehe nicht, was du meinst.«

Er schaute mich mit blitzenden Augen an. »Du brauchst nicht zu glänzen. Du brauchst nicht zu glänzen.«

Dann wickelte er die Schüssel wieder in das schäbige Tuch und legte sie ganz zuunterst in den Schrank, verschloss die Tür, versteckte den Schlüssel oben auf dem Schrank und verließ den Raum.

Mir klang noch sein »Du brauchst nicht zu glänzen« in den Ohren, während ich da stand. Ich werde es nie vergessen. Es war seine Art, mich auf die Hochnäsigkeit jenes Anhängers hinzuweisen. Wieder einmal lehrte mich Dada, dass sich wahre Liebe demütig und bescheiden zum Ausdruck bringt. Sie lässt uns nicht strahlend und glänzend im Rampenlicht stehen. Wahre Spiritualität macht weichherzig und bescheiden. Eine Schale muss nicht aus Gold sein, um mit dem Nektar der Liebe gefüllt zu werden.

In einem Jahr hatte ich zusammen mit den Tewaris Dada besucht. Die Tewaris warteten schon im Auto auf mich, um abzufahren, als mich Dada in sein Zimmer rief. Er hielt ein Buch über die große Heilige Anandamayi Ma in der Hand. Er zeigte mir ein Bild des Autors, der selbst ein ehrenwerter Sadhu ist. Dann blätterte er durch das Buch, bis er die von ihm gesuchte Seite fand. »Lies das!«

Da stand Folgendes:

*»Anfang der 1980er-Jahre lebte ich mit Mataji [Anandamayi Ma] in einem ihrer Ashrams und wir gingen Neem Karoli Baba besuchen. Er lebte in einer nahe gelegenen Höhle, wo er sich vor seinen Devotees versteckte. Wir brachten ihn mit zurück zum Ashram, wo er ein paar Tage mit uns verbrachte, bevor er wieder in seine Höhle zurückkehrte.«*

In diesem Augenblick kam Tewari herein. Er war verärgert, dass ich sie alle im Auto warten ließ. Ich bat ihn, den Abschnitt zu lesen.

»Na und?«, meinte er, nachdem er ihn überflogen hatte. »Was soll daran Besonderes sein? Wir wissen, dass Maharaj-ji und Mataji einander gut kannten.«

»Baba, das war 1982.«

»Und?«

»Baba, Maharaj-ji ist 1973 gestorben.«

»Oh!« Er wurde blass. In diesem Moment nahm Dada das Buch und legte es weg. Wir stiegen ins Auto und fuhren zurück nach Lucknow. Diese Geschichte hat mich zwei Dinge gelehrt: Zum Einen war klar, dass Dadas Wertschätzung von Maharaj-ji weit über mein Begriffsvermögen hinausging und dass der Umfang von Maharaj-jis Werk in der Welt wohl nie ganz begreifbar sein würde. Zum Zweiten lernte ich etwas noch Erstaunlicheres: Wenn ich irgendwie der Meinung wäre, dass Maharaj-ji auf magische Weise noch irgendwo in einem physischen Körper lebte, würde ich wie verrückt durch den Dschungel rennen, um ihn zu finden. Die Tatsache, dass Dada glaubte, dass er noch im Körper war, und dass er nicht versuchte, ihn zu finden, war ein Zeichen dafür, wie unendlich tief seine Hingabe war. Er war mit dem zufrieden, was Maharaj-ji ihm gegeben hatte, und kümmerte sich um nichts anderes, als in seiner liebenden Präsenz zu leben.

Viele Male, wenn ich bis spät in die Nacht mit Dada auf seiner Veranda war, saßen wir nur schweigend nebeneinander. Während er rauchte und in die Nacht hinausstarrte, versuchte ich, mich auf seinen Strom der Ergebenheit einzustimmen. Dann tauchten in meinem Kopf viele Kurzfilme von Maharaj-ji auf. Ich erkannte, dass Dada ganz in die Gedanken seines geliebten Gurus eingetaucht war. Ich betete, dass ich eines Tages auch so sein könnte.

# Liebe – diene – erinnere

In Long Island, wo ich aufgewachsen bin, gab es weit und breit niemanden wie Dada in meinem Leben. Als Siebzehnjähriger verbrachte ich meine Freizeit mit ein paar Freunden (illegal) in einer Bar. Eines Nachts habe ich mich schwer mit Singapore Slings betrunken und mein erstes Gedicht geschrieben:

> *In den Spiegel will ich gehen,*
> *das Ich zu finden, das andre sehen.*
> *Aus dem Spiegel komm ich dann,*
> *sicher, dass ich EINS sein kann.*

Mein Selbstwertgefühl war so gering und durcheinander, dass ich dachte, ich könne mich finden, wenn ich mich nur so sähe, wie andere mich wahrnehmen. Aber so verwirrt ich auch war, ich war immer auf der Suche nach etwas. Ich musste lernen, mich in der Liebe zu verlieren, und ich hatte ein gutes Beispiel für jemanden, der sich in der Liebe verloren hatte: Jesus Christus.

Ich war völlig überrascht, als Maharaj-ji anfing, zu uns Westlern über Jesus zu reden. Er sagte Dinge wie: »Hanuman und Christus sind dasselbe.« Na toll! Habe ich dafür Long Island hinter mir gelassen? Bin ich Tausende von Meilen um die Welt gereist, um das zu hören? Wie Lama Surya Das es ausdrückt, bin ich elterlicherseits jüdisch aufgewachsen, insofern hatte ich zu Jesus keine besondere Beziehung. Als Kind bin ich sonntags früh aufgestanden und habe im Fernsehen Cartoons angesehen. Wenn ich dabei durch die Kanäle geschaltet habe, sah ich Männer, die auf das schwarze Buch pochten und in Jesu Namen die Leute anschrien. Ich erinnere mich auch an den Tag, als meine katholischen Freunde aus ihrem ersten Kommunionsunterricht kamen und mir erklärten, ich hätte Jesus umgebracht. Ich konnte mich nicht erinnern, irgendjemanden getötet zu haben! Das war's dann für mich, was die organisierte Religion betraf. Von da an hatte ich nur noch etwas für unorganisierte Religionen übrig.

Es war also ein ziemlicher Schock für uns, als Maharaj-ji anfing, uns etwas über Christus zu erzählen. Zuerst dachten wir, er tue das, weil es bei uns zu Hause die übliche Religion ist, aber er sprach darüber so gefühlvoll und zärtlich, dass wir beschlossen, vielleicht selbst mal in die Bibel zu schauen.

Eines Sonntagmorgens versammelten wir uns also. In unseren heiligen weißen Klamotten setzten wir uns im Evelyn-Hotel, wo wir wohnten, auf die Veranda und lasen uns gegenseitig laut aus der Bibel vor. Hier oben im Himalaja klang das alles ganz anders. Vollkommen anders. Es war erstaunlich. Die Liebe, von der Jesus sprach, war die gleiche Art von Liebe, von der auch unser Guru redete. Die gleiche Liebe, die gleiche mächtige Wahrheit, das Mitgefühl und null Toleranz für Bullshit. Hier in Indien bei Maharaj-ji konnten wir das zum ersten Mal spüren. Durch ihn erkannten wir, dass Jesus das Gleiche meinte. Wir waren hier mit jemandem zusammen, der uns auf eine Art liebte, die wir uns nie hatten träumen lassen, ganz ähnlich wie Jesus seine Leute geliebt hatte.

Eines Tages kam ein Kanadier zu Maharaj-ji. Es war sein erster *Darshan* und er wusste nicht viel über Maharaj-ji. Er kam auf Ram Dass' Empfehlung. Maharaj-ji hielt keine Vorträge und gab keine formalen Lehren aus. Er schrieb keine Bücher und hat meines Wissens auch nie jemanden formell initiiert. Er strahlte einfach wie die Sonne. Blumen müssen auch nicht einer Anweisung folgen, um in der Sonne aufzublühen. Als Maharaj-ji den Kanadier fragte, warum er hier sei, wusste dieser nicht recht, was er antworten sollte. Schließlich meinte er: »Kannst du mir beibringen, wie man meditiert?«

Maharaj-jis Antwort lautete: »Meditiere wie Christus. Geh, setze dich dort hinten zu den anderen Westlern!«

Der Mann kam zu uns und wir fragten ihn nach seinem *Darshan*. Er erzählte uns, Maharaj-ji habe ihm aufgetragen, zu meditieren wie Christus. Zuerst waren wir überrascht. »Wie? Meditieren wie Christus? Was soll das heißen?« Dann dachten wir darüber nach. Wir hatten oft versucht, von Maharaj-ji Anweisungen zu unserer Praxis zu bekommen, aber er hatte uns nie eindeutige Anweisungen über Yoga oder Meditation gegeben. Und jetzt sagte er so etwas. Das bedeutete, dass er wusste, wie Jesus meditiert hatte. Wir beschlossen, ihn danach zu fragen. Wir waren ganz aufgeregt – endlich würden wir die geheimen Lehren erfahren!

Als Maharaj-ji später am Tag zu uns hinten in den Tempel kam, um bei uns zu sitzen, überbrachte ihm Ram Dass das Thema, das uns alle beschäftigte. »Du hast gesagt: Meditiere wie Christus. Wie hat er denn meditiert?«

Es schien als wollte Maharaj-ji zu einer Antwort anheben, aber dann schloss er die Augen und saß vollkommen still da. Absolut still. Es fühlte sich an, als wäre er komplett verschwunden. In all der Zeit, die ich bei ihm war, hatte ich ihn nur ganz selten so bewegungslos dasitzen sehen. Es war außerordentlich eindrucksvoll, als wäre das ganze Universum zur Ruhe gekommen. Dann lief ihm eine Träne die Wange hinunter. Bewegungslos verharrten wir in tiefer Ehrfurcht. Nach ein paar Minuten öffnete er die Augen ein wenig und sagte sehr bewegt: »Er verlor sich in Liebe, so hat er meditiert. Er war EINS mit allen Wesen. Er liebte jeden, selbst die Leute, die ihn gekreuzigt haben. Er ist nie gestorben. Er ist *Atman* [die große Seele]. Er lebt in den Herzen aller. Er verlor sich in Liebe.«

Wieder einmal hatte Maharaj-ji die Sache direkt ins Herz getroffen. Ich staunte. Nach nichts sehnte ich mich mehr als nach der Fähigkeit, mich selbst in Liebe zu verlieren, und doch schien mir nichts ferner zu liegen.

*Es ist leicht, die Hitze des Feuers zu ertragen,*
*und es ist möglich, auf des Messers Schneide zu balancieren.*

*Aber eine unwandelbare Liebe aufrechtzuerhalten,*
*gehört zu den schwierigsten Dingen.*

KABIR[21]

Ich wusste, dass es wahr war, weil er es gesagt hatte. Und weil er es gesagt hatte, wusste ich, dass es möglich war. Das ergab für mich einen großen Unterschied. Es veränderte meine Ansichten über Meditation. Bis dahin hatte ich gedacht, Meditation sei ein Ringkampf mit meinem Geist, ohne dass ich eine klare Richtung dabei hatte. Jetzt erkannte ich, dass alles, was mir in meinem Leben mit Maharaj-ji widerfuhr, in diese Richtung wies: zu der Fähigkeit, mich in Liebe zu verlieren. Das ist es, wo Maharaj-ji lebt.

In der *Bhagavad Gita* spricht Sri Krishna als Verkörperung dieses Zustands:

> *Und wenn er mich in allem sieht und alles in mir,*
> *dann verlasse ich ihn nie und er verlässt mich nie.*
> *Und er, der in dieser Einheit der Liebe*
> *mich liebt in jeglichem, was er sieht –*
> *wo immer dieser Mensch leben mag,*
> *in Wahrheit lebt er in mir ...*

Das Problem liegt darin, dass alles, was in diesen Büchern steht, *vollkommen wahr* ist. Es ist ein Problem, weil es bedeutet, dass da wirklich etwas zu finden ist und dass es nur an uns liegt, es zu tun. Es ist die Essenz von allem, wonach wir in unserem Leben suchen und streben. Wir haben es hier, wir haben es überall. Wenn wir es nicht hier drin haben, haben wir es nirgends. Und wir sehen es außen in dem Maße, wie wir es innen haben. Es gibt keinen Unterschied zwischen unserem »spirituellen« Leben und unserem »normalen« Leben.

Eines Tages sagte Maharaj-ji zu Mr. Tewari: »So, du bist doch ein Brahmane, du solltest alles wissen. Sag mir, was hat Krishna in der *Gita* gelehrt?«

Tewari wusste, dass es eine Falle war und es kein Entkommen gab,

---

[21] Aus *Sufis, Mystics, and Yogis of India*.

aber er antwortete so, wie es die meisten Menschen getan hätten: »Er lehrte *Nishkama Karma,* selbstlosen Dienst oder ›wunschloses Handeln‹.«

»Ihr elenden Brahmanen«, schimpfte Maharaj-ji, »immer führt ihr die Menschen in die Irre. Nur Gott kann selbstlos dienen.«

Zu einem anderen Zeitpunkt gab er die Anweisung: »Geht und folgt getreulich im Denken, Reden und Handeln dem bekannten Weg. Nur dann wird Gott in euren Herzen wohnen und ihr werdet zum *Nishkama Karma* fähig sein. Die Fähigkeit zu *Nishkama Karma* kann nur durch Gnade erlangt und nicht auf anderem Wege erworben werden. Niemand hat ein Recht auf diese Gnade. Es obliegt Gott, sie zu geben, sie zu versagen oder sie zurückzunehmen.«

Das ist ein tiefes Thema. Maharaj-ji sprach ständig über den Dienst an anderen, aber erwähnte nie das Wort *Karma Yoga.* Er förderte keine Gedanken an »selbstsüchtige« spirituelle Praktiken, durch die wir für uns selbst spirituelle Verdienste erwerben können. Er forderte uns einfach auf, uns um andere zu kümmern. Er trug uns nie auf, zu meditieren. Wenn wir ihn fragten, wie wir Gott finden könnten, sagte er: »Dient den Menschen.«

Wir verstanden es nicht. Also fragten wir: »Wie können wir die *Kundalini* [spirituelle Energie, die am unteren Ende der Wirbelsäule ruht] zum Aufsteigen bringen?«

Er antwortete: »Gebt den Menschen zu essen und erinnert euch an Gott.«

Es verwirrte mich zu jener Zeit, weil ich so sicher war, dass ich irgendetwas Spezielles tun müsste, eine besondere Praxis, ein geheimes Mantra sagen, um mich von meinem Unglücklichsein zu heilen. Das Einzige, was ich wirklich tun musste, war natürlich aufzuhören, *ständig* über mich selbst nachzudenken.

Einem Hungrigen zu essen zu geben, ist das Natürlichste von der Welt, aber es ist schwer, die Mauern unserer Ängste hinter uns zu lassen. Wir neigen dazu, eine große Sache daraus zu machen, und unser Ego brüstet sich damit, ein guter Mensch zu sein. Natürlich bringt es spirituell gesehen Gutes, den Hunger und das Leiden anderer zu lindern. Wie Maharaj-ji sagte: Es lässt die Kundalini aufsteigen. Aber wenn wir es mehr tun, um Verdienste zu sammeln, als um Leiden zu lindern, entgeht uns der eigentliche Lohn: der Genuss der Liebe, die entsteht, wenn die Mauern der Getrenntheit zusammenbrechen und wir unsere tiefe Verbindung mit anderen Menschen erfahren.

Eines Tages saßen wir Westler auf der anderen Seite des Hofes Maharaj-ji gegenüber und wurden mit Bergen von *Puris* und Kartoffeln gefüttert. Maharaj-ji wandte sich an Dada und sagte: »Ich esse durch alle diese Münder.« Von da aus, wo er saß, spielte es keine Rolle, in wessen Mund das Essen wanderte, denn es gibt ohnehin nur einen von uns.

»Sei so zu anderen wie du möchtest, dass andere zu dir sind.« Das ist das ganze Spiel. Es gibt dem nichts hinzuzufügen. Es gibt nichts anderes, das wir wissen müssten, nichts anderes, das wir zu tun hätten. Die Lehre ist nicht, auf Kosten des eigenen Glücks ein »Gutes-Tuer« für andere zu sein. Es ist eine spirituelle Praxis, die unser Herz transformieren kann. Wenn wir einfach dieser Goldenen Regel folgen könnten, wäre unser ganzes Leben von Liebe erfüllt. Würden wir andere Menschen so behandeln, wie wir gerne behandelt werden möchten, würde sich die Qualität unseres täglichen Lebens um 180 Grad wandeln. Oder wie Shirdi Sai Baba sagte:

> »Welches Wesen auch immer, welche Kreatur auch immer zu dir kommt, scheuche sie nicht weg, sondern empfange sie mit angemessener Erwägung. Gib den Hungrigen Essen, den Durstigen Wasser und den Nackten Kleidung ... Ertrage es, wenn andere dich tadeln. Sprich nur sanfte Worte. Das ist der Weg zum Glück ... Die Welt hält eine Wand aufrecht – die Wand der Unterscheidung zwischen einem selbst und anderen, zwischen dir und mir. Zerstöre diese Wand.«[22]

[22] Aus *Shri Sai Satcharita: The Life and Teachings of Shirdi Sai Baba* von Govind Dabholkar und Indira Kher (Sterling Publishers Pvt. Ltd.).

Hinter allem, was Menschen tun, steht ein Motiv, ein Verlangen, selbst wenn es das Verlangen ist, anderen zu helfen und ihr Leiden zu lindern. Das sind positive Verlangen, die unsere Herzen noch mehr läutern können, aber es ist leicht, sich in der Identifikation mit einem, der Gutes tut, zu verfangen, und dann erstarkt das Ego. Wie Maharaj-ji gesagt hat: Nur wenn Gott in unseren Herzen wohnt, können wir anderen wirklich dienen. Durch spirituelle Praktiken wie das Chanten beginnen sich unsere Herzen zu öffnen und Gott – die Liebe – fängt an, hell zu strahlen. Im Lauf der Zeit verliert sich unser Gefühl der Distanz gegenüber anderen, unsere Angst vor »anderen«. Dann können wir anfangen, ihr Leiden so zu empfinden, als wäre es unser eigenes.

Eines kann ich Ihnen sagen: Wenn wir ärgerlich sind und uns nicht selbst lieben können – oder nicht wissen, wie wir auf persönlicher Ebene Liebe annehmen können –, schränken wir unsere Fähigkeit, für irgendjemanden Gutes zu tun, erheblich ein. Es geht nicht darum, soziales Handeln zu meiden. Es geht darum, immer besser zu werden bei den Tätigkeiten, für die wir uns in unserem Leben entscheiden. Der Weg des *Dharma* zielt nicht auf ein persönliches Hochgefühl, an dem wir uns festzuklammern suchen. Wir können uns nicht in unser Schlafzimmer zurückziehen, die Tür schließen, eine Weile chanten und dann für immer high bleiben. Das ist unmöglich. Es geht darum, herauszufinden, was es bedeutet, ein Mensch zu sein, einer von vielen Menschen in einer Welt, in der es unglaublich viel Leiden gibt.

Ich bin Heiligen begegnet, die Menschen von den Toten erwecken können; Heiligen, die alles wissen, was wir je getan haben; die uns schützen und vor allen möglichen Dingen bewahren können. Aber ... sie können uns nicht dazu bringen, uns selbst zu lieben. Das müssen wir selbst tun!

Sollten die Dinge nicht in unserem Sinne laufen, bedeutet das nicht, dass wir schlecht sind. Es heißt nicht, dass wir kein Glück verdient haben. Durch Übungen wie das Chanten beginnen wir, mit einer größeren Tiefe in uns Kontakt aufzunehmen. Da gibt es eine Güte, eine Schönheit und eine Liebe, die in unseren eigenen Herzen lebt. Das ist es, was wir sind – wenn wir nicht so sehr damit beschäftigt wären, uns davon zu überzeugen, dass wir es *nicht* sind. Je besser wir uns im Hinblick auf uns selbst fühlen, desto mehr steht unser Herz für die wahre Liebe zur Verfügung, die unserer wahren Natur entspricht. Wenn wir wirklich in etwas verfangen sind, es uns schwermachen und keinen Ausweg finden, können wir in einer Suppenküche arbeiten oder auf eine andere Weise dienen: Das wird uns die Augen für das Leiden der anderen um uns herum öffnen. Dann fühlen sich unsere eigenen Probleme nicht mehr so groß und bedeutend an.

Im Lauf der Zeit habe ich für mich festgestellt: Geht es mir mit mir selbst auch nur für eine Weile einigermaßen gut, werde ich empfindsamer für das Leiden anderer. Dann habe ich das Bedürfnis, mehr und mehr zu helfen. Das ist nicht so leicht, weil die anderen nicht grundsätzlich nett sind. Sie verhalten sich nicht immer so, wie wir das gerne hätten. Aber das ist in Ordnung. Wir müssen nicht dauernd lächeln, wir müssen ihnen auch keine Blumen schenken; wir müssen sie einfach sie selbst sein lassen. Einer der Wege, die Getrenntheit zwischen uns selbst und anderen zu überwinden, besteht darin, eine Haltung der Fürsorge für andere zu entwickeln und die anderen so zu akzeptieren, wie sie sind. Fürsorgliches Verhalten gegenüber anderen kann viele Hindernisse in unserem Herzen ins Wanken bringen.

Praktiken wie das Chanten wirken allmählich, indem sie unsere falsche Annahme der Getrenntheit aufheben. Diese Getrenntheit ist nicht echt, sie ist eine vorübergehende Erfahrung. Das Gefühl des »Ich«-Seins ist eine Wand, und keine Wand währt ewig. Was sich auflöst, sind all die Dinge, die uns getrennt halten, unsere falsche Identifikation mit unseren Geschichten. Wenn wir getrennt sind, sind wir in uns gefangen. Dann ist jeder entweder ein Objekt der Begierde oder ein Objekt der Aversion oder Angst. Es ist ziemlich anstrengend, immer in diesem Zustand zu sein, aber wir kennen es kaum anders. Wir müssen diesen Knoten in unseren Herzen lösen, der daran festhält, dass unser eigenes Glück wichtiger sei und getrennt vom Glück anderer.

Wir sind dazu erzogen worden, zuerst an uns selbst zu denken, aber wohin hat uns das geführt? Wenn wir zuerst an unser SELBST denken würden, an das große SELBST, von dem wir alle ein Teil sind, würden sich unsere Unzufriedenheit und unser Unglücklichsein auflösen. Aber wir müssen selbst entdecken, was das bedeutet. Es ist so ähnlich, wie wir beim Hören wunderbarer Musik völlig vergessen können, dass wir uns gerade heftig den Zeh gestoßen hatten. Ist unsere Aufmerksamkeit auf die Wiederholung des NAMENS gerichtet, sind wir nicht so sehr mit unserem Unwohlsein oder Leiden beschäftigt. Wir begeben uns in eine andere Beziehung zu unserem Gedankenfluss – und dann sind wir einfach *hier*. Unser Herz wird weiter, wir denken nicht mehr so sehr in Begriffen wie »Mein Glück gegen dein Glück«; wir sorgen uns weniger um uns selbst und unseren Kram. Die schweren Gemütszustände entschwinden allmählich und an ihre Stelle tritt eine heitere Zufriedenheit.

Sharon Salzberg schreibt, es gelte, ein Herz zu entwickeln »so weit wie die Welt« – so offen, dass darin Platz ist für alle und alles, was es gibt. Ram Dass spricht davon, die Seele oder das innere Wesen eines Menschen zu lieben; das bedeute nicht zwangsläufig, dass wir mit dem einverstanden sind, was diese Person *tut*. Die Crux in der Entwicklung eines solchen Herzens liegt darin, zu lernen, gut zu uns selbst zu sein. Wenn wir zulassen, dass uns all die Not und das Leiden in der Welt zerstören, haben wir damit niemandem geholfen.

Ein Journalist fragte einmal den Dalai Lama: »Eure Heiligkeit, warum liebt euch jeder so?« Er antwortete: »Ich weiß nicht. Vielleicht weil ich mein ganzes Leben damit verbracht habe, mich um das Glück anderer Menschen zu kümmern.« Man höre: »Vielleicht weil ich mein ganzes Leben – ein ganzes Leben – damit verbracht habe, mich um das Glück anderer Menschen zu kümmern.« In ihm ist keiner mehr, der anderen hilft, um ein »guter« Mensch zu sein. Das Einzige, was den Dalai Lama bewegt, ist die Weisheit des Mitgefühls. Da ist niemand in ihm, der Gutes *tut,* um sich dadurch gut zu fühlen. Alles entsteht aus Mitgefühl, Barmherzigkeit und liebender

Güte. Sein eigenes Glück ist kein Thema für ihn – das hat er erreicht. Er handelt nicht aus persönlichen Motiven. Seine Identifikation liegt bei uns allen, der Menschheit.

# DIENST UND HANUMAN

Ich habe viel über das selbstlose Dienen von Roshi Bernie Glassman gelernt, der ein anerkannter Lehrmeister des japanischen Zen-Buddhismus ist. Ich traf ihn zum ersten Mal im Sivananda Ashram auf den Bahamas. Es war Liebe auf den ersten Blick. Ich hatte schon viel davon gehört, wie er Menschen auf den Straßen New Yorks durch »Obdachlosen-Retreats« führt. Zusammen mit einer Gruppe Schüler lebte er dann ohne Geld oder Kreditkarten etwa eine Woche lang auf der Straße. Wer Zeitung lesen wollte, nahm sie sich aus dem Papierkorb; zum Essen gingen sie in eine Suppenküche oder bettelten; und zum Schlafen legten sie sich unter eine Brücke oder gingen in eines der Asyle. Ich fand das hochinteressant – und äußerst beängstigend. Bernies Frau war Mitbegründerin der Greystone Foundation gewesen, die sich um Obdachlose und Aids-Kranke kümmert. Sie war kurz vor unserem Kennenlernen gestorben und jemand hatte Bernie meine CD *Pilgrim Heart* geschenkt, um ihm in dieser schweren Zeit ein wenig Trost zu spenden. Ich wusste das damals nicht, aber er hat das *Namah Shivayah* wohl immer und immer wieder gehört, während er schrieb und arbeitete.

Bei unserer Begegnung spürten wir beide eine starke Verbindung. Er machte mich zum Musik-Meister der Zen Peacemakers, einer wohltätigen Organisation, die er gegründet hatte. Eines Tages sagte er zu mir: »Wir haben dieses buddhistische Gebet namens *Die Tore des süßen Nektars.*« Er gab mir die ersten acht Zeilen und fragte: »Meinst du, du könntest für uns damit was machen?«

»Was machen?«

»Na ja, wir Buddhisten sind nicht so gut im Komponieren. Vielleicht könntest du diesem Text eine nette Melodie unterlegen und dann können es meine Schüler singen.«

»Ja gut, ich probier's.«

»Prima. Bei unserem jährlichen Treffen von der Zen Peacemaker Community kannst du es ja dann vortragen.«

Na toll! »Wann ist das?«

»In ungefähr elf Monaten.«

»Okay, gut.« Jede Menge Zeit, kein Druck.

Zehn Monate und zwei Wochen vergingen ... Ich hatte noch immer keine Melodie, und das Treffen sollte bald stattfinden. Ich schaute x-mal die Zeilen an und e-mailte ihm schließlich: »Bernie, kann ich mit den Worten ein bisschen spielen? So krieg ich das nicht so recht zusammen.«

Ich erhielt *ein* Wort als Antwort: »Spiel!« Sehr zenmäßig. Nachdem ich fertig war, schickte er mir die Botschaft: »Jetzt kannst du mit dem Rest des Gebets weitermachen«, und es waren fünf Seiten Anhang.

Ich hatte ein Jahr gebraucht, um acht Zeilen zu vertonen. Also schrieb ich zurück: »Bernie, dazu werde ich ungefähr drei Leben lang brauchen.«

Und wieder erhielt ich ein Wort als Antwort: »Zwei.«

Dieses Gebet (auf Japanisch heißt es *Kon Ron Mon*) ist ein aufrichtiges Angebot an alle Wesen in allen Formen, die hungrig sind, verloren oder leidend. Wir laden sie zu einem Mahl ein, als Symbol für das Mitgefühl unseres erleuchteten Herzens oder des Bodhi-Geistes. So treten wir in die Tore des süßen Nektars ein. Die Vorstellung von Mitgefühl als einer angebotenen Gabe findet sich in allen Traditionen; wenn wir uns um das Wohl und das Glück anderer kümmern, öffnet sich unser Herz.

### The Gates of Sweet Nectar
(Krishna Das' version)

*Calling out to hungry hearts*
*Everywhere through endless time*
*You who wander, you who thirst*
*I offer you this Bodhi Mind*
*Calling all you hungry spirits*
*Everywhere through endless time*
*Calling out to hungry hearts*
*All the lost and left behind*
*Gather round and share this meal*
*Your joy and your sorrow*
*I make it mine.*

### Die Tore des süßen Nektars
(Krishna Das' Version)

*Ich rufe all euch hungrigen Herzen,*
*überall in endlosen Zeiten;*
*ihr, die ihr wandert, ihr, die ihr dürstet,*
*ich biete euch diesen Bodhi-Geist an.*
*Ich rufe all euch hungrigen Geister,*
*überall in endlosen Zeiten;*
*all euch hungrige Herzen,*
*all euch Verlorene und Zurückgelassene:*
*Versammelt euch um dieses Mahl.*
*Eure Freuden, eure Leiden*
*mache ich zu den meinen.*

Als ich endlich eine Melodie hatte, merkte ich, dass sie sich auch gut für das *Hanuman Chalisa* eignete. Die beiden Hymnen ergänzten sich nach meinem Empfinden sehr gut.

Es heißt, nur mit sehr gutem Karma kann man Gaben zum Wohl

anderer darbringen. Zuvor gilt es, viele Hindernisse wie Selbstsucht, Gier und Angst zu beseitigen. Um etwas zum Wohl anderer anzubieten, brauchen wir große Kraft, und da Hanuman neben dem Entferner aller Hindernisse die Verkörperung von Kraft und liebendem Dienst ist, rufen wir ihn um Hilfe an. Hanuman macht das Unmögliche möglich.

Wir *möchten* ja freundlich sein. Wie *wollen* ja hilfreich sein. Wir *wollen* gute Menschen sein, aber wir fürchten uns. Wir wissen nicht, woher wir die Kraft nehmen sollen, unsere Schwächen zu überwinden. Also rufen wir die Tiefe unseres Herzens an, wo Hanuman lebt, der nichts als Stärke, Güte und Weisheit ist, und dann können wir unsere Gabe anbieten. Indem wir sie anbieten und anderen die Hand reichen, überwinden wir unsere Selbstsucht und verbinden uns mit einem tieferen Ort in uns. Das macht unsere Herzen stärker und klarer. Deswegen passen das Gebet und das *Chalisa* so gut zusammen.

In der *Ramayana,* der Geschichte von Ram, ist Hanuman nicht nur der perfekte Diener, sondern auch eine Art Superman. Es gibt nichts, was Hanuman nicht könnte: Er besitzt alle Tugenden. Er verfügt über alle yogischen Kräfte. Er lässt sich nicht vom Gefühl der Getrenntheit behindern. Er ist der perfekte Karma-Yogi. Er vollbringt all seine Handlungen im Dienst des Göttlichen, wissend, dass Gott der eigentlich Handelnde ist und dass die Ergebnisse seines Tuns von Gott abhängen.

Maharaj-ji pflegte zu sagen: »Hanuman ist der Atem Gottes.« Gott ist nicht weit weg von uns, sondern uns so nah wie unser Atem. In seinem Buch *The Unvarnished Gospels,* einer Übersetzung der vier Evangelien aus dem griechischen Original, schreibt Andy Gaus, dass die Bedeutung des Wortes, das später mit »Geist« (wie Heiliger Geist) übersetzt wurde, eigentlich »Atem« bedeutet. Da gibt es nichts Trennendes zwischen Gott und Mensch, wie es für die westlichen Religionen so typisch ist; nichts Trennendes zwischen »Heilig« (Geist) und »Böse« (Körper). Atem ist im Körper. Atem ist ein Teil des Lebens. Er ist uns natürlich. Er ist konkret. Atem fließt in den Körper und aus dem Körper und schenkt uns Leben. Wir kennen ihn. Gott lebt in uns – wie unser Atem.

Hanuman gilt als Rams größter Devotee, weil er vollkommen in dem Bewusstsein lebt, dass Ram – oder Gott – in seinem Herzen lebt, als das, was er in Wahrheit ist. Nur aus Liebe bleibt er getrennt, nur um zu dienen. Kein anderes Programm bestimmt ihn, kein persönliches Verlangen treibt ihn. Doch statt in Ram einzutreten und in ihm zu verschwinden wie ein Tropfen im Ozean, hält er eine leichte Getrenntheit aufrecht, um zu dienen. Aus der Einheit blickt er zurück auf jene, die in der Welt leiden. Er sieht in jedem von uns den verborgenen Ram und dient unserer verborgenen Göttlichkeit, indem er uns dorthin lockt, wo er lebt: immer in der Präsenz Gottes.

In der *Ramayana* fragt Ram Hanuman: »Wie ist deine Beziehung zu mir?«

Hanuman antwortet: »Als Körper bin ich dein Diener; als individuelle Seele bin ich Teil von dir und du bist das Ganze; als SELBST sind wir beide EINS. Das ist meine feste Überzeugung.«

Maharaj-ji nach fünf Jahren in einer Höhle nahe der Stadt Neem Karoli
*(Mit freundlicher Genehmigung von Keshav Das)*

Maharaj-ji wurde als Form oder Manifestation Hanumans verehrt. Betrachteten wir unseren Guru von außen, mit normalen menschlichen Augen, sahen wir einen freundlichen, kleinen alten Mann in eine Decke gehüllt, der mit Obst um sich warf, lachte, uns auf den Kopf klopfte, die Feste im Tempel leitete, Leben rettete, Kranke heilte und Segnungen austeilte. Aber wenn wir mit göttlichem Auge hätten sehen können, hätten wir erkannt, dass er die ganze Zeit in Gott versunken war. Das Äußere geschah, aber er war immer in der Liebe.

In Kainchi näherte sich Ram Dass einmal sehr erregt dem *Takhat*, wo Maharaj-ji saß. In jenen Tagen saßen wir gewöhnlich auf der anderen Seite des Hofes und schauten Maharaj-ji aus der Entfernung zu, bis wir gerufen wurden. Auf ihn zuzugehen, ohne gerufen worden zu sein, war also schon eine große Sache. Ram Dass setzte sich und sagte: »Maharaj-ji, ich will, dass du meine Kundalini aufsteigen lässt.« Ram Dass sagte sinngemäß: »Ich habe die Nase voll. Mach es für mich. Bring die Sache hier und jetzt zu Ende!«

Maharaj-ji sah Ram Dass einen Moment lang an. Schließlich erwiderte er: »Ich weiß nichts über diese Dinge. Du solltest damit zu ... gehen.« Und er nannte ihm einen anderen Baba.

Ram Dass erregte sich nur noch mehr. »Nein, Maharaj-ji, du sollst meine Kundalini aufsteigen lassen.«

»Ich weiß wirklich nicht, wie man das macht. Geh zu dem anderen Baba.«

Jetzt war Ram Dass richtig aufgebracht. »Nein«, rief er laut, »du sollst das machen!«

Maharaj-ji erhob sich, um sich zurückzuziehen. Er wandte sich noch einmal zu Ram Dass um und sah auf ihn herab. »Ich kenne nur zwei Dinge: Ram und Ma [die zwei Silben des Namens Rama].« Und ließ Ram Dass dort sitzen.

*Die Welt liest dicke Wälzer und vergeht.*
*Niemand findet darin Erleuchtung.*
*Er, der die zweieinhalb Buchstaben begreift,*
*die Liebe verkörpern (Ram),*
*erlangt Befreiung.*

KABIR[23]

Maharaj-ji hat Ram Dass die Wahrheit gesagt. Es gab da niemanden in ihm, der sich entscheiden konnte, für irgendjemanden irgendetwas zu tun. Es gab da nur Gott, mit dem er vollkommen verschmolzen war und der tun konnte und tun würde, was zur rechten Zeit zu tun war. Er war der perfekte Diener, in Harmonie mit seinem Meister Ram/Gott.

Ramana Maharshi hat gesagt, dass erwachte Wesen kein *Sankalpa* haben, keinen eigenen Willen. Sie sind von all der Energie und der Macht des Universums umgeben, und weil sie völlig mit Gott verschmolzen sind, wird durch sie geschehen, was immer für andere geschehen soll, ohne dass sie etwas tun. Dies ist ein sehr wichtiger Punkt. Diese großen Wesen sitzen nicht herum, klopfen sich gegenseitig auf die Schulter und bestätigen sich, wie toll sie sind. Sie sind toll; sie sind die Tollsten überhaupt, aber es ist ihnen egal. Sie sind hier, um zu dienen; sie sind um unseretwillen hier. Sie halten an nichts fest – sie geben alles fort. Und so fließt es ständig durch sie hindurch, mit ganzer Macht.

*Solange »Ich« in mir existierte,*
*fand die Begegnung mit dem Lehrer nicht statt.*
*Jetzt gibt es den Lehrer, »Ich« ist verschwunden.*
*Schmal ist der Weg der Liebe.*
*Er kann nicht beides fassen, das Ego und meinen Herrn.*

KABIR[24]

---

[23] Aus *Sufis, Mystics, and Yogis of India.*
[24] Ebenda.

208

*Wenn du **ein** Ding zu lieben weißt,*
*dann weißt du auch, wie du am besten alles lieben kannst.*

NOVALIS[25]

So ist Hanuman. Hanuman hat die Kraft, uns allen zu helfen, alle Hindernisse zu überwinden, damit wir uns in die Präsenz dieser Liebe bringen können. Wenn wir unsere Geschichten nur einen Moment lang beiseite lassen und diese Liebe in uns und durch uns strömen lassen – das ist Hanuman. In diesem Augenblick überwinden wir Millionen von Jahren der Depression, Millionen von Jahren, in denen wir uns innerlich abgeschaltet haben, und sagen endlich: »Ja! Es ist gut.« Nichts kann Hanumans Herz verschließen. Er ist der Zustand vollkommener Liebe. Das Verlangen und die Sehnsucht nach dieser Liebe sind so stark, dass ihn nichts abhalten kann. Er kennt die Wirklichkeit. Er kennt Ram. Er ist der Erste unter den *Gyanis,* den Kennern der Wahrheit. Er ist in seinem natürlichen Zustand, der auch unser natürlicher Zustand ist – ein Zustand der Invokation und der Hingabe, bei dem unser inneres Wesen der Liebe zu Füßen fällt. Das ist der wahre Zustand unseres Seins.

Aus diesem Zustand heraus ist Dienen eine Gnade.

---

[25] Aus *The Enlightened Mind,* hrsg. Stephen Mitchell (Harper Perennial).

# DIE FRÜCHTE DES CHANTENS

1988 saß ich in Indien im Dschungel mit einem großen Baba zusammen, der aussah, als wäre er fünfundsiebzig. Tatsächlich war er 163 Jahre alt. Heute ist er noch älter. Einmal fragte er mich: »Erinnerst du dich daran, als Lincoln erschossen wurde? Oh nein, nein ..., ist schon gut. Wir haben davon in der Zeitung gelesen.« Er hatte in Benares zwölf Jahre lang eine Ausbildung in Ayurveda gemacht, von der er sagte: »Ich habe sie irgendwann in den 1890ern abgeschlossen.« Es war großartig, sich bei ihm aufzuhalten. Er schien nie irgendetwas zu tun – er saß mitten im Dschungel in seinem Liegestuhl herum, völlig entspannt, einfach so. Ich dachte: »Dieser Typ ist 163 Jahre alt. Was soll meine Eile? Warum bin ich so verspannt?«

Eines Tages sah er mich an – und das war lange, bevor ich mit Singen oder irgendetwas Öffentlichem angefangen hatte – und sagte nachdrücklich: »Du wirst berühmt werden.«

Ich wusste, dass diese Yogis alles Mögliche bewirken können, also schaute ich ihn an und antwortete: »Und reich!«

Er lachte leise in sich hinein, lehnte sich weit zu mir herüber, sodass wir Nase an Nase saßen, und sagte sehr liebevoll: »Berühmt.« Mist!

An einem anderen Tag schaute er mich an und sagte schlicht: »Du musst Willenskraft entwickeln.«

Ich dachte: »Willenskraft? Wozu brauche ich das denn?«

Er sah, was in meinem Kopf vor sich ging, also öffnete er mich innerlich, um mir zu zeigen, was er sah. Ich sah, wie ich bei jedem Schritt des Weges über meine eigenen Füße stolperte. Ich behinderte mich selbst. Tag für Tag ließ ich mich nicht voll auf das Leben ein. Ich machte nichts von ganzem Herzen. Ich hielt mich immer zurück, unfähig, richtig hineinzuspringen und mich wirklich zu engagieren. Ich hatte viele Gründe: Angst, zu versagen oder kritisiert zu werden; Unfähigkeit, mich auf irgendetwas zu konzentrieren; ganz allgemein zu wenig Mut. Ich sah, was er mit Willenskraft meinte: Ich musste die Kraft entwickeln, voll zu leben, und die Dinge, die ich wollte und brauchte, zu mir kommen lassen.

Diese Erfahrung machte auf mich einen tiefen Eindruck. Ich begann, meine Sichtweise der Dinge zu ändern.

Viele Jahre zuvor, noch bevor ich nach Indien fuhr, hielt ich mich mit Ram Dass in der Lama Foundation in New Mexico auf. Wir hörten von einem Typ namens Herman, der in Indien gewesen war und jetzt in der Nähe in den Bergen lebte. Manche Leute gingen zu ihm zur Meditation, also fuhren wir mal hin. Alle unterhielten sich, während ich im Hintergrund saß und zuhörte. Als wir gehen wollten, wandte sich Herman zu mir um und deutete auf mich: »Du musst herausfinden, warum du dich nicht hundertprozentig auf das einlassen kannst, was du jeweils tust«, erklärte er. Er hatte den Nagel auf den Kopf getroffen. Das war 1969 und ich habe es nie vergessen. Egal was ich tat – ich sah, dass ich nicht in der Lage war, es ganz zu tun; ich hielt mich immer zurück. Nicht dass ich es *wollte;* ich *konnte* nicht anders. So war es nie genug. Jetzt hörte ich es noch einmal auf andere Weise. Doch diesmal war ich in der Lage, etwas daran zu ändern.

Durch die Augen dieses alten Babas erkannte ich, dass es keinen Unterschied gibt zwischen meinem »spirituellen« Ich und meinem »weltlichen« Ich, zwischen meinem spirituellen Leben und meinem weltlichen Leben. Es gibt nur ein Leben, das ich lebe. Wie kommt Essen in unseren Mund, wenn wir hungrig sind? Wir verwenden unseren Willen, um unseren Arm zu heben und zu essen. Wollen wir mit jemandem reden, müssen wir den Mund bewegen – durch Willenskraft. Alles, was wir wollen und brauchen, erhalten wir durch die Ausübung unseres Willens. Es reicht nicht, etwas zu wollen; wir müssen etwas tun können, um es zu verwirklichen. Wir müssen in unserem Leben die Umstände dafür erschaffen, dass das Erwünschte zu uns kommen kann. Heutzutage verwende ich Willenskraft, um mich hinzusetzen und mit Leuten zu singen – mich ganz darauf einzulassen –, die gleiche Willenskraft, die ich auch in meinem Alltag einsetze. Ich hatte eine unbewusste Überzeugung, dass ich die Dinge, die ich mir wünschte, nicht haben sollte. Ich hatte eine verborgene Überzeugung, dass ein Leben in der Welt weniger »heilig« sei als ein Leben der Entsagung. Doch das Einzige, dem ich wirklich entsagen musste, war mein Selbsthass. Wenn ich nicht die Kraft hatte, mich um die Dinge zu kümmern, die ich in meinem täglichen Leben wollte und brauchte – wie sollte ich dann wahre Liebe, Gott finden?

Es verlangt ungeheuer viel Willenskraft und Mut, gegenüber sich selbst ehrlich zu sein, gegenüber anderen ehrlich zu sein, uns zu öffnen. Es verlangt ungeheuer viel Kraft, uns zu erlauben, verletzlich zu sein. Wir sagen, dass wir uns eine gute Beziehung wünschen, aber wie soll das geschehen, wenn wir es in unserem Unwertgefühl nicht zulassen? Ich wusste nicht, wo diese Kraft herkommen sollte. Ich hatte sie jedenfalls nicht. Ich fürchtete mich vor allem. Deswegen passierte nichts in meinem Leben. Der Baba sah all das und als er es mir zeigte – und ich es sah –, begann sich alles zu verändern.

*Diese spirituellen Schaufenster-Bummler,*
*die träge fragen: »Was kostet das?« Oh, ich schaue mich nur um.*
*Sie fassen hundert Dinge an und legen sie wieder weg,*
*Schatten ohne Kapital.*

*Was ausgegeben wird, ist Liebe und zwei nass geweinte Augen.*
*Doch wenn diese in einen Laden gehen,*
*zieht ihr ganzes Leben plötzlich vorbei*
*in diesem Laden.*

*Wo bist du gewesen? Nirgends.*
*Was hast du gegessen? Nicht viel.*

*Selbst wenn du nicht weißt, was du willst,*
*kaufe etwas, um am Austausch teilzunehmen.*

*Beginne ein großes, verrücktes Projekt,*
*wie Noah.*

*Es ist vollkommen gleichgültig,*
*was die Leute von dir denken.*

RUMI[26]

Heutzutage reise ich ständig um die Welt, um mit Leuten zu singen. So habe ich immer und immer wieder die Gelegenheit zu intensiver Praxis – selbst wenn mir nicht danach ist. Wenn ich vor einer Gruppe Menschen sitze, muss ich ganz präsent sein. Deshalb habe ich die Fähigkeit entwickelt, mich zu konzentrieren und alles andere loszulassen. Um dahin zu kommen, dass ich mich hinsetzen und singen kann, ist viel Willenskraft, Mühe, Weisheit und Absicht nötig. Alles daran ist positiv. Es ist ein Zeichen für das Verlangen, uns zu befreien. Und im Lauf der Zeit gewinnt diese Fähigkeit an Kraft.

Wenn man über längere Zeit hinweg chantet, führt das unter anderem dazu, dass wir anfangen, innere Freiheit zu erfahren. Wir beginnen zu sehen, dass wir auf die Leinwand der sogenannten äußeren Welt unseren Film projiziert haben – unseren Film von uns selbst. Je mehr wir die Linse des Projektors entstauben, desto mehr Veränderungen sehen wir im Außen. Schließlich erkennen wir: Wenn wir die Linse vollständig reinigen, verschwinden Angst, Selbstsucht, Gier, Ärger und Scham und unser Licht wird leuchten und strahlen.

Die Sonne geht auf und ihr Licht zeigt uns, wie die Welt aussieht.

---

[26] Aus *Rumi: We Are Three: New Rumi Poems,* übersetzt von Coleman Barks (Maypop Books).

Wir sehen die Welt deutlicher, wenn das Licht heller strahlt. Je höher die Sonne steigt, desto klarer wird die Landschaft; wir finden leichter unseren Weg. Vor Sonnenaufgang dachten wir auch, wir würden die Welt klar sehen, und lebten und bewegten uns gemäß jenem, was wir sahen. Doch bei zunehmendem Licht merken wir, dass wir die Dinge nicht wirklich erkannt haben. Guru/Gott/SELBST ist dieses Licht, das immer auf uns strahlt. Die Praxis, den NAMEN zu wiederholen, wendet uns in Richtung dieses Lichts. Sie entfernt den Staub von unseren Augen, sodass wir die Welt sehen können, wie sie wirklich ist: erleuchtet vom Licht des Gurus.

Im Lauf der Zeit verliert die Schwerkraft dieses Planeten unseres Ichs an Kraft und unsere Geschichten entschweben in den Weltraum. Wir bemerken das nicht unbedingt, während es geschieht, doch wenn wir nach einer Weile zurückschauen, sehen wir, dass unser Leben leichter geworden ist und wir mehr von den Dingen haben, die wir brauchen und wünschen. Vielleicht haben wir auch das Gefühl, dass die Bewältigung des alltäglichen Lebens nicht mehr so anstrengend ist, wie es einmal war.

Ich weiß zum Beispiel, dass ich nicht mehr so viel Trübsal blase wie früher. Ich war großartig im Trübsalblasen. Ich vermisse es ein wenig. Wenn ich heutzutage trübsinnig bin, genieße ich es, mir dabei zuzuschauen: »Schau nur, er hängt wieder missmutig im Haus herum. Erstaunlich! Er steckt wieder richtig tief drin. Unglaublich!« Ich sehe mir auch nicht mehr so viele Sportsendungen an. Ich weiß nicht, wo der Typ hin ist, der sich sonntags Chips und Guacamole schnappte und zehn Stunden vor dem Fernseher hing, um Football zu sehen. Ich habe nicht bemerkt, dass er ausgezogen wäre, aber er ist nicht mehr da. Ich schalte immer noch ab und zu den Fernseher ein, aber binnen Kurzem bemerke ich, dass ich in einem anderen Zimmer mit etwas anderem beschäftigt bin. Das Bedürfnis, so lange Zeit auf »unbewusst« zu schalten, ist nicht mehr da.

Ich glaube, darum geht es vor allem in der spirituellen Praxis. Ich habe das Gefühl, ich bin der gleiche Trottel, der ich immer war; die gleichen Probleme gehen mir auf die Nerven. Allerdings grüble ich nicht mehr so viel über mich nach, wie ich es einmal getan habe. Ich verbringe viel weniger Zeit als früher in diesen schweren Gemütszuständen, in denen ich mich selbst fertig mache. Aber wir kommen nicht dazu, uns dafür wohlgefällig auf die Schultern zu klopfen. Wir merken es vielleicht noch nicht einmal. Durch die spirituelle Praxis verliert sich die Schwere. Ich weiß nicht, wie es Ihnen geht, aber ich finde, schon allein *das* ist die Mühe wert.

Mir ist aufgefallen, dass es auch zu den Früchten meiner Praxis gehört, immer öfter meine Reaktionen und Gefühle zu bemerken, sobald sie in mir aufsteigen. Ich erkenne, dass viele meiner Gefühle und Urteile auf Programmen beruhen, die seit Langem in mir aktiv sind. Heutzutage scheine ich hinsichtlich dieser programmierten Reaktionen mehr Spielraum zu haben, und das erlaubt mir, sie zu hinterfragen. Das Trickreiche an Geisteszuständen ist – und das trifft auch auf die sogenannten höheren Bewusstseinszustände zu –, dass sie sich allumfassend und dauerhaft anfühlen, wenn wir darin sind – und auch, wenn wir nicht mehr darin sind. Der Himmel ist ein Geisteszustand, der sich durch die Qualität »ewige Glückseligkeit« auszeichnet. Solange sie währt. Ewige Höllenqualen sind ewig, solange wir darin stecken. Doch dann klingelt das Telefon, jemand sagt: »Ich liebe dich«, und unsere ganze Welt kehrt sich um: Die ewigen Höllenqualen sind vorbei.

Einmal fuhr ich hinunter nach New York, um einige meiner CDs bei einem Sender vorbeizubringen. Ich legte sie neben mich auf den Beifahrersitz und dachte: »Alle anderen hören meine CDs beim Autofahren, warum nicht auch ich?« Also legte ich eine CD ein und sang fröhlich *Hare Krishna, Hare Krishna,* als mir plötzlich ein Wagen die Vorfahrt nahm und es beinahe einen Unfall gegeben hätte. Im Bruchteil einer Sekunde fiel ich vom Himmel in die Hölle. »Verdammter Idiot!«, schrie ich und überholte sofort, um zu sehen, wer da so bescheuert unterwegs war. Zu meiner Beschämung war es eine kleine alte Dame, die kaum übers Lenkrad sehen konnte und offenbar große Mühe mit dem Fahren hatte. Sie hatte mich wahrscheinlich gar nicht gesehen. Sie navigierte sich durch ihre Welt, so gut sie konnte, so wie ich mich durch meine Welt navigierte, aber ich hatte ihr Verhalten durch die Brille meiner Programme interpretiert.

Je länger ich singe, desto mehr Freiheit gewinne ich von meinen Programmen. Im Lauf der Zeit wurde das Chanten tiefer und wirkte sich mehr auf meinen Alltag aus. Ich bemerkte, dass ich weniger unbewusst lebte. Wenn ich singe, werde ich aus meinem Denken in den nach innen gerichteten Fluss des Chants gezogen, weg von der völligen Absorption von meinen Sinneseindrücken. Durch die Wiederholung des NAMENS übe ich, mich aus diesen Programmen zu lösen. Im Lauf der Zeit habe ich bemerkt, dass die Programme langsamer werden und transparenter.

Die einfache Tatsache, dass wir anfangen, diese Gedanken und Gefühle bereits während ihrer Entstehung zu bemerken, ist eine Frucht der Praxis. Dann haben wir einen kurzen Augenblick lang Zeit, loszulassen, bevor wir von den Emotionen überwältigt werden und ihnen hilflos ausgeliefert sind. Wir können unsere Reaktionen nicht unbedingt durch Vernunft oder Willenskraft unterbinden, aber wenn wir mithilfe der Praxis tiefer in uns selbst hineingehen, weitet sich der Abstand zwischen unserer Wahrnehmung und unserer Reaktion und wir können bemerken, was vor sich geht, bevor es uns übermannt. Und auch wenn wir den Prozess dadurch nicht aufhalten können, wird er doch in der Regel abgemildert. Vielleicht packt uns die Welle dann nur bis zu den Knien, statt meterhoch über uns hinwegzudonnern. Sie rollt immer noch herein, aber sie zieht sich schneller zurück; wir wissen, womit wir es zu tun haben und können vielleicht eine Vergrößerung des Dramas vermeiden. Dieser Spielraum ist das natürliche Produkt der Praxis.

Diese Praxis findet nicht nur statt, wenn wir uns hinsetzen und chanten. So mag es anfangen, aber allmählich bringt uns das an einen tieferen Ort in unserem Herzen und wir richten uns dort ein. Wenn wir jetzt zumachen, merken wir es stärker als zuvor. Es tut mehr weh. Wenn ein Schiff auf dem Meer nicht hilflos umhergetrieben werden will, muss es Anker setzen. Durch unsere Praxis senken wir den Anker tief in den Ozean des NAMENS. Wir entwickeln einen Schwerpunkt, der es uns ermöglicht, unsere verstörenden Erfahrungen schneller loszulassen. Wir brauchen einen Angelpunkt. Die Praxis kann ihn uns geben.

Durch das viele Singen und durch spirituelle Praktiken anderer Art habe ich tief in meinem Herzen einen mir bis dahin unbekannten Muskel entdeckt: den Loslass-Muskel. Nach vielen Jahren habe ich bemerkt, dass ich ihn unbewusst ständig trainiert habe. Inzwischen hat er die Kraft, sich automatisch einzuschalten, wenn ich mit negativen Gedanken bombardiert werde oder in meine gewohnten Zwangsmuster verfalle. Sobald ich eine gewisse Ebene der Selbstzermarterung erreicht habe, spannt sich der Muskel an und ermöglicht mir das Loslassen, sodass sich meine Aufmerksamkeit wieder auf den Klang des NAMENS richten kann, der in mir gesungen wird. Sobald ich den NAMEN höre, fange ich an, mitzusingen, und dann entspannt sich langsam der stählerne Griff der alten Gedankenformen. Wieder da!

Die Praxis hilft uns immer und immer wieder, diesen inneren Ort zu finden und an uns zu glauben – darauf zu vertrauen, dass wir uns hinsetzen können und es einfach tun. Dann beginnt sich unser ganzes Leben darum zu drehen, dieses innere Wohlgefühl zu finden. Wenn Schwieriges passiert, gehen wir damit so gut um, wie wir eben können. Je mehr wir praktizieren, desto leichter wird es, die Zyklen zu erkennen: Wir tauchen ab, wir tauchen auf, wir tauchen ab, wir tauchen erneut auf. Wir tauchen immer wieder auf. Manchmal wache ich morgens auf und denke: »Oh, mein Gott, ich habe einen Höllentag vor mir.« Doch dann erkenne ich: »Moment mal! Alles, was ich zu tun habe, ist: zu singen. Ich muss nicht alles schon vorher kapiert und vorbereitet haben. Ich muss mich nicht so von meinen eigenen Geschichten absorbieren lassen.« Ich lasse das Mantra des NAMENS fließen und kann mein Leben den Kurs ansteuern lassen, den es eben nimmt.

Auf einer Tournee hatte eines Tages jemand meine Wäsche aus der Hotelwaschmaschine mitgehen lassen. Ich war total sauer. Ich musste ohne mein rotes Lieblings-T-Shirt zum Kirtan-Singen gehen. Aber dann setzte ich mich hin und fing an zu singen: Das Leben wurde sofort wieder einfach. Alles, was ich zu tun habe, ist: zu singen. Es war sehr befreiend. In diesem Augenblick musste ich wirklich nichts anderes tun als singen und mich vom NAMEN nach innen ziehen lassen. Wie wundervoll! Und als ich ins Hotel zurückkam, war meine Wäsche wieder da.

Ich brauche nichts zu tun als zu singen.

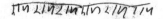

# ICH SINGE FÜR MEIN LEBEN

In den Achtzigern gründete ich eine Schallplattenfirma, die zunächst dazu gedacht war, der älteren Generation der Jazzgrößen zu helfen, neue Musik aufzunehmen. Im Lauf der Zeit fühlte ich mich mehr zu Weltmusik hingezogen und begann, Musik aus vielen Kulturen aufzunehmen und zu produzieren. Später, als ich selbst eine CD mit Chants herstellen wollte, war es dann sehr praktisch, eine eigene Plattenfirma zu haben. Zu jener Zeit hätte kein anderes Unternehmen meine Aufnahmen veröffentlichen wollen.

1994, nachdem mir klar geworden war, dass ich mit anderen zusammen singen sollte, war es immer noch schwierig. Am Anfang war ich vollkommen zufrieden, im Jivamukti-Zentrum zu chanten. Wann immer ich montags in New York war, ging ich hin und sang mit etwa 10 bis 15 Leuten. Ich begleitete mich auf meiner *Ektar*, einem einsaitigen Zupfinstrument, aber es war letztlich nicht laut genug, um mit einer Gruppe zu spielen. Also fing ich an, mich auf dem Harmonium zu begleiten. Als Kind hatte ich Klavierstunden gehabt; das reichte gerade für die einfachen Chants, die ich sang.

Nach ein paar Monaten begann ich jedoch, mich unwohl zu fühlen. Immer mehr Leute kamen zum Chanten, und es war nicht zu übersehen, dass sie sich auch für mich interessierten. Und ich genoss die Aufmerksamkeit. Es machte Spaß, doch zugleich war mir klar, dass ich mich einwickeln ließ. Ich begann zu fürchten, dass ich anfangen könnte, aus der falschen Haltung heraus zu singen. Das Unbehagen wuchs sich zu einer Abscheu vor mir selbst aus. Es widerte mich an, wie leicht ich einzufangen war. Ich war hungrig, und ich wusste, früher oder später würde ich alles verschlingen, was sich mir bot, und das würde für mich und meine Umgebung die Hölle werden.

Eine tiefe Verzweiflung stieg in mir auf. Das Chanten war das Einzige, was ich tun konnte, um mir zu helfen, und ich fürchtete, dass ich nicht fähig sein würde, die Situation nicht auszunutzen, um mein Ego zu füttern. Wenn ich es nicht auf gute Weise tun konnte – als Gabe an meinen Guru, als Rückverbindung mit dieser Liebe –, dann wollte ich es gar nicht mehr tun. Dann würde es einfach zu einer Art, Aufmerksamkeit und Anerkennung zu heischen. Wie Ramana Maharshi einst bemerkte: Macht man den Dieb zum Polizisten, wird es vielleicht viele Ermittlungen geben, aber keine Festnahmen.

Im März 1995 hatte ich endgültig genug davon. Ich fuhr nach Indien und schwor mir, dass ich nie wieder mit Leuten singen würde, bis Maharaj-ji es repariert hätte, was mit meinem Herzen nicht in Ordnung war. Ich hatte keine Ahnung, was das bedeutete, aber ich wusste, etwas musste sich in mir ändern, und ich wusste, das konnte nur er tun.

ᛁᛏᚢ ᛚᛁᚾᚦ ᛁᚢᚦ ᛁᛁᚾ ᚦ ᛁᛁᚾ ᛏ ᛁᚢ

Ich kam in Indien an und fuhr zuerst zu den Tewaris in Lucknow. K.C. war mein bester Freund und Lehrer; ihm wollte ich mein Problem darstellen. Er hatte mir noch immer geholfen, einen Ausweg zu finden. Aber als ich in Lucknow eintraf, musste ich feststellen, dass alles anders war. Die Familie befand sich in einem unglücklichen Zustand. Ma war sehr krank und Baba lag den ganzen Tag mit geschlossenen Augen im Bett, bewegte sich nicht und sprach kaum. Stundenlang saß ich schweigend neben ihm. Wenn ich dann mal aufstand, zum Beispiel um zur Toilette zu gehen, schreckte er hoch und fragte ängstlich: »Wohin gehst du?«

»Baba, nur zur Toilette.«

»Kommst du wieder?«

»Ja, sofort danach.«

»Gut.« Dann legte er sich wieder hin und versank in der Stille.

So ging es wochenlang. Ich begriff nicht, was vor sich ging, und meine Verzweiflung wuchs, als mir klar wurde, dass ich von ihm keine Hilfe erwarten konnte. Ich wusste nicht, an wen ich mich sonst wenden sollte. Ich stand mit meinem Problem alleine da.

Es wurde heiß in Lucknow. Ich kann Hitze nicht gut aushalten, also planten wir, zum Haus der Tewaris in den Bergen zu fahren, wo es kühler war. Doch leider war Ma zu krank zum Reisen. Ich begleitete sie fast jeden Tag in der brütenden Mittagshitze in der Rikscha zum Arzt, um Tests zu machen. Mad dogs and Englishmen! Keiner der Ärzte verstand, warum ihr Blutdruck so hoch war; keines der Medikamente schien zu wirken. Eines Tages gestand Ma jedoch unter Tränen, dass sie die Pillen gar nicht geschluckt hatte. Es stellte sich heraus, dass K.C. im Sangam in Allahabad zu Anfang des Winters ein heiliges Bad genommen hatte. Es war sehr kalt gewesen und er hatte eine Lungenentzündung eingefangen. Ma dachte, er würde sterben, und hörte auf, ihre Arznei zu nehmen. Als gute indische Ehefrau wollte sie vor ihrem Gatten sterben. Und selbst als er sich wieder erholt hatte, verweigerte sie die Medizin.

Nun fing sie wieder an, sie zu nehmen, und nach etwa einer Woche senkte sich ihr Blutdruck. Endlich konnten wir mit Sharad, dem ältesten Sohn der Tewaris, in die Berge fahren. Ein paar Wochen danach kehrte Sri Siddhi Ma nach Kainchi zurück, das nur eine Stunde entfernt war, sodass wir sie gemeinsam besuchten. Siddhi Ma meinte, ich könne ja nach Kainchi kommen und dort eine Weile wohnen, wenn Neelu, der zweitälteste Sohn der Tewaris, käme, um sich um seine Eltern zu kümmern. Ich erklärte ihr, dass ich Ende Mai zurück in New York sein wolle, das war in etwa drei Wochen. Einen Augenblick lang schwieg sie, dann sagte sie: »Nein, du musst bis zum 15. Juni bleiben.« Das war das Datum der alljährlichen *Bhandara*-Feier der Heiligung des Hanuman-Tempels in Kainchi. Und sie fügte hinzu: »Du musst Maharaj-jis große Gestalt sehen.«

Ich wunderte mich über die merkwürdige Aussage und hatte keine Ahnung, was sie damit meinte, aber sie hatte mich an einer empfindlichen Stelle getroffen. 1972, als ich in Kainchi krank geworden war, hatte Maharaj-ji mich nach Nainital ins Krankenhaus geschickt. Dadurch hatte ich die *Bhandara* am 15. Juni verpasst. An diesem Tag trug Maharaj-ji eine rote Decke. Es war das einzige Mal in meiner ganzen Zeit in Indien, dass Maharaj-ji Rot, die Farbe Hanumans, getragen hatte, und es machte mir sehr viel aus, dass ich es verpasst hatte. Nachdem er seinen Körper verlassen hatte, schwor ich, dass ich nie an einer anderen *Bhandara* in Kainchi teilnehmen würde. Mehrere Male war ich kurz vor der *Bhandara* abgefahren und nach dem 15. zurückgekehrt. Ich fühlte mich unwohl dabei, meinen Schwur zu brechen, aber da Ma mich bat zu bleiben, hatte ich das Gefühl, ich sollte folgen. Ich rief in den USA an, um zu schauen, ob meine Rückreise früher nötig war. Doch alles war in Ordnung. Also fuhr ich zurück nach Kainchi und erzählte Ma widerstrebend, dass ich bleiben könne.

Eine Woche später zog ich in den Tempel um. Ich war sehr glücklich, wieder dort zu sein. Ich sang viele Stunden am Tag mit den *Kirtan Walas*. Es war einfach traumhaft für mich, so Stunde um Stunde singen zu können und alle meine Sorgen und Bedenken loszulassen. Doch mein Problem nagte weiter an mir.

Ich fand eine Stelle im hinteren Bereich des Tempels, wo ich den Nachthimmel sehen konnte. Ich schaute zu den Sternen auf. Alles, was ich sah, war mein eigener Kummer. Ich fühlte mich so von Maharaj-ji getrennt, dass ich es fast nicht ertragen konnte. Ich sagte zu ihm: »Maharaj-ji, wenn du mich so in die Staaten zurückschickst, ohne deinen Segen, dann kann ich nicht mehr die Verantwortung übernehmen für das, was ich tue!«

Ich schwöre, ich hörte ihn lachen ... Aber sonst geschah nichts.

Eines Tages rief mich Siddhi Ma zu sich. Ich erzählte ihr, dass ich es nie so recht überwunden hatte, nicht zurückgekommen zu sein, bevor Maharaj-ji seinen Körper verließ. Sie redete eine Weile mit mir und schickte mich dann fort. Ich dachte, ich hätte sie durch meinen schwachen Glauben vielleicht beleidigt. In der folgenden Nacht hatte ich einen sehr eindrucksvollen Traum: Ich saß im Wartezimmer eines Zahnarztes, als mir plötzlich alle Zähne ausfielen. Ich würgte an ihnen und hustete, als die Tür zum Behandlungszimmer aufsprang und Siddhi Ma im Zahnarztkittel herauskam. Sie zog die Zähne aus meiner Kehle und rettete mich vor dem Erstickungstod. Schweißgebadet wachte ich auf. Als ich Tewari den Traum erzählte, meinte er: »Sehr gut! Sie entfernt die Hindernisse auf deinem Weg.«

Es war nur noch wenige Tage bis zur *Bhandara;* danach würde ich nach Amerika zurückkehren. In meinem Herzen hatte sich nichts verändert; ich wusste das. Ich war sehr verzweifelt. Es war schrecklich, zu spüren, wie meine eigenen Beschränkungen mich davon abhielten, das Einzige zu tun, was mir helfen konnte, diese Beschränkungen zu überwinden.

Am Abend vor der *Bhandara* ging ich in die Dunkelheit hinter dem Tempel, schaute in den Nachthimmel und rief zu Maharaj-ji: »Du hast noch nichts getan. Das ist dein Problem. Ich singe zu den Leuten in deinem Namen. Tu etwas!«

In den alten Zeiten hatte Maharaj-ji mir aufgetragen, ein langes rotes *Ulfie* zu tragen, während ich in Indien war. Ich hatte mein altes *Ulfie* mitgebracht, aber ich schwor mir, es nur zu tragen, wenn Maharaj-ji oder Siddhi Ma mir irgendwie auftrugen, es anzuziehen. Jedes Mal, wenn ich auf dieser Reise Siddhi Ma begegnete, stellte sie mich den anderen Devotees mit Sätzen vor wie: »Das ist Krishna Das. Er war der erste Priester im Durga-Tempel. Damals trug er ein langes rotes *Ulfie*.« Ich wartete darauf, dass sie sagen würde: »Warum ziehst du es nicht wieder an?« Aber sie sagte es nicht. Also zog ich es nicht an. Es war sehr heiß um diese Jahreszeit, sodass ich immer ein leichtes T-Shirt und einen dünnen *Lungi* (langes Stück Stoff, das um die Hüften gewickelt wird) trug.

Am Morgen der *Bhandara,* Hanumans besonderem Festtag, trat ich aus meinem Zimmer, um zum Chanten zu gehen – und hielt inne. Ich dachte mir: »Krishna Das, du bist ein echter Idiot. Du versuchst immer noch, Maharaj-ji zu zwingen. Du weißt, dass du gerne das rote *Ulfie* tragen würdest, also zieh es doch einfach an! Du brauchst niemanden, der dich dazu auffordert. Maharaj-ji hat dich einst selbst gebeten, es zu tragen, und er mochte es, also zieh es an.« Ich ging zurück in mein Zimmer und zog mich um.

Als ich wieder heraustrat, starrten mich die ganzen Leute, die sich für die *Bhandara* versammelt hatten, an. Ich konnte sehen, wie sie sich fragten, wer wohl dieser große weiße Affe in einem roten *Ulfie* sei. Aber ich ging einfach zu den Kirtan-Jungs und sang mit ihnen. So auf mein Herz zu hören, war ein kleiner, aber notwendiger Schritt vorwärts gewesen, um mich aus meiner Situation zu befreien. Ich sang ein paar Stunden, dann ruhte ich mich aus. Als ich wieder erwachte, nahm ich ein Bad und kehrte zur Menge zurück.

Es waren Tausende von Besuchern im Tempel und weitere Zehntausende standen draußen Schlange, um auf ihr *Prasad* zu warten. Siddhi Ma saß hinten im Tempel auf einer kleinen Mauer neben den Stufen und sprach mit den Leuten nach ihrem *Prasad*. Ich ging und stand lange in ihrer Nähe, während ich einfach die Szene beobachtete. Von meinem Standpunkt aus konnte ich die sich langsam bewegende Schlange der Devotees bis weit auf die Straße hinaus sehen. Und ich sah die Devotees, die eifrig *Prasad* austeilten, und die Geschäftigkeit auf allen Seiten.

Während ich all das wahrnahm, schien es mir, dass Maharaj-ji jedes Tun, jeden Gedanken jeder einzelnen Person steuerte. Ich sah, wie er all diese Menschen nach Kainchi geholt hatte, Nahrung in ihren Mund legte und sie dann wieder dorthin zurückführte, wo sie hergekommen waren. Das Lustige daran war, dass ich auch sah, wie sie alle meinten, sie selbst hätten sich hierhergebracht: Lass uns doch zur *Bhandara* nach Kainchi fahren; wir können den Zug nehmen und dann den Bus, unser *Prasad* nehmen und sind am nächsten Tag wieder zu Hause ...!

Die geheimnisvollen Wege der großen Meister sind uns nicht erkenntlich. Maharaj-ji schien nichts zu tun, doch es geschah alles genau so, wie es sein sollte. Er kümmerte sich um alles: vom Schnippeln des Gemüses bis zum Sonnenaufgang. All das waren eher Gedanken als echte Visionen, doch ich fühlte mich sehr friedvoll und entspannt dabei.

Als ich in jener Nacht wieder hinter dem Ashram gen Himmel schaute, sagte ich zu ihm: »Nun, es sieht so aus, als würdest du mich nicht heil machen. Ich muss in ein paar Tagen zurück, und es hat sich noch nichts geändert. Ich nehme an, so wird es eben bleiben, und das ist in Ordnung. Was kann ich schon daran ändern? Ich weiß, dass ich dich nicht dazu bringen kann, etwas zu tun, was du nicht tun willst. Ich werde eben so in die Staaten zurückkehren. Es ist nicht so schlimm; ich schaff das schon. Ich werde Kirtan singen und irgendwie damit umgehen. Irgendwie wird alles in Ordnung sein.« Als ich mich gerade abwandte, um zurück in mein Zimmer zu gehen, schoss eine riesige Sternschnuppe über den Himmel! Ich hatte das Gefühl, Maharaj-ji sagte: »Okay, abgemacht.«

Ich hatte mich vom Ufer losgemacht und trieb frei in Richtung offenes Meer. Natürlich hatte ich immer noch keine Ahnung, was auf mich zukam.

Beim Erwachen am nächsten Morgen merkte ich allmählich, dass in mir ein tiefer, für mich ungewöhnlicher Frieden herrschte. Maharaj-ji hatte so sanft angefangen, mich in sich aufzunehmen, dass ich es kaum bemerkt hatte. Ich schwebte in einem tiefen, entspannten Zustand und fühlte mich sehr gelassen und still in mir.

Am Nachmittag des 17. Juni wartete ich darauf, Siddhi Ma vor meiner Abreise noch einmal zu sehen. Ich merkte plötzlich, dass ich in all meiner Zeit in Kainchi diesmal noch gar nicht den Durga-Tempel aufgesucht hatte, wo ich einst *Pujari* gewesen war.

Nach wie vor waren viele Leute da, also ging ich hinter den Tempel und ließ mich an einer Stelle nieder, wo ich ungestört sein würde. Ich lehnte mich gegen die Wand des Tempels, schloss die Augen und spürte sofort eine Leichtigkeit des Seins. Als ich die Augen öffnete, wurde mir klar, dass ich lange »weg« gewesen war. Doch als mein Bewusstsein zurückkehrte, war »ich« nicht mehr auf die gleiche Weise da. Es gab nur eine riesige Präsenz, erfüllt und leer gleichzeitig – ein allumfassender Raum, außerhalb dessen nichts sein konnte. Weit weg in diesem Raum schien es eine kleine Verdichtung der Atmosphäre zu geben, eine kleine Gedankenwolke. Als ich sie bemerkte, erkannte ich, dass sie das Krishna-Das-Sein ausmachte. Ich sah »mich« und wusste, dass diese Gedanken nicht sind, was ich bin, selbst wenn ich sie dachte! Es tauchte kein Gedanke von »Wer bin ich dann?« auf, weil es niemanden gab, der dies denken konnte. Es gab nur tiefen Frieden und Sein.

Jeder, den ich sah, war von Schönheit und Liebe erfüllt, und es gab keinen Abstand zwischen uns. Es gab auch keine Eile. Alle Zeit der Welt war vorhanden, um da zu sein und diese Liebe für jeden zu spüren. Es war nicht »meine« Liebe und es war nicht Maharaj-jis Liebe. Er war nicht von dieser Präsenz zu unterscheiden, die alles und jeden umgab. Die ganze Welt war von dieser Präsenz und tiefen Anmut erfüllt. Es geschah alles in ihm. Es gab nichts außerhalb davon, es konnte nichts außerhalb davon geben.

Maharaj-ji hatte mich in einen Zustand der Stille, des Friedens und der Präsenz geatmet. Er war riesig. Es gab keinen Ort, wo er nicht war. Er hatte mich in sich selbst gehoben, jenseits meiner Emotionen und jedes Begriffsvermögens. Der Vorhang hatte sich für einen Augenblick geöffnet; er hatte mich einen kleinen Teil seiner selbst erfahren lassen. Das Erstaunliche war, dass ich nicht bemerkt hatte, dass etwas mit mir geschah. Er hatte seine Decke über mich geworfen und mich so dicht zu sich genommen, dass ich ihn nicht mit den Augen meiner Emotionen und meines Verstands sehen konnte. Ich konnte nur in seiner allumfassenden Gegenwart sein.

Als ich über den Hof ging, bewegte sich nichts. Die Leute redeten und das Leben ging weiter, aber es gab nur Stille, eingehüllt in den tiefsten, süßesten Frieden. Wo ich mich auch hinwandte, strömte mir Liebe zu. Die Leute kamen, um sich zu verabschieden, und ich war frei, sie mit offenen Armen zu empfangen. Ich musste sie nicht wegschieben oder mich von der Liebe abwenden. Ich war in ihm zu Hause. Seit der Zeit, da ich nicht zurückgekommen war, um für ihn zu singen, hatte ich ein Messer im Herzen. Dieses Messer war fort. Ich war frei von der Vergangenheit und all ihrem Herzschmerz.

Ich sah mein »Krishna-Das-Sein« wie eine kleine Blase auf der Oberfläche des Meeres. Wenn ich denke: »Ich bin Krishna Das – die Blase«, ist das Meer nicht weg. Ich bin mir seiner nur gerade nicht bewusst. Was ich über mich selbst angenommen hatte, hatte keinen

Einfluss auf diese Präsenz, veränderte sie nicht. Diese Präsenz ist immer hier; nichts kann außerhalb von ihr existieren. Ich sah, dass es in Ordnung war, »dumm« zu sein und zu denken, ich sei »ich«, denn selbst wenn ich dachte, ich sei »ich«, war ich es nicht! Das ist nur eine vorübergehende Verrücktheit. Wenn ich denke: »Ich bin die Welle«, verschwindet dann das Meer? Die Welle ist nichts als Meer, das durch die Winde des Karmas eine flüchtige Gestalt annimmt.

> *Ich habe über den Unterschied zwischen Wasser*
> *und den Wellen darauf nachgedacht.*
> *Sich erhebend ist das Wasser immer noch Wasser;*
> *zurückfallend ist es Wasser.*
> *Kannst du mir raten,*
> *wie ich sie unterscheiden kann?*

> *Weil jemand das Wort »Welle« erfunden hat,*
> *muss ich sie deswegen unterscheiden*
> *vom Wasser?*

> *Es gibt einen GEHEIMNISVOLLEN EINEN in uns;*
> *die Planeten in allen Galaxien*
> *gleiten durch seine Hände wie Perlen.*

*Diese Perlenkette sollten wir mit leuchtenden Augen betrachten.*

KABIR[27]

---

[27] Aus *Kabir: Ecstatic Poems,* übersetzt von Robert Bly (Beacon Press).

In Kainchi, 1972. *(Mit freundlicher Genehmigung von Chaitanya)*

In Kainchi, 1995.

Jetzt war ich frei, zurück in den Westen zu gehen und wieder mit dem Singen zu beginnen, mich hundertprozentig dem Chanten hinzugeben. Ich musste nicht mehr fürchten, dass es danebengehen würde. Ich sah, dass die Leute, von denen ich dachte, dass sie sich zu mir hingezogen fühlten, sich eigentlich gar nicht zu mir hingezogen fühlten. Sie wollten eine Verbindung zu diesem Zustand der Liebe, mit dem ich auch verbunden sein wollte. Es ging nicht um mich, auch wenn es auf mich so wirken mochte! Ich konnte atmen, vielleicht zum ersten Mal in meinem Leben. Der Fluss hatte das Meer erreicht, Wasser floss in Wasser, und es gab nur Wasser. Ich setzte mich ins Auto und fuhr aus dem Kainchi-Tal hinaus.

Und nichts bewegte sich im Universum.

Diese Erfahrung blieb mir fast neun Monate lang erhalten. In all dieser Zeit konnte ich weiterhin diesen Zustand spüren, auch wenn er langsam verblasste. Eines Tages bemerkte ich, dass er zu einer Erinnerung geworden war. Doch er hatte eine so tiefe Veränderung in meinem Leben bewirkt, dass ich es seitdem in »davor« und »danach«

einteile. Eine ganz grundlegende Art des Seins in der Welt hatte sich für mich verändert.

Nach meiner Ankunft in New York ging ich Freunde besuchen. Als ich in ihre Wohnung kam, sahen sie sich gerade ein Video über Maharaj-ji an. Beim Blick auf den Bildschirm brach ich in Lachen aus: »Das ist nicht Maharaj-ji. Das ist die Maharaj-ji-Puppe.« Ich begriff intuitiv, dass der eigentliche Maharaj-ji, jenes unendliche, mitfühlende Wesen, die EWIGE PRÄSENZ, um unseretwillen in diese Puppe, diesen Körper gekommen war. Als Puppen/Menschen mit Puppen-Augen können wir nur andere Puppen erkennen. Aus Barmherzigkeit, damit wir sehen – und im Sehen glauben – können, hatte er eine »kleine« Gestalt angenommen, ein Fragment seines WAHREN SELBST. Krishna hat Arjuna die göttliche Sicht der Dinge gezeigt; so hatte auch Maharaj-ji meine Augen für einen Moment geöffnet. Für einen unvergesslichen Moment.

Mir bleibt nur, vor Verwunderung über all diese Gnade und Anmut den Kopf zu schütteln.

# In den Fussspuren der Liebe: Ma und Baba Tewari

Für mich war es eine reale Manifestation der Gnade Maharaj-jis, dass ich jahrelang mit meinen indischen Eltern Ma und K.C. Tewari leben und reisen konnte. Wir pilgerten zu allen heiligen Orten Indiens. Die Inder staunten immer wieder, wenn Ma Tewari, diese winzige Frau, an meiner Hand den Hanuman Dhara, einen Hügel in Chitrakut, emporwanderte oder in Benares über die *Ghats* (breite Treppe) zu einem Bad im Ganges hinabstieg.

Ma lächeln zu sehen, war eine wundersame Sache. Das Mitgefühl und die Sanftmut ihres Wesens strahlten wie die Sonne, wenn sie die Wolken durchbricht, und ließen meine Welt für eine Weile erträglicher erscheinen. Sie fütterte mich bis zum Platzen mit einfach himmlisch schmeckendem Essen, und ihre Liebe rettete mich immer wieder davor, in meinem schwarzen Loch merkwürdiger westlicher Emotionen zu verschwinden. Einmal war ich nicht in der Lage gewesen, etwas zu besorgen, das sie brauchte, und sagte ihr, es tue mir sehr leid, ich sei ein schlechter Sohn. Sie schaute zu mir auf und meinte zärtlich: »Wo könnte man noch so einen Sohn wie dich herbekommen?«

K.C. war der beste Freund, den man je haben kann. Egal wie durcheinander und deprimiert ich war, er holte mich mit seiner Liebe und seiner Fähigkeit, die Dinge auf den Punkt zu bringen, immer wieder heraus. Er war Schullehrer gewesen und zum Direktor einer der meistangesehenen Schulen Indiens aufgestiegen. Aber das war nur die äußere Hülle. Er war ein versteckter Yogi, der seit seiner Kindheit meditierte und *Tapasya* (strenge spirituelle Übungen) praktizierte. Wo auch immer wir hinreisten, wurde er von den Sadhus und Babas mit Ehrerbietung begrüßt.

Der Yogi und Heilige Swami Gopalanand erzählte mir einmal, K.C. sei der größte Yogi, den er im Lauf seiner vielen Jahre mit Sadhus und großen Heiligen gesehen habe. Er war vollkommen davon überzeugt, dass K.C. die Naturkräfte beherrschen könne.

Es wird erzählt, als das Dach des Hanuman-Tempels in Bageshwar gedeckt werden sollte, seien eines Morgens zu wenig Arbeiter da gewesen. Der Zement war vorbereitet, und wenn er nicht im Lauf des Tages verarbeitet würde, wäre er verdorben. Um acht Uhr morgens eilte Swami Gopalanand los, um K.C.s Sohn Sharad um Hilfe zu bitten; dieser arbeitete in Bageshwar und hatte genug Einfluss, um Arbeiter auftreiben zu können. Swami-ji fand Sharad nicht und trug sein Problem daher K.C. vor, der darüber nur lachte und zu ihm sagte: »Du meinst, für Gottes Werk die Hilfe eines einfachen Mannes zu brauchen, der nur für Elektrizität verantwortlich ist? Gott wird sich selbst um seine Arbeit kümmern.« K.C. versicherte Swami-ji, dass bis halb elf mindestens 50 Arbeiter bei der Baustelle auftauchen würden.

Plötzlich bedeckte sich der Himmel; es begann, heftig zu regnen. In der Nähe des Tempels war eine große Baustelle der Regierung. Die Arbeiter wollten bei dem Wolkenbruch nicht weitermachen, also blieb dem Aufseher nichts anderes übrig, als sie für den Tag zu entlassen. Um halb elf hörte der Regen auf und all die Arbeiter kamen zu Swami-ji, um das Dach zu decken.

Auf einer meiner vielen Pilgerreisen mit den Tewaris verbrachten wir einige Zeit bei Punjabi Bhagavan, einem Baba, der den großen *Sewashram* (Ort, der dem Dienen gewidmet ist) in Janaki Kund leitet. Janaki Kund liegt am Ufer des Mandakini-Flusses, der durch Chitrakut fließt, einer sehr heiligen Stätte Indiens. In der *Ramayana* wird erzählt, dass Ram mit seiner Frau Sita und seinem Bruder Lakshman nach Chitrakut kam, nachdem er aus seinem Königreich verjagt worden war. Sie verbrachten zwölf Jahre im Frieden und in der Schönheit des Dschungels und der Hügel. Die ganze Gegend ist von einer seltenen Anmut geprägt. Viele wandernde Sadhus und Babas geben sich dort ihrer Verehrung Rams hin. Ständig wird irgendwo gesungen und *Puja* abgehalten.

Punjabi Bhagavan erzählte uns, dass ein Sadhu dort vor vielen Jahren in einer nahe gelegenen Höhle intensive spirituelle Übungen praktizierte. Er tat das schon seit langer Zeit, aber niemand wusste von ihm. Eines Tages kam Maharaj-ji in die Gegend und saß auf einem Stein im Fluss. Er schickte jemanden, »den Yogi zu holen, der in dieser Höhle lebt«. Zuerst wollte der Sadhu nicht gestört werden, aber dann interessierte es ihn doch, wer ihn gerufen habe. Maharaj-ji redete sehr freundlich mit dem Sadhu und befragte ihn nach seiner spirituellen Praxis. Dann sagte er ihm, er solle sie aufgeben und hier einen großen Ashram bauen, um den wandernden Sadhus zu dienen. Der Sadhu lehnte das ab und ging zurück in seine Höhle, um weiterzupraktizieren. Punjabi Bhagavan gab schließlich zu, dass *er* dieser Sadhu war, und sagte in liebevollem Ton: »Wenn ich an jenem Tag auf Maharaj-ji gehört hätte, dann hätte er die ganze Verantwortung für diesen Ashram gehabt. Aber ich war jung und dickköpfig. Jetzt bin ich hier und tue, um was er mich gebeten hat, aber das ganze Gewicht liegt auf meinen eigenen Schultern.«

Während unserer Zeit in Chitrakut war ich sehr traurig, weil Siddhi Ma mir versprochen hatte, mit mir dorthin zu fahren, aber in letzter Minute war sie dann doch nicht abkömmlich gewesen. Sie schickte mich mit den Tewaris los und meinte, ich würde in Chitrakut Maharaj-ji sehen. So war ich jeden Tag durch den Dschungel gewandert und hatte laut gerufen: »Ich bin hier, wo bist du?« Nichts geschah. Ich wurde immer niedergeschlagener. Dann hatte ich einen starken Traum von Maharaj-ji.

Im Traum war ich zusammen mit ihm im Haus eines Devotees.

Wir versuchten, aus dem Haus zu kommen, um von allen wegzurennen. Wir liefen die Treppe hinauf und einen Flur entlang, aber der einzige Ausweg schien ein Fenster im zweiten Stock zu sein. Maharaj-ji hüpfte auf das Fensterbrett und sprang nach unten. Er landete auf den Füßen und schaute zu mir hoch, als wollte er sagen: »Okay, und was machst du jetzt?« Ich kletterte auf das Sims und sprang ebenfalls hinunter, schlug dabei sogar einen Salto und landete neben ihm. Ich schaute ihn mit einem Ausdruck von »Siehst du!« an, dann rannten wir beide lauthals lachend davon.

In der nächsten Traumszene saß er im Dschungel – um ihn herum seine Devotees. Er deutete auf die Devotees, dann auf den Boden vor ihnen. Jeder von ihnen langte hinab in die Erde und zog Juwelen und Diamanten hervor. Ich stand weiter hinten. Als er mich anschaute und auf den Boden vor mir zeigte, griff ich hinab und zog einen riesigen Diamanten hervor, so groß wie ein Fußball. Er sah mich an, als wollte er fragen: »Und was machst du jetzt?« Ich warf den Diamanten hoch in die Luft, und während all die anderen Devotees versuchten, ihn zu fangen, rannten Maharaj-ji und ich Arm in Arm in den Dschungel davon, ungestüm lachend vor Freude und Liebe. Es war ein höchst erstaunliches Gefühl der Nähe und der Liebe. Doch ich erkannte auch deutlich, dass ich in meinem Unbewussten *ihn* immer noch mehr wollte als alles, was er »geben« konnte.

Eines Tages gingen K.C. und ich ans Ufer des Mandakini-Flusses und saßen auf dem großen Stein, wo Maharaj-ji zu sitzen pflegte, wenn er in Chitrakut war. K.C. erzählte mir eine Geschichte über einen Devotee von Maharaj-ji, dessen Sohn eine ungewöhnliche Art von Trunkenbold war. Zusammen mit seinen Freunden verwendete er Alkohol als eine Art »Schmiermittel« fürs Herz. Sie betranken sich, sangen dann die ganze Nacht hingebungsvolle Lieder an Gott und schliefen daraufhin den ganzen Tag. Dieser Sohn – ich nenne ihn hier »BG« – wollte seine Mutter vor vorgeblich heiligen Männern schützen, die naiven Gläubigen das Geld aus der Tasche zogen. Als BG hörte, dass Maharaj-ji in seinem Haus gewesen war, schwor er, ihm die Seele aus dem Leib zu prügeln, falls er noch einmal auftauchte. Als Maharaj-ji nach seinem nächsten Besuch fortging, sprang BG daher auf und lief hinter ihm auf die Straße. Er zog sich einen Schuh aus, um Maharaj-ji damit zu schlagen. Andere Devotees versuchten, BG festzuhalten, aber Maharaj-ji wies sie an: »Nein! Lasst ihn tun, was er tun muss.« Doch als BG bei Maharaj-ji ankam, fiel er plötzlich unhaltbar schluchzend zu Boden. In diesem Augenblick veränderte sich sein Leben von Grund auf und er rührte nie wieder einen Tropfen Alkohol an.

Nach diesem Ereignis hatten BG und Maharaj-ji eine ganz besondere Beziehung. Sie zogen gemeinsam durch die Berge und Dschungel. Wenn jemand wissen wollte, wo sich Maharaj-ji aufhielt, musste er nur BG finden, denn sie waren immer zusammen. In jenen Tagen gab es kaum Telefone, es war daher oft schwierig, Maharaj-ji zu finden, weil er immer von Stadt zu Stadt und von Haus zu Haus wanderte, um Devotees zu besuchen. Die Tempel wurden erst in den letzten Jahren errichtet, um einen Ort zu schaffen, wo die Devotees mehr Zeit mit ihm verbringen konnten.

Etliche Jahre vergingen und BGs Mutter starb. Eines Tages sagte Maharaj-ji zu ihm: »Du hast doch diese Juwelen geerbt, die deine Mutter in der Schublade der Schlafzimmer-Kommode versteckt hat? Verkauf sie und kauf einen Lastwagen!« BG fand die Juwelen, von denen er keine Ahnung gehabt hatte, und erwarb für ihren Erlös einen Lastwagen. »Okay, jetzt kauf eine Ladung Kartoffeln und bezahle dafür diesen Betrag«, wies ihn Maharaj-ji weiter an, »dann fahre sie in diese andere Stadt und verkaufe sie dort für jenen Betrag.« Innerhalb kurzer Zeit hatte BG eine ganze Lkw-Flotte und war ein gemachter Mann. Eines Tages sagte Maharaj-ji zu ihm: »Du hast doch dieses Stück Land geerbt? Baue darauf eine kleine Hütte und lebe dort wie ein Heiliger. Lass deine Haare wachsen und trage weiße Kleidung.« Also errichtete BG eine kleine Hütte und begann, wie ein Sadhu zu leben. Er sang schöne heilige Lieder, und Tausende von Leuten kamen zu ihm, um mit ihm zu singen. Er fing an, sehr tiefe spirituelle Erfahrungen zu haben, und die Leute betrachteten ihn allmählich als Heiligen.

Auch viele Frauen kamen zu ihm, kochten und kümmerten sich um BG. Mit einer Frau ließ er sich ein. Sie wurde schwanger – ein großer Skandal. Maharaj-ji sagte zu ihm: »Also gut, das ist jetzt vorbei. Schneide deine Haare, schließe die Hütte ab. Du bist jetzt verheiratet. Geh und lebe mit ihr und kümmere dich um deine Familie.« Also tat er das.

Als mir Tewari davon erzählt hatte, meinte ich: »Wow, er hat es echt vermasselt, stimmt's?«

K.C. sah mich an, als wäre ich nicht ganz richtig im Kopf. »Mein Sohn, stimmt etwas nicht mit dir? Begreifst du nicht? Diese Arbeit, diese Spiritualität, ist, als ob man Sprengstoff lädt.« Er erklärte mir, dass Maharaj-ji BG in einen sehr hohen Bewusstseinszustand gebracht hatte, wo sein Handeln kein Karma mehr erzeugte. Aber ein menschliches Wesen kann nur eine gewisse Zeit in diesem Zustand verweilen, ohne seinen Körper zu verlassen, weil er dann nicht mehr benötigt wird. »Maharaj-ji wusste genau, wie viel Sprengstoff er laden konnte, ohne dass die Sache in die Luft flog. Und indem er ihn zum Familienvater machte, hat er BG zurück in den Körper geholt.«

Als K.C. Anfang dreißig und noch unverheiratet war, besuchte er zusammen mit Maharaj-ji das Haus eines Devotees in Haldwani, der kürzlich verstorben war. Die jüngste Tochter kümmerte sich um die ganze Familie, inklusive der älteren Schwestern und deren Ehemänner. Als Maharaj-ji und Tewari dort waren, bediente sie sie mit viel Liebe und Ehrerbietung. Ständig ging sie ein und aus, um ihnen zu essen und zu trinken zu bringen. Maharaj-ji sagte zu Tewari: »Schau nur, wie schön sie ist. Wie wundervoll sie uns bedient.« Maharaj-ji sprach immer wieder von ihr und ihren wunderbaren Eigenschaften. Schließlich meinte er zu Tewari: »Du solltest dieses Mädchen heiraten.«

Tewari erwiderte: »Das werde ich nicht tun. Du weißt, ich habe geschworen, nicht zu heiraten.« Tewaris Eltern waren in seiner Kindheit gestorben, sodass er bei einer Tante aufgewachsen war, die jedoch ebenfalls starb, noch bevor er erwachsen war. Er hatte geschworen, Junggeselle zu bleiben und das Familienleben zu meiden.

Maharaj-ji widersprach: »Nein, nein, du solltest sie heiraten. Ist sie nicht schön? Sieh nur, wie sie sich um alles kümmert. Sie ist eine Johanna von Orleans.«

Tewari widersetzte sich heftig.

Maharaj-ji meinte daraufhin: »Wir werden dieses Haus nicht verlassen, bis zu bereit bist, sie zu heiraten.«

So rangen die beiden miteinander.

Nach drei Tagen sagte Tewari schließlich zu Maharaj-ji: »Also gut, ich heirate sie unter einer Bedingung: Wenn du bereit bist, für alles, was in dieser Ehe auftaucht, die Verantwortung zu übernehmen – wenn du mir das schriftlich gibst, dann tue ich es.«

Maharaj-ji antwortete: »Wie bitte?! Niemals! Was denkst du denn, wer ich bin?«

Tewari meinte nur: »Prima, dann heirate ich nicht.«

Schließlich ließ sich Maharaj-ji auf Tewaris Bedingung ein. Ich habe die Heiratsurkunde gesehen; darauf steht: »Ich, Neem Karoli Baba, übernehme die volle Verantwortung für alle Probleme im Zusammenhang mit dieser Ehe.« Und in goldener Tinte hat Maharaj-ji unterschrieben.

Meine indischen Eltern, Ma und K.C. Tewari

Nach einer Weile kam der Tag der Hochzeit. Als Tewari sich auf die traditionelle Prozession begeben sollte, um die Braut zu treffen, hörte er davon, dass Maharaj-ji in der Nähe sei. Tewari verließ die

Prozession, um ihn zu sehen. Sie saßen lange beieinander, bis jemand zu Maharaj-ji sagte: »Was hältst du diesen Mann hier auf? Sie warten mit der Hochzeit!« Maharaj-ji schickte Tewari mit Worten der Ermutigung weg. Nun fand die Hochzeit statt.

K.C. hatte einen unglaublichen Sinn für Humor. Einmal beschrieb er all die strengen yogischen Übungen, die er als junger Mann praktizierte, um sexuell enthaltsam zu bleiben. Er erzählte von stundenlangen *Pranayamas* (Atemübungen) und *Asanas* (Körperhaltungen), die er täglich durchführte; mit zehn eiskalten Bädern pro Tag versuchte er, seinen sexuellen Trieb in Schach zu halten. Eines Tages grinste er mich während solcher Erzählungen schelmisch an. »Weißt du, eigentlich habe ich erst nach meiner Eheschließung meine erste *Samadhi*-Erfahrung erlebt!«, erklärte er lachend.

Er war ein unermüdlicher Yogi. Jeden Morgen setzte er sich um vier Uhr früh im Bett auf und blieb stundenlang so sitzen, völlig weltvergessen. Wenn die anderen dann erwachten und Leben ins Haus kam, nahm er die *Mala* (Gebetsperlen), die ihm Maharaj-ji gegeben hatte, und praktizierte den ganzen Tag *Japa,* die Wiederholung von Mantras. An vielen Morgen wachte ich neben ihm auf und sah ihn dort sitzen wie eine lebende Shiva-Statue.

Tewaris Vorstellung von einer »Party« war eine ganze Nacht des *Puja,* des rituellen Gebets. Wir reisten oft zusammen und er liebte es, bei diesen kleinen Shiva-Tempeln am Wegesrand anzuhalten. Die Böden standen oft zentimeterhoch unter Wasser und alles mögliche Getier kroch darin herum. Er setzte sich einfach hin und konnte stundenlang dableiben, Mantras rezitieren und meditieren. Ich saß nass und missmutig daneben und versuchte, mich nicht von den ganzen Krabbelviechern beißen zu lassen. Trotzdem war es großartig!

Bevor er Maharaj-ji begegnet war, hatte Tewari einen anderen großen Guru gehabt, der ihn lehrte, seine stundenlangen *Pujas* zu singen. Tewari sang sie, so laut er konnte; er hatte eine Stimme wie eine

Kettensäge. Wenn er zum Beispiel zu *Shivaratri,* der großen Nacht zu Ehren Shivas, seine langen Gebete sang, war er weit und breit zu hören. Er sang vier *Pujas* hintereinander, die jeweils drei Stunden dauerten, ohne Unterbrechung. Mrs. Tewari saß dabei neben ihm, läutete die Glocke und bot die Opfergaben dar. Es war fantastisch.

Einmal gingen ein Freund und ich zu *Shivaratri* zum Haus der Tewaris oben auf einem Berg in Nainital. Sie begannen ungefähr um acht Uhr abends mit der *Puja* und endeten um sechs Uhr morgens. Ich war fest entschlossen, die ganze Nacht über wach zu bleiben. Gegen Mitternacht legte sich mein Freund hin und schlief ein. Tewari war das egal; er sagte zu mir: »Leg dich ruhig dort hin. Geh nicht fort. Dann kriegst du alles Gute mit ab.« Aber ich war entschlossen und blieb die ganze Nacht wach. Um sechs Uhr morgens weckte ich meinen Freund; Tewari kam, um uns das *Prasad* von der *Puja* zu geben.

Zuerst nahm er einen Apfel, gab ihn meinem Freund und meinte: »Ich gebe dir das EINE«, das bedeutete, das ABSOLUTE, das HÖCHSTE SEIN. Ich schaute zu ihm hinüber und dachte: »Hä? Na gut, wow.« Dann kam er zu mir, gab mir fünf Äpfel und sagte: »Ich gebe dir die fünf *Tattwas,* die fünf Elemente, aus denen die Welt besteht.« Ich lächelte bemüht und bedankte mich. Innerlich dachte ich jedoch: »Was? Mir gibst du die Welt und diesem Kerl hast du das EINE gegeben – wo er doch die ganze Nacht geschlafen hat?«

Die ganze Energie der *Puja* stieg mir in den Kopf. Ich merkte, dass ich anfing, auszuflippen. Ich bedankte mich lächelnd und ging mit meinem Freund wieder den Berg hinunter. Der Hang war so steil, dass man in Serpentinen gehen musste. Wir brauchten ungefähr vierzig Minuten bis zum Hotel. Doch als ich mich ins Bett legte, brausten die Gedanken so sehr durch meinen Kopf, dass ich mich fühlte, als müsste ich gleich abheben: »Mir hat er die Welt gegeben? Warum hat er mir die Welt gegeben, wenn er diesem Typ das EINE gegeben hat?« So ging es stundenlang. Völlig verrückt.

Schließlich sprang ich aus dem Bett und rannte geradewegs den Berg hinauf. Ich brauchte kaum zwei Minuten, dann klopfte ich bei den Tewaris an die Tür. K.C. öffnete mir mit einem breiten Lächeln.

Er hatte auf mich gewartet. Er wusste genau, was er in mir ausgelöst hatte. »Komm rein, komm rein«, sagte er. »Beruhige dich, mein Junge. Komm rein.« Sie bereiteten Tee für mich und gaben mir zu essen. Allmählich kam ich wieder zu mir.

K.C. wusste immer genau, wie er meine empfindlichen Stellen kitzeln und mich verrückt machen konnte, um mir zu helfen, mich zu entspannen und mich nicht mehr so ernst zu nehmen. Er liebte mich so sehr und war immer für mich da, wenn ich mal wieder einen meiner vielen Zusammenbrüche hatte.

Einmal hörte ich in einem Tempel einen kurzen Ausschnitt aus einem Gebet, der mich sehr berührte. Ich wusste nicht, zu welchem Gebet er gehörte, also fragte ich K.C. eines Abends, als wir zusammen Tee tranken, nach dem Gebet, in dem die Worte *Narayani Namo Stu Te* vorkommen.

»Sicher, das ist mir bekannt.«

»Kannst du es mir beibringen?«

»Natürlich.«

Ich zückte mein Notizbuch. K.C. begann, das Gebet zu rezitieren – zuerst ganz langsam. Ich notierte die Worte, wie ich sie verstand. Doch nach wenigen Minuten vergaß er offensichtlich, dass ich neben ihm saß; er verlor sich vollkommen in seinem Gebet. Ich legte mein Notizbuch nieder und hörte einfach zu. Es war ein Gebet an die Göttin Durga, und er sang es mit tiefer Bewegung. Als er das Ende des Gebets erreicht hatte, brach ihm die Stimme, Tränen flossen über seine Wangen. Immer und immer wieder sang er *Narayani Namo Stu Te, Narayani Namo Stu Te*.

Plötzlich war er still. Ich öffnete die Augen und sah, dass er vollkommen bewegungslos dasaß, die Arme erhoben. Die Tränen liefen ihm weiterhin über die Wangen, aber ich bemerkte, dass er nicht mehr atmete. Er war vor meinen Augen in *Samadhi* eingetreten ... Ich war sauer; ich schaffte es nicht um alles in der Welt, auch nur eine Ahnung von diesem Bewusstseinszustand zu erhaschen, und er konnte ihn nicht einmal lange genug vermeiden, um mir ein einziges lausiges Gebet beizubringen!

In diesem Augenblick kam Mrs. Tewari in den Raum, um die

Teetassen zu holen. Ich sagte: »Schau nur, Ma. Wie lange wird er in diesem Zustand bleiben?«

Sie lächelte milde, nahm die Tassen auf und sagte nur: »Weiß nicht.« Dann zog sie sich in die Küche zurück und ließ mich mit diesem weinenden Leichnam allein.

Ich hatte nur einmal zuvor ein echtes *Samadhi* derart aus der Nähe gesehen, aber das war in Maharaj-jis Anwesenheit. Das Beeindruckende war, dass sich Tewari überhaupt nicht darum bemüht hatte. Es geschah einfach, aus der Reinheit und der Kraft seiner Hingabe und Liebe. Nach einer Weile kehrte er in sein normales Bewusstsein zurück. Das Gebet lehrte er mich ein anderes Mal.

Einmal waren Maharaj-ji und K.C. in Lucknow. Sie gingen zu einem kleinen Hanuman-Tempel am Fluss, und Maharaj-ji sagte zu ihm: »Setz dich hin und mach dein *Shiva Puja*.«

Tewari lehnte ab.

Maharaj-ji drängte weiter: »Mach dein *Puja!* Mach dein *Puja!*«

»Egal was du sagst, ich werde nicht mein *Puja* machen.«

»Warum nicht?«

»Weil ich dich kenne. Du weißt, dass ich geschworen habe, jedes angefangene *Puja* zu Ende zu führen, und das wird vier Stunden dauern. Und sobald ich da sitze und angefangen habe, wirst du weglaufen. Dann sitze ich hier vier Stunden lang ganz alleine.«

»Nein, nein«, erwiderte Maharaj-ji. »Ich verspreche dir, ich werde nicht weggehen.«

»Ach, wirklich? Na gut, halte deine Ohren [indische Redewendung für ›Hand aufs Herz‹]!«

Maharaj-ji musste es K.C. formell versprechen, dass er nicht weggehen würde. Dann setzte sich K.C. hin und sang sein *Puja*. Er konnte es komplett auswendig. Maharaj-ji saß bewegungslos wie ein Stein vier Stunden lang vor ihm. In derselben Sekunde, da Tewari fertig war, sprang Maharaj-ji auf und schimpfte: »Du fieser Kerl! Wie kannst du mich hier so lange festhalten, wo ich so viel zu tun habe!« Und schon lief er weg.

Zu einem anderen Zeitpunkt kam Tewari aus Nainital zum Kainchi-Tempel und schalt auf Maharaj-ji: »Warum hast du mich hierhergeholt? Es ging mir ganz gut in Nainital, ich hatte keinerlei Absicht, hierherzukommen, aber du hast mich hergeschleift.«

Maharaj-ji schimpfte zurück: »Damit habe ich überhaupt nichts zu tun. Ich schleife niemanden hierher. Du und ich sind einfach schon seit dreiundachtzig Leben zusammen. Da passiert so etwas eben!« So spielten sie miteinander.

An Maharaj-jis letztem Tag im Kainchi-Ashram, bevor er seinen Körper verließ, versetzte er Tewari in sehr tiefes *Samadhi* und trug ihm auf, sich um die Westler zu kümmern. Maharaj-ji sagte, dass er das »Hauptgefängnis« (diese Welt) verlassen würde und dass alle Westler von nun an K.C. plagen würden. Tewari hatte diese Aufgabe bis dahin vermieden. Einige Jahre zuvor, als Maharaj-ji und K.C. alleine waren, hatte Maharaj-ji in seinen *Dhoti* gegriffen, einen riesigen Packen Geld hervorgezogen und ihn Tewari in den Schoß geworfen. Er sagte, K.C. solle nach Amerika gehen und dort Meditation lehren.

Tewari fing bitterlich zu weinen an und fragte Maharaj-ji: »Glaubst du, dass ich wegen Geld hier bin?« Also nahm Maharaj-ji das Geld zurück. Nachdem sich Tewari wieder gefasst hatte, fing er an, Maharaj-ji aufzuziehen: »Jetzt verstehe ich endlich, was für eine Art von Baba du bist. So Geld zu horten! Ich werde es allen erzählen!«

Maharaj-ji lachte und meinte nur: »Welches Geld? Du hältst dich wohl für oberschlau, aber ich bin der Schlauste von allen!« Er griff wieder in seinen *Dhoti* und zog einen Packen einfacher Zettel hervor. »Ich werde alt und mein Gedächtnis lässt nach, deswegen habe ich die Namen und Adressen all meiner Devotees auf diese Zettel geschrieben. Du bist so gierig, dass du dachtest, es sei Geld.« All das Geld war verschwunden.

Im April 1997 reiste ich mit Ma und Baba in einem Nachtzug von Lucknow nach Rishikesh. Ich half den beiden, es sich auf den unteren Liegen bequem zu machen, und kletterte dann in eines der oberen

Betten. Zu diesem Zeitpunkt waren wir schon viel miteinander durch Indien gereist. Ich freute mich immer auf einen guten Schlaf im Zug, aber in dieser Nacht war es anders. Ich schaute diese beiden alten Leutchen an und war so von Glück und Freude erfüllt, dass ich viele Stunden lang nicht einschlafen wollte, um dieses Gefühl noch zu genießen. Es gab keinen Ort im Universum, wo ich in diesem Augenblick lieber gewesen wäre, als hier im Zug mit diesen wundervollen Wesen, auf dem Weg von Irgendwo nach Irgendwo. Ich fühlte mich gesegnet und erfüllt. Es war das letzte Mal, dass wir zusammen reisten.

Ende April fuhr ich zurück in die Staaten. Im August sprach ich noch mit K.C. Nach einer Leberoperation lag er im Krankenhaus in Neu-Delhi. Ich fragte ihn, ob ich kommen und bei ihm sein solle, aber er bat mich, jetzt nicht zu kommen. Er wolle sich im Haus seiner Tochter Minoo in Delhi erholen.

Dort regenerierte er sich tatsächlich wieder vollständig und fühlte sich gesünder als seit Langem. Sein ältester Sohn Sharad kam aus Lucknow, doch gerade als er eingetroffen war, erhielt er einen Anruf von zu Hause, dass sein Sohn Nitin vom Dach gefallen und tot sei. Tewari sagte: »Er ist nicht tot!« Sharad fuhr sofort nach Lucknow zurück und stellte fest, dass Nitin wirklich nicht tot war, sondern im Koma lag. Er erzählte es seinem Vater. Tewari nahm seine Gebetsperlen auf und sagte: »Er [Maharaj-ji] hört auf mich, wenn ich das tue«, und begann zu beten. Nach drei Tagen erwachte Nitin aus dem Koma und erholte sich zunehmend auf wundersame Weise.

Kurz nachdem sich Nitins Gesundheitszustand stabilisiert hatte, erhob sich Tewari eines Morgens früh wie gewöhnlich. Er fragte Ma, wie spät es sei. Sie antwortete: »Halb vier.« Er stand auf und ging zur Tür des Badezimmers. Dort hielt er inne und stand vollkommen still. Ma fragte, ob alles in Ordnung sei. Er antwortete nicht. Dann stürzte er zu Boden und schlug mit dem Kopf an die Wand. Er wurde ins Krankenhaus gebracht und lag drei Tage lang im Koma, genauso lange wie Nitin. Dann öffnete er die Augen. Minoo saß bei ihm und fragte ihn, wie es ihm gehe. Er antwortete: »Sehr gut«, und verstarb. Er hatte sein Leben für das seines Enkels gegeben.

Aus irgendeinem Grund hatte das Krankenhauspersonal diese ganze

Zeit Ma daran gehindert, Baba zu besuchen. Sie war völlig außer sich, als sie hörte, dass er seinen Körper verlassen hatte, und weinte: »Ich hätte ihn mit meinem Mantra retten können!« Wenn Ma mit diesem Mantra *Puja* machte, brannten die Butterlampen, die sonst nur eine halbe Stunde reichten, über die ganze Dauer ihres Gebets, auch wenn es die ganze Nacht währte.

Ich hatte gerade in der Nähe von San Francisco einen Kirtan angeleitet, zum ersten Mal nicht in New York. Gerade befand ich mich auf dem Flughafen, um nach Los Angeles zu fliegen, als ich den Anruf erhielt, dass Tewari gestorben war. Ich war am Boden zerstört. Mir wurde klar, dass er mich gebeten hatte, nicht zu kommen, weil seine Liebe zu mir es ihm schwerer gemacht hätte, zu gehen. Er war mein bester Freund. Seit Maharaj-ji gestorben war, war er mein Ein und Alles gewesen, und jetzt war er fort. Der Schmerz über seinen Verlust schien mir unerträglich.

Einige Monate später kehrte ich nach Indien zurück und verbrachte eine Weile mit Ma. Angesichts meiner Verstörung gab sie mir die Gebetsperlen, die Maharaj-ji einst K.C. gegeben und die er sein Leben lang benutzt hatte. Mit diesen Perlen in den Händen fand ich endlich ein wenig Frieden.

Ma hatte Baba immer erklärt, sie wolle zuerst sterben. Hindufrauen ziehen es vor, eher als ihre Männer zu sterben. Baba hatte geantwortet: »Egal wer von uns beiden zuerst geht – es werden uns nicht mehr als achtzehn Monate trennen.« Ma verließ ihren Körper genau achtzehn Monate nach Babas Tod. Sie hatte seit Jahren körperlich sehr gelitten. Es war ein Segen, als sie aus dem schmerzhaften Gefängnis ihres Körpers entlassen wurde.

Einmal saß ich bei ihr, als sie vor Schmerzen stöhnte; die Neuropathie wurde durch den Diabetes verursacht. »Ist alles in Ordnung, Ma? Kann ich etwas für dich tun?«, fragte ich.

Sie lächelte schwach und antwortete: »Mach dir keine Sorgen. Maschine kaputt, aber innen alles in Ordnung.«

Es gibt keine Worte, um die Schönheit und Liebe zu beschreiben, die diese beiden herausragenden Wesen verkörperten. Sie waren in der Welt, aber zugleich vollkommen in Gott.

Solche Hingabe und Ehrerbietung sind ansteckend. Sri Siddhi Ma, Dada, K.K. Sah, die Tewaris und viele andere der alten indischen Devotees von Maharaj-ji haben mich infiziert. Ich bete darum, dass diese »Ansteckung« unheilbar ist.

Mit Ram Dass, 2008
*(Mit freundlicher Genehmigung von Rameshwar Das)*

# SAMEN PFLANZEN

Es gibt ein wunderschönes Zitat aus dem Buch *Mount Analogue* von René Daumal, das Ram Dass oft zu wiederholen pflegte. Es handelt davon, dass der Hahn meint, sein Krähen brächte die Sonne hervor, und der Säugling meint, sein Schreien rufe die Mutter herbei. Doch Sonne und Mutter haben ihren eigenen Platz im Universum, und sie tun, was sie tun, aus ihrem eigenen Wesen heraus. Tewari sagte immer: »Sobald du denkst, dass du es tust, ist das ganze Spiel verdorben.«

Wir neigen dazu, zu denken, dass wir allein für unseren Fortschritt auf dem Weg verantwortlich seien. Wenn wir uns für unsere Öffnung verantwortlich fühlen, wenn wir meinen, es alles bewirken zu müssen, dann macht das Gewicht, die Anspannung, die auf uns liegt, eine Öffnung nur umso schwerer.

Ein Bauer sät seine Samen aus, wässert sie, wenn nötig, und lässt sie dann in Ruhe wachsen. Er steht nicht daneben und wartet, dass sie keimen. Er versucht nicht, sie vor der Zeit aus dem Boden zu ziehen. Maharaj-ji hat in uns Samen gepflanzt, und ich bin sicher, dass sie noch lange nicht alle gekeimt haben.

An einem kalten Tag im Februar 1972 saß ich zusammen mit einem anderen westlichen Devotee vor Maharaj-ji. Mein Guru-Bruder hatte in der *Ashtavakra Gita* gelesen, einem Buch von großer Weisheit, verfasst von einem erleuchteten Heiligen aus alter Zeit. Maharaj-ji bemerkte das Buch und fragte meinen Freund, was er daraus gelernt habe. Er antwortete: »Alles ist Seele.« Maharaj-ji war mit dieser Antwort sehr zufrieden und meinte zu den paar anwesenden indischen Devotees: »Er versteht. Diese Jungs verstehen alles. Sie sind meine Jünger.« Dann griff er in die Asche der Kohlenpfanne und stippte etwas Asche in unsere Münder und auf unsere Köpfe, als würde er eine formelle Initiation vollziehen, die jedoch mit Asche von einem heiligen Feuer erfolgen muss.

Zwölf Jahre später, während ich eine dunkle, sehr deprimierte Zeit durchmachte, nahm ich mein altes indisches Tagebuch in die Hand und öffnete es genau auf der Seite mit dieser Geschichte. Ich stürzte weinend zu Boden. Wie hatte ich das vergessen können? Es war ein Geschenk gewesen – ein Samen, der, ein Dutzend Jahre zuvor gepflanzt, zu einer Zeit in meinem Leben wirksam wurde, als ich ihn sehr, sehr brauchte.

Alles, was wir tun, pflanzt Samen. Jedes Tun, selbst jeder Gedanke ist ein Samen, der früher oder später Früchte tragen wird. Wenn wir aus Angst oder Traurigkeit, Ärger oder Gier handeln, dann pflanzen wir auch entsprechende Samen. Wir müssen nicht in Angst leben. Die Gesetze des Karmas sind kein Gefängnis, sie sind ein Schlüssel zur Freiheit. Wir können wählen, was wir pflanzen. Wir selbst sind es, welche die Samen pflanzen, und wir selbst ernten die Früchte. Wenn wir begreifen, dass unser jetziges Tun von großer Wirkung ist, nicht nur für den heutigen Tag, sondern für den Rest unseres Lebens, dann können wir von unserer Wahlfreiheit bewusster Gebrauch machen und jeden Augenblick gemäß unserer Entscheidung begrüßen.

Das Pflanzen von Samen ist eine interessante Art, Karma zu verstehen. Zum Beispiel heißt es, dass Menschen, die in diesem Leben viel Geld haben, in einem vorigen Leben sehr großzügig waren. Aber viele Reiche klammern sich an ihr Geld und fürchten, es zu verlieren. Indem sie nicht großzügig sind, erschöpfen sie das Karma, das ihnen zu Wohlstand verhalf, und pflanzen Samen für spätere Armut. Das ist natürlich sehr vereinfacht dargestellt, aber im Prinzip richtig.

Beim Chanten pflanzen wir mit jeder Wiederholung eines offenbarten NAMENS GOTTES einen Samen. Wie Sri Ramakrishna einst erklärte:

> *»Jeder offenbarte NAME der EINEN WIRKLICHKEIT besitzt unwiderstehliche, heiligende Macht. Selbst wenn die Energie des GÖTTLICHEN NAMENS keine unmittelbare Wirkung zeigt, wird seine Wiederholung allmählich Fürchte tragen – wie ein Samenkorn, das auf das Dach eines verlassenen Hauses fällt. Im Lauf der Jahrzehnte bricht das Haus zusammen und das Samenkorn kann endlich in der Erde Wurzeln schlagen. Die konventionelle Welt und das konventionelle Selbst sind dieses in sich zusammenfallende Gebäude.«[28]*

Jede Wiederholung des NAMENS ist wie ein Samenkorn, das vom Wind aufs Dach eines alten Hauses getragen wird. Im Lauf der Jahreszeiten werden die Bedingungen immer günstiger, dass das Samenkorn wurzeln kann. Die Wurzeln durchdringen das Dach, bis es zerfällt. Sie wachsen weiter und bringen auch die Wände zum Einstürzen. Ramakrishna sagt, dieses alte Haus – unser konventionelles Selbst, unsere Getrenntheit – wird zerstört. Als das Haus noch stand, gab es ein Innen und ein Außen, ein Ich und »die anderen«. Wenn die Wände dahin sind, gibt es kein »Ich« mehr, nur noch das große EINE, Atman.

Das ist eine erstaunliche Lehre. Aufgrund seiner eigenen Erfahrungen erzählt uns Ramakrishna, dass jede Wiederholung des NAMENS Früchte tragen wird. Er lässt keinen Zweifel daran. Wenn ein Heiliger wie Sri Ramakrishna uns das sagt, nehmen wir ihn beim Wort. Unser Glaube beruht auf dem Verständnis eines großen Wesens, welches uns das gesagt hat. Wir erkennen, dass er gefunden hat, was wir suchen, und vertrauen, dass er uns sagt, wo wir suchen und wie wir

---

[28] Aus *Great Swan: Meetings with Ramakrishna* von Lex Hixon (Larson Publications).

dorthinkommen können. Das schenkt uns genug Sicherheit, um uns hinzusetzen und zu praktizieren.

Ramakrishna sagt nichts darüber, wie wir uns während des Prozesses fühlen. Sind wir verzückt? Haben wir Visionen? Fühlen wir uns spirituell? Es ist nicht wichtig, weil es nicht darum geht, was wir fühlen. Das, was wir sind, wird aufgelöst. Es geht nicht um »mich« und »meins«. Ramakrishna sagte: »Das Ego ist wie ein Stock, der das Wasser in zwei Hälften teilt: Es erzeugt den Eindruck, dass du eines bist und ich ein anderes.« Durch die Wiederholung des NAMENS wird dieser Stock entfernt.

Die Wiederholung des NAMENS pflanzt Samen der wahren Güte – Samen, die nur Früchte der Liebe hervorbringen können, der Liebe zu uns selbst und der Liebe zu anderen. Die meisten von uns versuchen, gute Menschen zu werden, die weder sich selbst noch anderen Leid zufügen, aber nur allzu oft sind wir Sklaven unserer Gewohnheiten. Es dauert eine Weile, die zerstörerischen, verletzenden, zornigen, ängstlichen und gierigen Handlungen zu transformieren, die wir jeden Tag unbewusst durchführen.

Falls Sie wie ich in New York aufgewachsen sind, tragen Sie wahrscheinlich eine zwei Meter dicke Rüstung um sich und halten das für normal. Die meisten von uns gehen mit einer Komm-mir-bloß-nicht-zu-nahe-Haltung die Straße entlang. Wir schauen einander kaum an. Doch wie können wir glücklich sein, wenn wir uns aus Angst abschotten? Wir müssen diese Furcht in uns besänftigen. Wenn wir glücklich sein wollen, wenn wir lieben wollen, wenn wir Freundlichkeit und Zuwendung in unserem Leben haben wollen, dann ist es ganz einfach: Möchten wir mehr Freundlichkeit erleben, dann müssen wir nur anfangen, freundlich zu sein. Dann gibt es sofort mehr Freundlichkeit in der Welt. Die Leute reagieren dann anders auf uns. Wenn wir im Lieben stärker werden, fangen wir an, zu erkennen, dass andere Menschen leiden. Dann können wir Samen pflanzen, die sich zu neuen Mustern entwickeln – zu Handlungen, die nicht auf Isolation und Angst beruhen, sondern das Gemeinschaftsgefühl stärken.

Durch die ständige Wiederholung dieser NAMEN offenbart sich die Präsenz, die in uns lebt – in unseren Herzen, in unserem eigenen, wahren Wesen. Durch die Praxis werden wir uns dessen bewusst. Es ist so, als ob wir diese Praxis im Schlaf durchführten und träumten, wir wären wach. Wenn wir weiterchanten, wird uns die Wiederholung des NAMENS aufwecken und uns unsere eigene Schönheit zeigen. Wir wissen nicht, wie es sein wird, wenn wir erwachen, aber wir fühlen uns zu diesem Zustand hingezogen wie die Motten zum Licht. Also praktizieren wir. Und langsam, aber unausweichlich erwachen wir; wir öffnen unsere innere Sicht und finden diesen Zustand in uns selbst. Und darum geht es.

Chanten hat keine Nachteile, denn es pflanzt immer Samen – egal, warum wir es tun. Sooft wir Kirtan singen oder eine andere spirituelle Praxis ausüben, pflanzen wir Samen, die uns helfen, mehr davon zu tun. Vielleicht segelt ein Plakat mit der Ankündigung einer Veranstaltung eines für uns wichtigen Lehrers durch die Luft und gegen unseren Kopf. Wer kann schon sagen, dass dies nichts damit zu tun hat, dass wir gechantet haben? Wir wissen es nicht. Das Chanten nährt jenen Teil von uns, der sich nach einer tieferen Verbindung sehnt. Wir bemerken, wie wenig verbunden wir sind; also hören wir auf, Dinge zu tun, die uns hinterher drei Tage lang einen Kater bescheren. Manchmal habe ich den Eindruck, dieses ganze Leben ist ein einziger Kater, und das Chanten ist das kosmische Aspirin.

Es heißt, alles, was geschieht, werde durch Geschehnisse in der Vergangenheit ausgelöst. Die Wellen, die wir jetzt erleben, sind über den riesigen Ozean der Zeit hinweg auf uns zugerollt. Aber wir sind diesen Wellen nicht hilflos ausgeliefert. Durch die Gnade unserer Lehrer ist es uns möglich, unser Boot im Gleichgewicht zu halten. Wenn ich also jetzt einen Samen des NAMENS pflanze, einen Samen des Nach-innen-Gehens, statt eines Samens der unbewussten Reaktion, dann verändere ich, was wachsen wird. Jedes kleine *Sitaram* ist ein Augenblick, in dem wir nicht blind auf die Vergangenheit reagieren. Wir erschaffen Raum und pflanzen Samen, die in der sogenannten Zukunft Augenblicke erschaffen, in denen wir uns weniger unbewusst verhalten. Die Zukunft ist jetzt, nur später.

Wenn wir wirklich verstehen, dass die Gesetze des Karmas nicht ein unwandelbares Schicksal bedeuten, fangen wir an, Samen zu pflanzen, die uns aufwachen helfen und Eigenschaften in uns fördern, die wir entwickeln wollen. Wir pflanzen wohltuende Samen für unser Leben. Unsere zerstörerischen Verhaltensweisen werden schwächer. Wir singen die NAMEN GOTTES, der LIEBE, und allmählich, aber unausweichlich, verwandelt sich unser Leben. Wir singen die NAMEN dieses Zustands in uns. Wir helfen einander, nach innen zu gehen, unser wahres Zuhause zu erfahren.

Das innere Licht, die Liebe in uns, ist immer gegenwärtig. Sie kann nirgendwo anders sein. Gott lebt in uns als das, *wer wir wirklich sind*. Nicht als »Gott« im Sinne von »etwas anderem«, sondern als das, *was wir sind*. Nicht als jemand anderes. Nicht als etwas anderes. Nicht irgendwo anders. Das Gefühl des Seins – des einfachen *Seins* –, das wir in uns tragen, ist wie der Dunst, der über dem Meer des reinen, absoluten *Seins* aufsteigt. Wenn wir ans Meer fahren, schmecken wir die Seeluft lange bevor wir an der Küste ankommen. Der NAME ist wie diese Luft. Er enthält die Feuchtigkeit, den Geschmack des Meeres. Unsere Gedanken und Emotionen werden geläutert, werden leichter, wenn wir uns dem NAMEN zuwenden, so wie sich Wolken in der allumspannenden Bläue des Himmels verändern und auflösen. Und wir folgen diesem Geschmack des »Seins« ins Meer des reinen Bewusstseins hinein, in unser wahres SEIN.

Das Chanten hält mich aufrecht. Es holt mich immer wieder zurück in diesen tiefen, inneren Zustand. Egal wie viele Leute mit mir chanten – es ist immer das Gleiche. Wo immer ich hinkomme, treffe ich auf Verwandte. Wir singen, und wir helfen einander, diesen inneren Ort zu finden, der sich richtig anfühlt.

Es war eine meiner liebsten Erfahrungen mit Maharaj-ji, direkt neben oder hinter ihm zu stehen und die Gesichter der Menschen zu beobachten, die vor ihm saßen. Es war tief bewegend, zu erleben, wie die Last ihres Lebens dahinschmolz und sie durch die unglaubliche Freude, die in seiner Gegenwart herrschte, sanft und weich wurden. Gerunzelte Stirnen wurden durch Lächeln geglättet, und Tränen verwandelten sich in Lachen. Es war das Schönste auf der Welt, dabei zuzusehen. Wenn ich heute umherreise und chante, erlebe ich das auch jeden Abend wieder. Es kommt mir vor, als säße ich wieder da und schaute zu, wie die Kraft und die Süße von Maharaj-jis Liebe bei den Menschen, die zum Singen gekommen sind, alle Traurigkeit dahinschwinden lassen. Es ist genau das Gleiche. Er tut es, und ich schaue zu.

In diesen Augenblicken »vorübergehender geistiger Klarheit« fasst mein Herz kaum die Dankbarkeit, die ich empfinde, weil ich tun kann, was ich tue. Niemals hätte ich mir träumen lassen, ein Leben zu führen, das so voll Gnade und Segen ist. Meine Augen fließen über und ich sitze wieder vor Maharaj-ji, wie ich es tat, als ich noch körperlich bei ihm war.

Und ich bin wieder zu Hause.

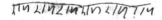

# Danksagung

Ich danke ...

— Patty Gift, die vor vielen schlechten Mittagessen den Ball ins Rollen brachte und das Manuskript besonnen durchlas;

— meinem Agenten Ned Leavitt für seine sture Entschlossenheit, mich zum Schreiben zu bringen, und für seine Hingabe an die Integrität des Manuskripts;

— Reid Tracy, dem Präsidenten von Hay House, für seine geduldige Unterstützung;

— Shannon Littrell, Jill Kramer, Christy Salinas, Amy Gingery, Jami Goddess und all den Leuten von Hay House;

— Prema Michau, ohne deren Inspiration, Hingabe und harte Arbeit dieses Buch nie in den Druck gegangen wäre;

— der Privatsekretärin Parvati Markus für ihr »gefälliges, graziöses« Lektorat;

— Archit Dave für die Aufnahmen der Workshops, aus denen ein Großteil des Materials stammt;

— Shyama Chapin für all die Abschriften;

— Devaki Garin für die Genehmigung der Zitate;

— Mark Gorman für die Gestaltung des Einbands und die Arbeit an den Abbildungen;

— Mohan Dada für seine »Photo-Seva«;

— MC Yogi für den englischen Titel des Buches;

— Nina Rao dafür, dass sie alles im Griff behält, damit ich weiterhin chanten kann.

***

— Die dankbare Anerkennung des Autors gilt Coleman Barks für die Nachdruckerlaubnis aus folgenden Büchern:

- *Rumi: The Book of Love: Poems of Ecstasy and Longing* von Coleman Barks. (HarperOne, 2003). Zitiert mit Erlaubnis von Coleman Barks.

- *Unseen Rain: Quatrains of Rumi* von John Moyne und Coleman Barks. (Threshold Books, Battleboro, VT, 1986.) Zitiert mit Erlaubnis von Coleman Barks.

- *Open Secret: Versions of Rumi* von John Moyne und Coleman Barks. (Threshold Books, Battleboro, VT, Dezember 1983.) Zitiert mit Erlaubnis von Coleman Barks.

- *The Essential Rumi* von Jalal Al-Din Rumi, übersetzt von Coleman Barks mit John Moyne. (HarperOne, Juni 1995.) Zitiert mit Erlaubnis von Coleman Barks.

- *Rumi: We Are Three: New Rumi Translations* von Coleman Barks. (Maypop Books, Januar 1988.) Zitiert mit Erlaubnis von Coleman Barks. Mathnawi VI, 831–845

— Die dankbare Anerkennung des Autors gilt Stephen Mitchell für die Nachdruckerlaubnis aus *The Enlightened Heart* und *The Enlightened Mind,* beide veröffentlicht von Harper Perennial.

— Die dankbare Anerkennung des Autors gilt Shambhala Publications, Inc., Boston, MA (www.shambhala.com), für die Vereinba-

# GLOSSAR

**Antaryamin:** Die unseren Herzen innewohnende Präsenz.

**Ashtavakra Gita:** Das *Lied des Ashtavakra* ist eine Schrift, die den Dialog zwischen dem vollkommenen Meister Ashtavakra und Janaka, dem König von Mithila, wiedergibt. Sie lehrt, dass jeder bereits frei ist, sobald er erkennt, dass er frei ist. Ramakrishna, Vivekananda und Ramana Maharashi haben oft daraus zitiert.

**Avatar:** Ein Begriff aus dem Sanskrit für »Abstieg«. Er bezeichnet die Inkarnation eines Wesens aus den höheren spirituellen Bereichen in die niederen Bereiche der Erde um einer bestimmten Aufgabe willen. Es gibt zehn Avatare von Vishnu, zu denen auch Rama und Krishna gehören.

**Bhagavad Gita:** Sanskrit für das »Lied Gottes«, dessen 700 Verse Teil der *Mahabharata* sind. Sie beschreiben eine Debatte zwischen Krishna und Arjuna auf dem Schlachtfeld vor dem Beginn des Kurukshetra-Krieges. Krishna erklärt Arjuna seine Pflichten als Krieger und Prinz, mit Ausführungen über die hinduistische Philosophie und die rechte Art zu leben.

**Bhajan:** Ein indisches Lied der Verehrung und Hingabe, ein lyrischer Ausdruck der Liebe zum Göttlichen.

**Bhakta:** Jemand, der den Bhakti-Weg geht, den Pfad der Verehrung und Hingabe.

**Bhav:** Die menschlichen Emotionen, die aus unserem Geisteszustand entstehen; der äußerliche Ausdruck unseres inneren Zustands.

**Bodhisattwa:** Sanskrit-Begriff für ein erleuchtetes Wesen oder ein Weisheitswesen, das von großem Mitgefühl bewegt ist. Das *Bodhi-*

*sattwa*-Gelübde bedeutet die Hingabe an das Wohlbefinden aller Wesen und ist erst erfüllt, wenn alle fühlenden Wesen aus *Samsara* befreit sind.

**Brahmachari:** Jemand, der zölibatär lebt. Viele *Brahmacharis* streben durch einen sehr disziplinierten Lebensstil nach dem Nirwana, aber eigentlich bedeutet es: in Brahman, also Gott, zu verweilen.

**Brahmin:** Die höchste Kaste innerhalb des Kastensystems, zu der ursprünglich die Erzieher, Gelehrten und Prediger gehörten. *Brahmin* ist die anglizierte Form des Sanskrit-Begriffs *Brahmana;* das heißt: »der Wissen besitzt«. Kann auch heißen: »der zweimal Geborene«.

**Chant, Chanten:** Im spirituellen Zusammenhang bezeichnen Chants im Gegensatz zum »Lied« Gesänge, deren Text aus sich mehrfach wiederholenden Wörtern oder kurzen Texten besteht und die wie ein gesungenes Gebet rezitiert werden. Die Melodien können schlicht oder kompliziert sein; auch sie werden häufig mehrfach wiederholt. Es gibt Chants und die Praxis des Chantens in vielen spirituellen Traditionen, vom hinduistischen und buddhistischen Mantra- und Gottesnamen-Singen bis zu gregorianischen Chorälen, christlichen Hymnen und Taizé-Gesängen. (Anm. d. Übers.)

**Chidakasha:** Der »Himmel des Geistes«, der feine, unendlich weite Raum des Bewusstseins, in dem wir Gott, Guru und SELBST als eins erfahren können. Keine Entfernung in Zeit oder Raum kann den wahren Anhänger vom Guru trennen.

**Danda Pranam:** Die vollständige Niederwerfung als Zeichen der vollkommenen Hingabe an den Guru oder Gott.

**Darshan:** Dieser Sanskrit-Begriff für »Betrachtung« bezeichnet den Anblick oder die Vision des Göttlichen oder das Verweilen in der Gegenwart eines heiligen Menschen.

**Dasya bhav:** Eine nahe und liebevolle Beziehung zum Herrn, in der sich der Devotee wie ein Diener Gottes verhält. Hanuman ist der idealtypische Diener Gottes.

**Devotee:** Das Collins-Wörterbuch definiert einen Devotee als jemanden, der von einer Sache oder einer Person sehr begeistert ist. Im hinduistischen Zusammenhang hat es sich als Bezeichnung für die (männlichen und weiblichen) Anhänger und Verehrer eines spirituellen Meisters durchgesetzt. (Anm. d. Übers.)

**Dhobis:** Die Wäscher und Wäscherinnen, welche die Wäsche häufig in einem Fluss oder Bach waschen. Die Männer erledigen meistens das Waschen und die Frauen das Bügeln.

**Gopis:** Sanskrit für »Kuhhirten«, insbesondere die Gruppe von 108 Kuhhirtinnen aus Brindavan, die für ihre bedingungslose Hingabe und spielerische Beziehung zum jungen Krishna berühmt sind. Eine der *Gopis,* Radha, wird besonders dafür verehrt, dass sie den höchsten Ausdruck der bedingungslosen Liebe zu Gott verkörperte.

**Guru:** Jener, der die Dunkelheit aus unserem Sein entfernt. Sanskrit *Gu* = Dunkelheit und *Ru* = Licht, also jemand, der anderen das Wissen (Licht) zeigt und die Unwissenheit (Dunkelheit) beseitigt.

**Gurubhai (Gurubahin):** »Brüder« (und Schwestern), die Devotees des gleichen Gurus sind.

**Gyani:** Ein voll erwachtes Wesen; jemand, der dem Pfad des Wissen oder der Selbsterkenntnis folgt.

**Hanuman:** Eine Inkarnation Shivas, die sich in der Gestalt eines Affen verkörperte, um so Rama (einem Avatar Vishnus zur Verkörperung von *Dharma* = Ethik) zu dienen. Hanumans erstaunliche Heldentaten werden in der *Ramayana* erzählt. Die *Hanuman Chalisa* ist eine aus 40 Versen bestehende Lobeshymne auf Hanuman. (Mithilfe von Krishna Das' CD *Flow of Grace* und dem dazugehörigen Begleitheft kann man lernen, diese Hymne zu singen.)

**Japa:** Eine spirituelle Disziplin der Wiederholungen eines Mantras oder eines NAMENS GOTTES. Dies kann während der Meditation erfolgen, in einer Aufführung oder in einer Gruppe. Die Wurzel des Wortes ist Sanskrit *Jap*, das heißt: »mit leiser Stimme reden, innerlich rezitieren oder murmeln«. *Japa* wird häufig im Zusammenhang mit einer *Mala* praktiziert, einer Kette aus 108 Perlen (die aus Holz, Samen oder Halbedelsteinen mit besonderen Schwingungen bestehen können).

**Karma:** Dieser Sanskrit-Begriff für »Taten, Handlungen« steht für den gesamten Zyklus von Ursache und Wirkung, demzufolge die Auswirkungen aller unserer Handlungen unsere Vergangenheit, Gegenwart und Zukunft bestimmen. Karma entsteht durch unsere Gedanken, Worte, eigenen Taten und Taten, die andere nach unseren Anweisungen durchführen.

**Kirtan:** Das Chanten des GÖTTLICHEN NAMENS. Bedeutet im Sanskrit »Wiederholen«. *Kirtan Walas* sind Kirtan-Sänger und -Musiker.

**Krishna:** Ein Avatar Vishnus, die Verkörperung der Liebe.

**Lila:** Sanskrit-Begriff, der wörtlich »Sport« oder »Spiel« bedeutet und die Aktivitäten Gottes und seiner Devotees bezeichnet.

**Mahabharata:** Das wichtigste Sanskrit-Epos des alten Indien, in dem vom Kurukshetra-Krieg und dem Schicksal der beiden großen Stämme der Kauravas und der Pandavas erzählt wird. Die *Bhagavad Gita* stellt einen Ausschnitt aus diesem Epos dar.

**Mahamudra:** Sanskrit-Begriff, der wörtlich »großes Siegel« oder »großes Symbol« bedeutet und für die Authentizität und Echtheit der Erfahrung des ureigentlichen Wesens des Geistes steht. Mahamudra ist eine hochentwickelte buddhistische Meditationspraxis.

**Maharaj-ji:** Bedeutet wörtlich übersetzt »großer König«. In diesem Buch ist es der Ehrenname für Neem Karoli Baba.

**Mantra:** Ein Klang, eine Silbe, ein Wort oder eine Gruppe von Worten, die ständig wiederholt werden, um eine spirituelle Transformation zu erzeugen.

**Mela:** Sanskrit-Begriff für »Zusammenkunft, Treffen«. Die alle zwölf Jahre abgehaltene *Kumbh Mela* ist die größte spirituelle Versammlung Indiens. Im Januar 2007 nahmen an der fünfundvierzig Tage währenden *Kumbh Mela* in Allahabad über 70 Millionen Menschen teil – was sie zur größten Versammlung der ganzen Welt macht.

**Metta:** Ein Wort aus dem Pali, das meistens mit »Herzensgüte« oder »liebende Güte« übersetzt wird. *Metta* zu entwickeln ist eine buddhistische Meditationsform, die darauf abzielt, ohne Anhaftung zu lieben und keine bösen Gedanken oder Feindseligkeit gegenüber jemand anderem in sich zu bergen. Insbesondere bedeutet *Metta,* sich frei von allem Eigennutz um andere zu kümmern.

**Murti:** Sanskrit für die »Gestalt, Verkörperung« einer Gottheit in dem angebeteten Abbild.

**Namasmarana:** Sanskrit-Begriff für die spirituelle Praxis, den NAMEN GOTTES zu vergegenwärtigen.

**Prasad:** Bedeutet wörtlich »Barmherzigkeit, Gnade« und bezieht sich auf alles, was als Opfergabe dargeboten wird. Meistens werden diese Opfergaben dann nach der Zeremonie verteilt.

**Puja:** Sanskrit-Begriff für ein Gebet oder eine Zeremonie der Verehrung, die zu Hause, in einem Tempel oder Schrein zu Ehren eines *Murti* oder einer Person wie zum Beispiel dem *Sadguru* durchgeführt wird. Das innere Ziel besteht darin, die Atmosphäre zu reinigen, eine Verbindung zu den inneren Welten herzustellen und die Gegenwart des Gottes oder Gurus zu invozieren. Das *Durga Puja* ist eine neuntägige Zeremonie im Herbst zu Ehren der Göttin.

**Qawali:** Islamischer Sufi-Gesang zum Lobpreis Allahs und/oder seines Propheten Mohammed.

**Ramayana:** Ein altes Sanskrit-Epos, das auf den Hindu-Weisen Valmiki zurückgehen soll. Wörtlich übersetzt heißt es »Ramas Reise« und erzählt von Rama, seiner Frau Sita, seinem Bruder Lakshman und dem hingebungsvollen Diener Hanuman. Der Kern dieses Epos ist das Kapitel »Sundara Kanda«, in dem ausführlich von Hanumans Abenteuern berichtet wird. Es gibt viele Versionen dieses Textes. Im Zusammenhang mit Maharaj-ji handelt es sich meistens um das *Ramcaritmanas,* das im 16. Jahrhundert, auf dem Höhepunkt des Wiederauflebens der Bhakti-Bewegung, von Tulsidas auf Hindi verfasst wurde.

**Rinpoche:** Ein Ehrentitel für Meister des tibetischen Buddhismus; bedeutet wörtlich »kostbares Juwel«.

**Sadguru (oder Satguru):** Der wahre Guru, ein erleuchteter *Rishi* = Heiliger, in Abgrenzung gegenüber anderen Ausdrucksformen von Guru wie Eltern oder Lehrern.

**Sadhan:** Dieser Sanskrit-Begriff für »die Mittel, etwas zu vollbringen« steht für die spirituelle Praxis.

**Sadhu:** Allgemein gebräuchlicher Ausdruck für einen Wandermönch, Yogi oder Asketen.

**Samadhi:** Sanskrit-Bezeichnung für höhere Ebenen der konzentrierten Meditation. Für *Bhaktis* ist *Samadhi* die vollständige Auflösung in das Objekt der Liebe. *Nirvikalpa Samadhi* ist der höchste nicht-dualistische Bewusstseinszustand, reines Gewahrsein. *Sahaja Samadhi* ist der Zustand des Verweilens in *Nirvikalpa Samadhi,* während man gleichzeitig in dieser Welt voll funktionstüchtig ist, wie es Maharaj-ji verkörperte. *Mahasamadhi,* das »große *Samadhi*«, bezeichnet das bewusste Verlassen des physischen Körpers, den bewussten Tod eines erleuchteten Wesens.

**Samsara:** Sanskrit-Wort für die physische Welt, in der das Unwissen um das eigene WAHRE SELBST den Menschen an das Verlangen und die ewige Kette von Karma und Reinkarnation fesselt.

**Samskaras:** Die Samen unserer vergangenen Handlungen.

**Satsang:** Eine Versammlung von Menschen, die gemeinsam spirituellen Lehren lauschen und über sie reden. Sanskrit *Sat* = wahr und *Sangha* = Gemeinschaft.

**Siddhis:** Sanskrit-Begriff für spirituelle Kräfte oder Fähigkeiten; wörtlich »eine Vervollkommnung«.

**Swaha (oder Svaha):** Sanskrit-Begriff für das Ende eines Mantras oder Gebets, ähnlich dem christlichen »Amen«, manchmal auch wie das christliche »Sei gegrüßt«. Wird auch bei Feuer-Zeremonien verwendet, wenn dem Feuer ein Opfer dargebracht wird.

# EMPFEHLENSWERTE LITERATUR

Neben den wundervollen Werken, die ich bereits vorne erwähnt habe, empfehle ich Ihnen sehr, sich die folgenden Bücher anzuschauen. Zuerst kommen die, die auch auf deutsch erhältlich sind. Sie sind in der Regel über Amazon erhältlich. Titel von Ram Dass und Dada Mukerjee (und viele andere) sind (auf Englisch) über den Neem Karoli Baba Ashram zu erwerben (siehe http://www.nkbashram.org):

- *Metta-Meditation – Buddhas revolutionärer Weg zum Glück.* (Arbor Verlag, 2003)

- *Ein Herz so weit wie die Welt.* (dtv, 2002)

- *Vertrauen heißt, den nächsten Schritt tun.* (Herder Verlag, 2003)

- *Die Jünger Buddhas.* (O.W. Barth Verlag, 2000)

- *EQ. Emotionale Intelligenz.* (dtv, 1997)

- *Sei, was du bist.* (O.W. Barth Verlag, 1990)

- *Anweisungen für den Koch.* (Goldmann Verlag, 1997)

- *Die Reise geht weiter* von Ram Dass. (Goldmann Verlag, 2001) (vergriffen aber noch gebraucht erhältlich)

- *Be Here Now* von Ram Dass. (Hanuman Foundation, 1978)

- *Miracle Of Love* von Ram Dass. (Hanuman Foundation, 1995)

- *Paths to God: Living the Bhagavad Gita* von Ram Dass. (Three Rivers Press, 2005)

- *How to Know God: The Yoga Aphorisms of Patanjali,* übersetzt von Swami Prabhavananda und Christopher Isherwood. (Vedanta Press, 2007)
  Das *Yoga Sutra* des Patanjali gibt es auch in verschiedenen deutschen Übersetzungen. (Anm. d. Übers.)

- *Bhagavad-Gita: The Song of God,* übersetzt von Swami Prabhavananda und Christopher Isherwood. (Signet Classics, 2002)
  Die *Bhagavad-Gita* gibt es auch in verschiedenen deutschen Übersetzungen, etwa von Michael von Brück. (Anm. d. Übers.)

- *The Art of Happiness: A Handbook for Living* von Seiner Heiligkeit dem Dalai Lama und Howard C. Cutler. (Riverhead Hardcover, 1998)
  Vom Dalai Lama sind viele Bücher ins Deutsche übersetzt worden. Neuere Bücher zum Thema Glück sind: *Der Weg zum Glück: Sinn im Leben finden* sowie *Glücksregeln für den Alltag* und *Über Liebe, Glück und was im Leben wichtig ist: Buch der Antworten.* (Alle bei Herder erschienen.) (Anm. d. Red.)

- *Dark Night of the Soul* vom heiligen Johannes vom Kreuz, übersetzt von Mirabai Starr. (Riverhead Trade, 2003)
  Deutscher Titel zum Thema: *Die dunkle Nacht,* vollständige Neuübersetzung des Originaltextes von Johannes vom Kreuz. (Herder Verlag, 2009)

- *By His Grace: A Devotee's Story* von Dada Mukerjee. (Hanuman Foundation, 1990)

- *The Near and the Dear* von Dada Mukerjee. (Hanuman Foundation, 2000)

- *The Divine Reality of Sri Baba Neem Karoli Ji Maharaj* von Ravi Prakash Pande Rajida. (Sri Kainchi Hanuman Mandir & Ashram, 2005)

- *The Yoga of the Bhagavad Gita* von Sri Krishna Prem. (Morning Light Press, 2008)

- *Going On Being: Buddhism and the Way of Change* von Mark Epstein. (Broadway, 2002)

- *Aghora, At the Left Hand of God* von Robert E. Svoboda. (Brotherhood of Life, 1986)

- *Aghora II: Kundalini* von Robert E. Svoboda. (Brotherhood of Life, 1993)

- *Aghora III: The Law of Karma* von Robert E. Svoboda. (Lotus Press, 1997)

- *Shri Ramacharitamanasa, the Holy Lake of the Acts of Rama* von Tulasidasa, übersetzt von R.C. Prasad. (South Asia Books, 1999)

- *The Life and Teachings of Sai Baba of Shirdi* von Antonio Rigopoulos. (State University of New York Press, 1993)

- *The Essential Teachings of Ramana Maharshi: A Visual Journey* von Matthew Greenblatt. (Inner Directions, 2002)

- *Nityananda: In Divine Presence* von M.U. Hatengdi und Swami Chetanananda. (Rudra Press, 1997)

# TEXTE DER CD
## CHANTS OF A LIFETIME

Die dem Buch beiliegende CD ist anders als meine sonstigen CDs. Meistens bestehen meine Gesänge aus einer Art Ruf-und-Antwort-Spiel, bei dem ich »rufe« und die Leute, die zum Singen gekommen sind, »antworten«. Wenn ich eine CD aufnehme, bringe ich gewöhnlich eine Gruppe von Leuten mit ins Studio, um die Antworten zu singen, aber in diesem Fall habe ich darauf verzichtet. Sie müssen also die Antworten selbst singen. Ganz schön raffiniert, ich weiß. So können Sie aktiv daran teilnehmen, den Fluss des NAMENS aufrechtzuerhalten.

Die eigentliche Bedeutung all dieser Chants ist Liebe. All diese NAMEN sind Tore zur Liebe in unseren eigenen Herzen, die wir sind, wenn wir nur unsere Vorstellungen von uns selbst loslassen können. Das Chanten beruhigt den Verstand und öffnet das Herz, und so können Sie anfangen, diesen tieferen inneren Zustand selbst zu erfahren.

Verwenden Sie diese CD für Ihre eigene Meditationspraxis. Vorne und hinten im Buch finden Sie einfache Akkorde für die Begleitung. Viel Freude damit!

## 1. Chant – Baba Hanuman-ji

Namo Namo, Namo Namo Anjani Nandanaaya
*Ich verneige mich vor Anjanis Sohn Hanuman*

Jay Siya Ram Jay Jay Hanuman
*Lob und Preis Sita und Rama, Lob und Preis Hanuman*

Jaya Bajarangabali Baba Hanuman, Sankata Mochana Kripaa Nidhaan
*Lob und Preis dem im Donnerkeil verkörperten Baba Hanuman,*
*dem Zerstörer des Leidens und dem Hort der Gnade*

Jaya Bajarangabali Baba Hanuman, Karunaa Sagara Kripaa Nidhaan
*Lob und Preis dem im Donnerkeil verkörperten Baba Hanuman,*
*dem Ozean des Mitgefühls und dem Hort der Tugenden*

Jay Jay Jay Hanuman Gosa-ii, kripaa karahu gurudev Kii Na-ii
*Lob, Lob, Lob dir, Hanuman, gewähre mir deine Gnade als mein*
*Guru*

Hare Raama Raama Raama Siita Raama Raama Raama
Hare Raama Siita Raam

Baba Hanumān-ji

## 2. Chant – Baba Sita Ram

Siita Raama Siita Raama Siita Raama Siita Raama

## 3. Chant – Mahamantra (Pahari Wala)

Hare Krishna Hare Krishna Krishna Krishna Hare Hare
Hare Raama Hare Raama Raama Raama Hare Hare

## 4. Chant – The Durga Waltz (Der Durga-Walzer)

Hey Maa Durgaa, Hey Maa Durgaa Hey Maa Durgaa

## 5. Chant – Halleluja Shri Ram

Shrii Raam Jay Raam Jay Jay Raam Shrii Raam Jay Raam Jay Jay Raam

Siita Raam Siita Raam Jay Jay Siita Raam

# Kommentare zu
# Chants of a Lifetime

»*In Chants of a Lifetime eröffnet uns Krishna Das einen Weg in eine Welt grenzenloser Liebe. Dieses Buch handelt von einem echten, transformierenden Lebensweg – alle Herausforderungen, Inspirationen und Ungewissheiten des Lebens inbegriffen. Es ist eine Einladung zu unwandelbarer Freude.*«

**Sharon Salzberg** (buddhistische Lehrerin und – zusammen mit Jack Kornfield und Joseph Goldstein – Gründerin der Insight Meditation Society in Massachusetts, einem der führenden westlichen Zentren für buddhistische Meditation)

»*Ich kenne die sanfte Kraft und die Tiefe von Krishna Das' Gesang und habe mich daher gefreut, dank dieses aufrichtigen Bekenntnisses zu erfahren, wie er dazu kam. In diesem Buch wird vermittelt, wie Kirtan (das Singen der* Namen Gottes*) in unser spirituelles Herz führt und es erleuchtet.*«

**Ram Dass** (Autor des Bestsellers *Sei jetzt hier;* seit den 1970er-Jahren hat er Generationen von spirituell Suchenden inspiriert)

»*Krishna Das bringt eine Gabe der Liebe dar: Dieser freimütige, lebendige und hilfreiche Ratgeber für den spirituellen Weg öffnet das Herz.* Chants of a Lifetime *ist bestens geeignet, zu einem spirituellen Klassiker zu werden.*«

**Daniel Goleman** (international anerkannter Psychologe und Autor des Bestsellers *Emotionale Intelligenz*)

»*Wie eine Nacht ekstatischen Singens wirft dieses Buch die Tore des Herzens weit auf. Krishna Das schreibt, wie er singt: mit erdverbundener, eigenartiger, strahlender Klarheit.* Chants of a Lifetime *erinnert uns daran, dass schon das Aussprechen irgendeines der vielen NAMEN des GROSSEN GELIEBTEN die Macht hat, uns von uns selbst zu befreien und unser Herz dem EINEN darzubringen. Mögen wir das nie wieder vergessen. Mögen wir nie aufhören, zu singen.*«

**Mirabai Starr** (Autorin etlicher neuer Übersetzungen von Johannes vom Kreuz und Teresa von Avila)

# ÜBER DEN AUTOR

Im Winter 1968 begegnete **Krishna Das** dem spirituellen Sucher Ram Dass und war von dessen Geschichten über seine kürzliche Indienreise und seine Begegnung mit dem legendären Guru Neem Karoli Baba völlig in Bann geschlagen. Schon bald verabschiedete er sich von seinem Traum, ein Rock-'n'-Roll-Star zu werden, und fuhr nach Indien zu diesem bemerkenswerten Menschen. In den knapp drei Jahren, die er mit Neem Karoli Baba verbrachte, fühlte sich Krishna Das sehr zum Bhakti-Yoga – dem Yoga der Hingabe – hingezogen, und hier besonders zur Praxis des Kirtan-Singens.

Krishna Das kehrte in die Vereinigten Staaten zurück und entwickelte im Lauf der Zeit seinen eigenen Stil, indem er traditionelle Kirtan-Strukturen mit westlichen Harmonien und westlichem Rhythmus-Empfinden verband. Er bereist die ganze Welt und leitet Ruf-und-Antwort-Kirtans, in denen er seine tiefe, erfahrungsbezogene Praxis mit Tausenden von Menschen teilt.

Mehr Informationen unter: **www.krishnadas.com**

*** ***

Hrsg: Halbig / Schnellbach

**Babaji – In Wahrheit ist es einfach Liebe**

Babaji ist der große Avatar, der in der
»Autobiographie eines Yogi« von Yogananda
beschrieben wird. Zuletzt lebte er von 1970 bis
1984 in Nordindien. Auf geheimnisvolle Weise
tritt er auch heute mit Menschen in Kontakt. Acht
AutorInnen beschreiben spannend und einzigartig
ihre ganz persönliche Begegnung mit Babaji.
182 Seiten, Pb, (D) € 13,80
ISBN 978-3-929512-11-3